気学新理論

新訂増補

気学即断要覧

傾斜法・日盤鑑定

著者
東海林秀樹
照葉桜子
堀川祐加
沢井龍醒

東洋書院

はしがき

二〇〇六年に前著『気学即断要覧』を出版して、早いものでかれこれ十四年ほどの年月が経ちました。前著の全文のオリジナリティはそのまま残し、本書では傾斜鑑定におけるやや原理的な部分を書き足すことにしました。傾斜鑑定には欠かせない、神殺星、吉神、凶神についての暦上の理論的な話もできる限り加筆する予定です。また、一部私の講座に出ていただいた生徒さんにのみ伝授した奥儀も公開するつもりです。従来の気学をされている術士の方には、少し耳の痛い話もあると思いますが、勇気を出して筆を進めてまいりましょう。

本書を上梓するにあたり、私の拙い文章を根気よくまとめてくださった堀川祐加先生、実占例を書いてくださった照葉桜子先生と沢井龍醒先生には深く感謝します。東洋書院のスタッフの方々にも大変お世話になりましたので、ここに深く謝意を表します。

なお、お手紙等によるご質問は、対応致しかねますのでご遠慮頂きたく存じます。不本意ではございますが、ご理解いただけますと幸いです。

二〇一九年八月吉日

東海林　秀樹

目次

第一章

傾斜占法の秘密（原理について）

【気学傾斜における暦の問題】

あまり気負わず、順序に捉われないでランダムに頭に浮かんだポイントを皆様にお伝えしていこうと考えています。本書は準専門書ですので、初歩的な知識のない方は、第二章の判断編からお読みになると良いでしょう。

まず冒頭から、長く九星気学をされている方には少しショッキングなことを書きます。十二支方位の四正（子、卯、午、酉）の方位が三十度で、残りの四方位が六十度というのは完全に違います。これは、傾斜など特に吉神や凶神を駆使する占法をすると理解しやすいと思います。天道や天徳など、十二支の三合から導き出す星はあまり問題ありませんが、他の十干から導き出す星は、二十四山方位つまり各方位を四十五度にしないと算出できません。なぜなら、もともと今のグレゴリオ暦では算出できないからです。

ここからは、私を例題にして解説を試みたいと思います。

一九五七年二月九日生まれ。本命七赤、月命八白、日命四緑（本格的に見るには必要）。

本命、月命（特に傾斜宮）、日命は、初年運、中年運、晩年運の人生傾向を考察し、その人物の性格等にも強く影響を及ぼします。私は月命八白で、本命を探ると巽宮に存在し、巽宮傾斜となります。つまり、生涯にわたって良くも悪くも影響していくのです。本命七赤あるいは酉年生まれで節入後の場合、月盤は八白となります。それはそれとして、吉神と凶神に目を向けてみましょう。傾斜鑑定において最も良くない作用をする条件として、暗剣殺が艮宮に入り、次に凶的要素として月破が坤宮に入ります。

次は、私の師匠であった故富久純光先生（正式名は、レオン ベール・フーク先生）の門下、強いて言えば中村文聡先生に関係する方々が活用する独特な考察法です。これは、後天定位の反対の位置に入りますから、艮宮に存在するのはご理解できると思います。問題は他の吉凶神なのです。

子・卯・午・酉の年
（一白・四緑・七赤の年）

二月（寅）

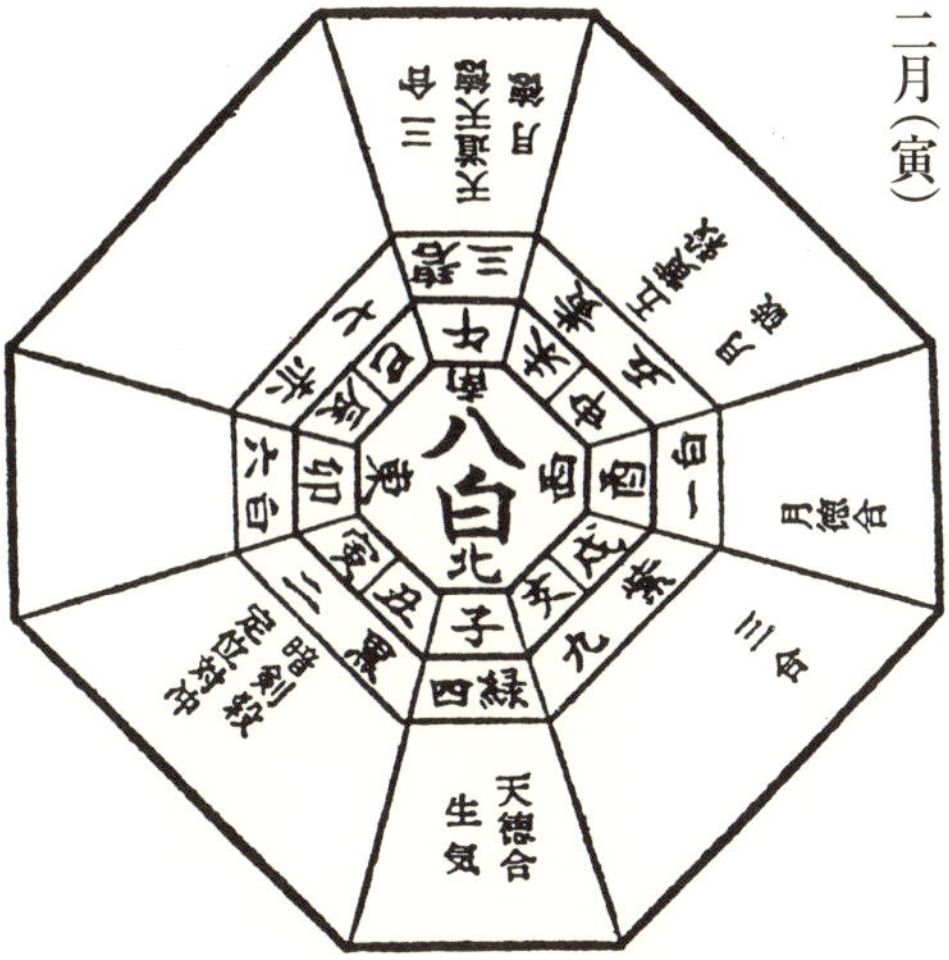

右回りに、乾宮から、三合（条件により吉凶に変化）、天徳合、生気、暗剣殺、定位対冲、三合、天道天徳（これは一組です）、月徳、五黄殺、月破、月徳合と配置されます。ここで算出において、少し暦上の話になります。

岡田芳朗先生の書かれた『現代こよみ読み解き事典』から引用してみます。まず月徳合からです。この算出法は次の条件から算出されます。まず、十干から導き出します。岡田先生は節切りからと書かれていますが、

一月、五月、九月は辛
二月、六月、十月は己
三月、七月、十一月は丁
四月、八月、十二月は乙

となっています。しかしこれでは、二月九日生まれの私の場合、兌宮には絶対に配置されません。その答えは旧暦にあるのです。私の旧暦は、一月十日です。旧暦の一月ですと、きちんと辛に配置されます。ただし、三十度、六十度の十二支方位では算出されません。また、岡田先生の著書では節気暦と連動させています。私は紫微斗数をしますが、紫微斗数では旧暦の区分と節気暦は直接連動しません。年の変わり目も一致しないのです。この原因として、江戸時代まで連面と旧暦を活用してきたものを、明治に入ってから無理矢理グレゴリオ暦に対応させた改変暦に、その要因があると推測されます。

それはさておき話を戻しまして、三合は生まれ月の三合になる宮に入ります。その時、生まれ月の十二支は含みません。その他の吉神もほとんど旧暦や十干に関連します。後は閏月の問題で、これはかなり厄介で

す。我が国では、紫微斗数や宿曜占星術（密教占星術とも呼ばれています）以外ではあまり活用されていません。私は紫微斗数を鑑定に使いますから、中華民国台湾で発刊されている旧暦を使用しているのでほとんど問題ありませんが、日本ではなかなか入手しにくいです。都内十条にある鴨書店様で購入できますから、手に入れたい方は問い合わせてみてください。まだまだこの部分は、今後の研究が必要だと思っています。

実は、本来の傾斜鑑定でも単に生まれた月盤のみで判断しませんが、これは別途解説いたしましょう。

これまで説明してきたように、天道、天徳も本来は旧暦で算出します。

＜天道＞
正月、九月は南午
二月は西南坤
三月、七月は北子
四月、十二月は西酉
五月は西北乾
六月、十月は東卯
八月は東北艮
十一月は東南巽
となります。

＜天徳＞

正月は丁
二月は坤
三月は壬
四月は辛
五月は乾
六月は甲
七月は癸
八月は艮
九月は丙
十月は乙
十一月は巽
十二月は庚

となります。

天道と天徳は一組となります。

＜天徳合＞

これは全盤には入らないようです。また、天道や天徳より吉の作用は弱いようです。

旧暦の二月、五月、八月、十一月には入らないのが原則です。
一月は壬
三月は丁
四月は丙
六月は己
七月は戊
九月は辛
十月は庚
十二月は乙
となります。

他の吉神も原則として、本来は旧暦を基本としています。月盤表の子卯午酉年生まれの、グレゴリオ暦で三月を見てください。どこにも天徳合は入りません。その理由として、旧暦の二月となるからです。

＊今後の研究課題
・節気暦と凶神の差異
現行暦のグレゴリオ暦と旧暦、節気暦は連動しません。例えば、二〇二〇年は二月四日から年と月の九星と干支が変わるのです。立春ですね。これはあまり問題がありません。旧暦ですと、前月の一月二十五日から干支が変化するのです。これに私が気づいたのは、旧暦を使用する紫微斗数を占術として多用するからにほかなりません。このように、まだまだ研究しなければならないことが数多く存在するのです。

【方位についての提言】

今の時代、外国の方位を云々と問われる方が多くいますが、これには大変な誤解があるのです。まず一番ひどいのは、地球を平面として方位を区分する方法です。これは、随分乱暴な区分ですね。次に割合多いのは、メルカルト法でしょうか。地球を完全な球体として、一点から一点に膨らませて方位を考察する方法です。ご存知の通り、地球は完全に丸くありません。私の記憶違いでなければ、以前アメリカが公表した地球の形を映像でみた時、かなりいびつな形状であることに驚きました。よく考えてみれば、海面や平野があり、エベレストなど数千メートルの山岳も存在するので、不思議なことではありません。私は気学方位だけでなく奇門遁甲においても、よほど近い国でしか方位を活用しません。ではどうしているのかと言うと、四柱推命や紫微斗数などで時期的吉凶を判断し、後はト占である断易や六壬易で旅行占を判断します（タロットのできる方は、それでも良いでしょう）。

また、九星や奇門遁甲にしても、成立した時代を考えると、せいぜい馬車か徒歩くらいしかなかったはずなので、現代のスピード感覚でヨーロッパやアメリカを想定していたとは思えないのです。これは、故内藤文穏先生なども著書の中で同様な意見を述べられていたのを記憶しています。私が尊敬する高根黒門先生は、奇門遁甲をト術的に活用していますが、不動産などの良し悪しを判断する場合は、今の盤を見て、どちらの方角かをト占的に使用なさっています。私が若いころから度々訪問している中華民国台湾などは、東京から見て南西の真ん中あたりなので、その時の気分で活用することはありますが、基本的に遠方地は卜術や命術のほうを優先しています。また、命理占において生まれた時間が分からない方は、ややざっくりしていますが本書で紹介する傾斜の後、天運判断を使用しています。

【真北と磁北について】

これについては諸説存在するようです。地域の緯度と経度により、西に何度ずらすとか様々な事を言う方

地磁気および重力一偏角

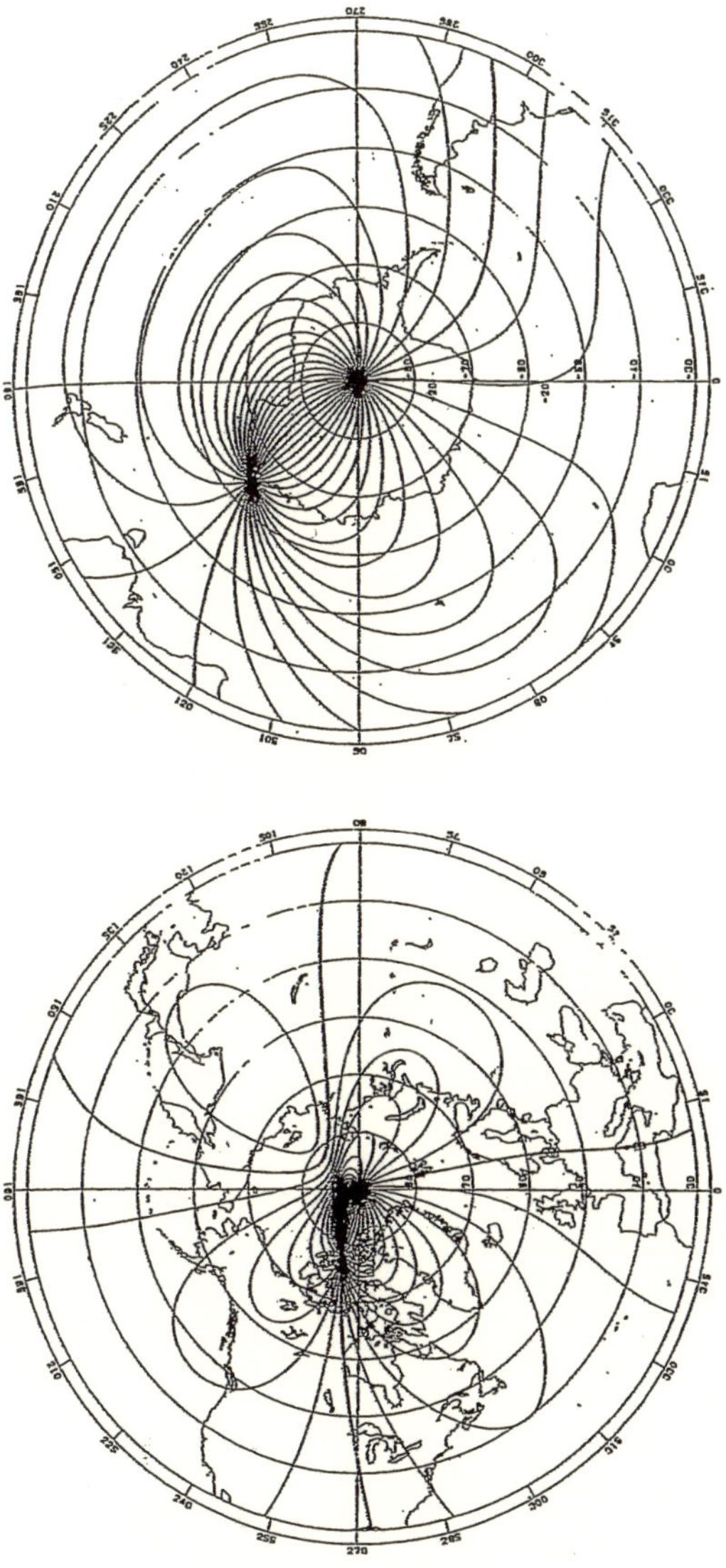

が多く、諸説が入り乱れているようなのです。内藤文穏先生は著書の中で、あくまで地図上の真北と磁北を活用していると書いておられますが、非常に謙虚な方で、答えは出せないと書かれています。では私の意見はと言うと、北極点などは何となく、それこそ点をイメージしがちですが、政府刊行物である理科年表をみれば一目瞭然で、磁気作用はかなり遠くの距離に強く影響しています。これは、惜しくも亡くなられましたが知人である占術家の田宮規雄先生も同様の意見でした。二人で、方位とは一体何なのだろう…と話した懐かしい思い出があります。

【初年、中年、晩年についての考察】

私は、元来のこの区分けにはやや疑問を持っています。私の考える定義として、初年期は親の庇護の元にある時、中年期は収入を含めて親からある程度自立した時で、晩年期は本当にリタイアした時だと考えています。余談ですが、天下り先でいつまでも地位や金銭に執着する何処かの国の役人さんや、既得権にしがみつく偉いさんは、いつ晩年期を迎えるのでしょうね（笑）。ではその定義については、以下のように考えます。

初年期＝年盤を主に活用します。
中年期＝月盤を主に活用します。
晩年期＝日盤を主に活用します。

人間は職種により、様々な場面があります。

私がよく「占的、つまり占う目的によって若干判断を変えてください」と言うのは、そのような理由からです。

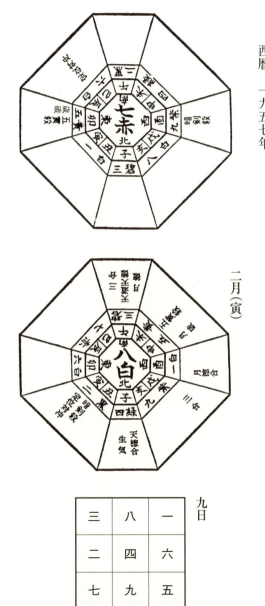

昭和三十二年　丁酉　七赤金
西暦　一九五七年

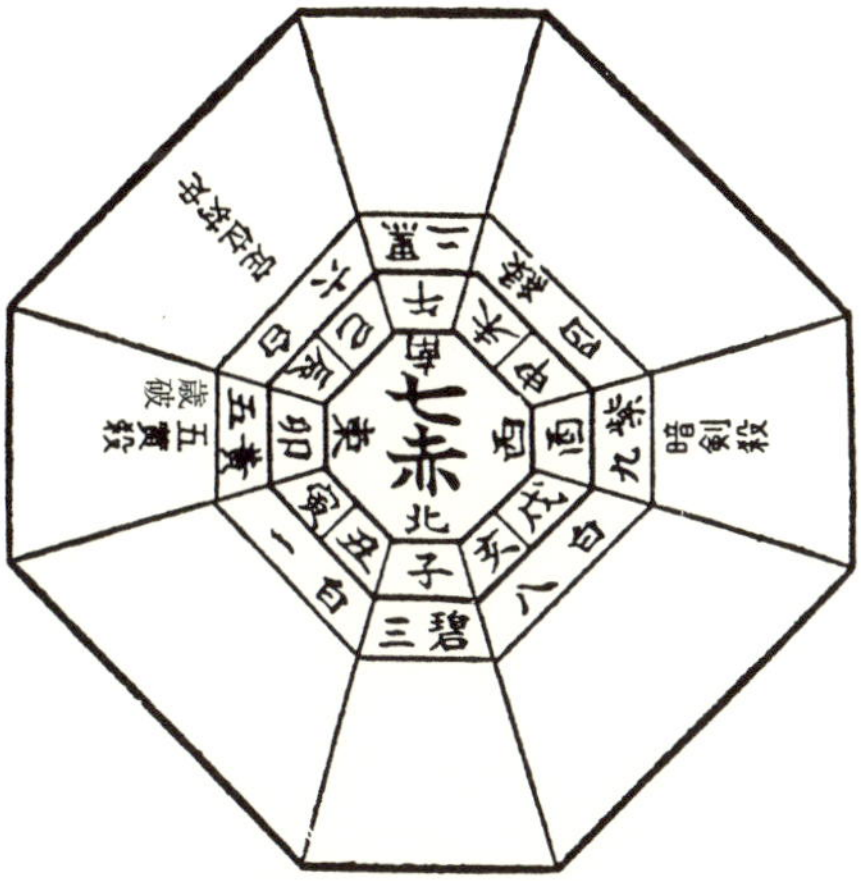

二月（寅）

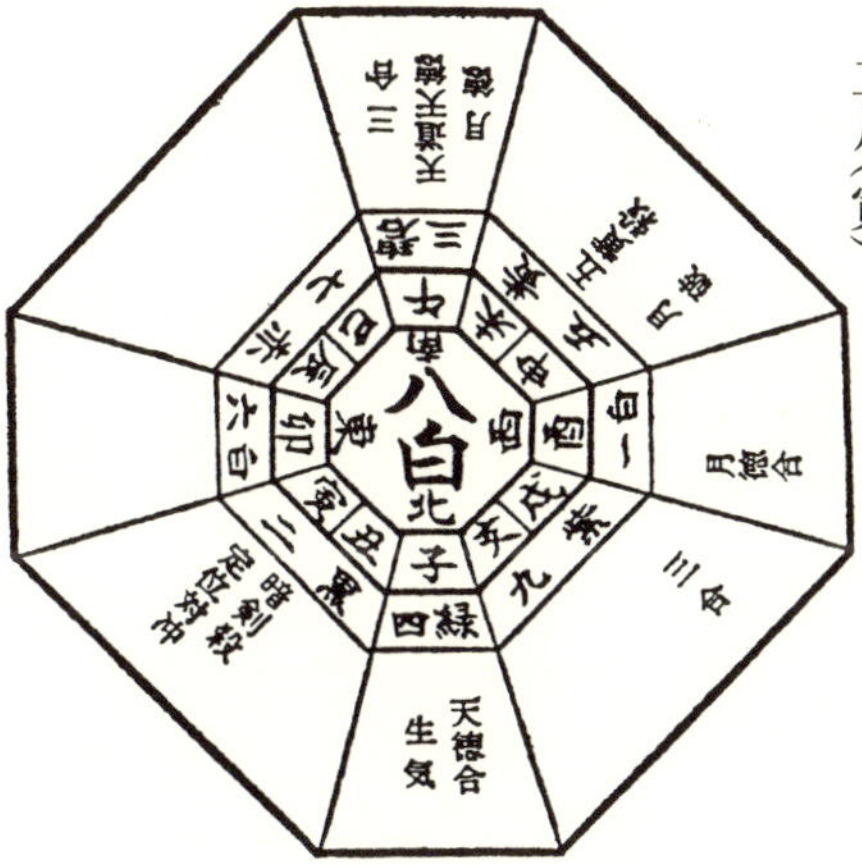

九日

三	八	一
二	四	六
七	九	五

【年、月、日を活用した判断】

これは私の例題です。自分のことは一番検証しやすいですからね。やはり傾斜鑑法ですから、判断の要は月盤を絡めるのが当然です。年と日を補足的に使います。ここで注意しなければならないのは、月盤で宿命を判断するのに活用した定位対冲で、あくまで年と月は補足的に使います。

では判断していきます。初年期を示す年盤七赤はどうでしょうか。まず、弱点となる凶的な要素を先に見ます。いわゆるリスク回避ですね。まず、凶殺の筆頭である暗剣殺は兌宮に入り、九紫が回座しています。兌には咽とか肺、呼吸器と言う意味合いが存在します。私は十代で喘息を発病し、その後、それが持病となり苦しみました。また、九紫には医療や治療という意味もあります。風邪をこじらせて、最初に受診した医院で気管支炎と言われ抗生剤を投薬されました。なかなか症状が改善しないので、ある方に紹介された大学病院の専門医に診ていただいたところ「医師が他の医師のことを言いたくはないが、今の薬を飲んでいても症状は改善しないよ、緊急性があるから副腎質ホルモンと気管支拡張剤を点滴で入れましょう」と言われ、何日間か入院した記憶があります。今では占術をリスク回避に活用できますが、その時には知る由もありません。その後、四柱推命や紫微斗数などの高度な占術を知った時、よくもまあ生きていたものだと思いました。

歳破が震宮五黄に入っています。五黄は、吉凶が極端に分かれる星です。歳破は凶的な条件ですから、この場合、どうみても良い作用となりにくいです。人により具現する作用は様々ですが、震には発作と言う意味もあり、五黄は慢性化しやすい傾向があります。私の場合は持病の喘息が慢性化し、その後かなり長期に渡り苦しみました。また、巽宮には六白が入ります。十代の頃に父親と離れました（この定位対冲は、私は宿命判断のみに活用します）。では、傾斜法判断の要である月盤を見てみます。本書は、以前発刊した『気学即断要覧』に増補加筆したものなので簡便に解説いたします。暗剣殺は艮宮二黒に付き、父親のある事情による金銭的問題のため、私と母親名義の不動産を手放しています。また、二黒坤宮で月破、艮宮も二黒です。

今さら言うのも何ですが、父親と母親には本当に大変な目にあわされました。私の月盤の傾斜を見ると、艮と坤宮に悪い条件が比較的集中しているので、これらが表す意味合いから病気になるとなかなか厄介なのです。

では、日盤を考察してまいりましょう。四緑中宮です。一線を退いて、晩年になると、人生上の幅は通常狭まります。注意する点を見てみると、まず暗剣殺が巽宮三碧に付きます。巽宮には外出や外側と言う意味が存在しますから、あまり派手な遠出や無理な日程は組まないほうが無難だということになります。また、巽宮や三碧に関連した疾患にも注意が必要です。その次は日破です。日支が子で、その反対側の離宮の八白に影響しますから、不動産購入などは控えます。離宮には、書籍、占術、教えるといった意味もありますから、納期の厳しいような依頼は受けないほうが無難です。では、影響はやや少なくなりますが、定位対冲が付く坎宮九紫はどうでしょう。九紫にも書籍、占術、教えるなどの意味が存在しますから、離宮と同様にマイペースで仕事をこなすほうが良いということになります。また、頭、循環器、目の疾患には要注意です。

ここで少し、月盤と日盤の宿命における同会法、被同会法のこつをお伝えします。まず、月盤本命七赤から日盤の巽宮にかけて見ます。三碧に暗剣殺です。次に、日盤から月盤の同位置にかけて見ます。こちらは暗剣殺と定位対冲です。このような感じの人は、比較的人生上の幅は広くなりにくいのです。

【人生傾向や性質の判断】

もちろん本書は傾斜宮判断法が主体となりますが、まず初めに考察するのは、各自算出された傾斜宮でもって、人生傾向や性質の要点になるのは論を待ちません。次に判断するのは、本命と月命の九星です。さて巷ではよく、「あなたは八白だから、頑固でやや欲が強い」などと言いますが、これでは早生まれ以外の方はほぼ同様になってしまいます。とはいえ私の知人の教師は、毎年度のクラスによって、何となく雰囲気が違う感じがすると言っていました。また、公人の年運は比較的判断しやすい傾向を私は感じます。ただし、自分の本命でそこに即投影するのは早計だと私は感じます。これは順位として後の判断です。では傾斜鑑定における、人生傾向や性質を判断する方法を以下に列挙いたします。

①傾斜宮でまず判断する。

②本命と月命で判断する。では、本命と月命のどちらを中心にするかです。これは、九星に備わっている五行を活用します。例えば、私は本命七赤金星で月命は八白土星です。月が年を土生金と生じますので、私の場合は、七星の作用のほうがやや強いと判断します。同五行の場合は、陽星を優先します。

③日の九星は、他の人から分かりにくい内面的な性質が出ると言われています。答えとして、私は巽宮傾斜で日命が四緑ですから、その辺りが私の性質を表しています。そこへ先程の本命七赤を加味していくのです。最後に月命八白を加えます。

【相性について】

相性についての判断は、各占術により様々な方法が存在します。本書は、傾斜宮を中心とした鑑定法ですので、それらを踏まえて解説してまいりましょう。

①本命星同士の五行の比和、相生、相剋を見る。例えば、七赤金星と八白土星は相生の関係、七赤金星と

六白金星は比和の関係、七赤金星と三碧木星は相剋の関係などを見ていくのです。
②生まれ年の十二支同士の関係を見る。相生や比和の関係は良いのですが（例外あり）、対沖の場合、子と午、丑と未（作用が軽い）、寅と申、卯と酉、辰と戌（作用が軽い）、巳と亥の関係は、あまり好ましくありません。
・刑の関係＝子と卯、丑と未、丑と戌、寅と巳、寅と申、辰と辰、午と午、酉と酉、亥と亥
・害の関係＝子と未、丑と午、寅と巳、卯と辰、亥と申、酉と戌
・破の関係＝作用は軽微です。子と酉、卯と午、巳と申、未と戌、亥と寅
③各傾斜宮同士の関係については、気学即断要覧の部分に書いてあります。

【人生上の互いの波長について】

この活用法は少し分かりにくいかも知れませんので、例題でもって解説いたします（次頁図参照）。

本命七赤で月命八白の男性と、本命八白で月命二黒の女性の場合を見てみましょう。
①まず男性から練習します。本命七赤が月命の何処にあるかを見ます。月命の巽宮にあります。その巽宮から年盤の同位置を見ると、六白となりますね。これを此処に書いておきます。次に月命の八白が年命の何処にあるか見ます。年命の乾宮にあります。その乾宮から月盤の同位置を見ると、九紫となりますね。これを此処に書いておきます。答えは六白と九紫になります。
②次は女性で練習します。本命八白が月命の何処にあるか見ます。月命の坤宮にあります。その坤宮から年盤の同位置を見ると、五黄となりますね。これを此処に書いておきます。次に月命の二黒が年命の何

処にあるか見ます。年命の艮宮ですね、その艮宮から月盤の同位置を見ると、五黄となりますね。これを此処に書いておきます。答えは、五黄のみとなります。

男性

六	二	四
五	七	九
一	三	八

本命

七	三	五
六	八	一
二	四	九

月命

女性

七	三	五
六	八	一
二	四	九

本命

一	六	八
九	二	四
五	七	三

月命

③さて判断ですが、互いに共通の星がありません。これを共通の星を探すと捉えます。何となく、人生の目的や趣味や趣向、思考方法や行動様式に違いがあるのです。だからと言って相性が悪いわけではありません。互いにあまり干渉せず、逆にすれ違いカップルのような適度な距離感があるほうが意外に上手くいくのです。

まあ、練習してくださいませ。

【運気、行運を見る】

今までは、全て宿命内の考察でした。今度は、毎年の運勢の考察法を傾斜に取り入れた鑑定法として解説します。同様に、八白月命、巽宮傾斜です。考察する年運は、二〇一九年、八白中宮とします。まずお決まりの通常の気学における同会法、被同会法から解説してみましょう。本命七赤は巽宮に入り、歳破が付いています。まず、基本的に歳破は良好となりません。定位盤の四緑同会です。巽四緑は、基本的に外部、営業、外出、外への拡張などを意味します。私は占術業を生業としています。なるべく新規開拓は控えたほうが無難です。また、新しい外部的出会いは、よく考慮して相手を選択したほうが安全です。では、他動的影響が出やすい被同会はどうでしょうか？　定位盤兌宮七赤から今年を見ると、一白が被同会します。この時の注

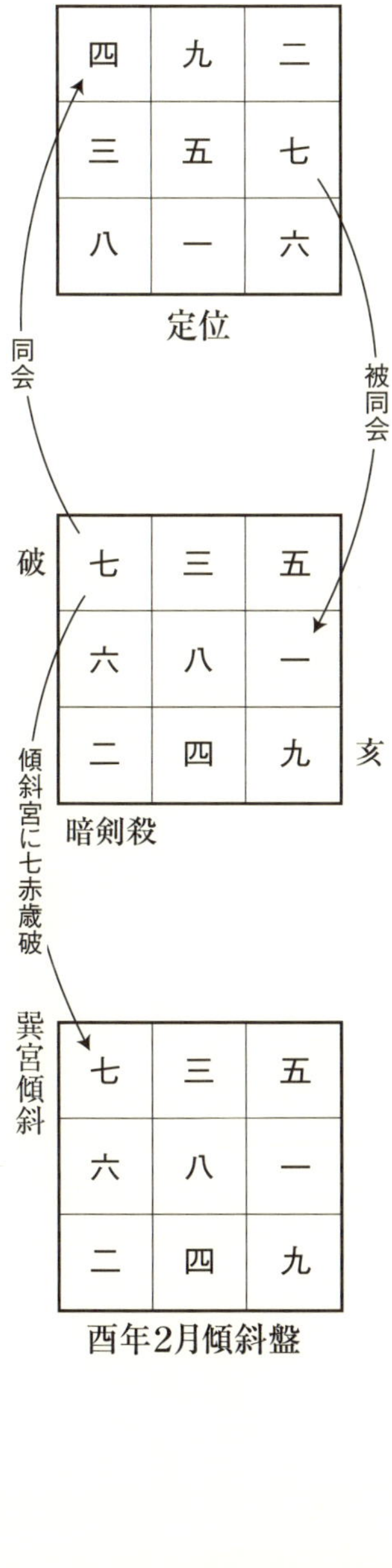

意点として、兌宮の意味合いを見てはいけません。なぜなら、七赤の人は必ず兌宮になるからです。この場合、一白の意味合いを活用します。私は常に体調の問題を抱えています。これはまさに、一白には病気という意味合いを持っていますから、健康には十分注意を払うべきです。一白には、影の人、裏側と言う意味合いもあることから、上手い話を持って来たりする人には、十分な警戒が必要ですね。その次は、例題の傾斜宮に年運同様、七赤の歳破が入って来ます。現象として、あまり営業は広がりません。過去より金銭的に伸び悩み、七赤の意味合いから、口の災いつまり余計な事は言わないほうが得策です。

最後に、本書出版の主たる目的は、しばらく品切れになっていた『気学即断要覧』の復刊であり、それに若干の前書きとして理論的な私なりの意見をプラスさせていただきました。そのようなことから、中に入れた『気学即断要覧』と文脈が噛み合わない部分がありますのはご了承願います。また、本書は全くの入門者向けではないので宜しく活用してくださいませ。

第二章　判断編

九星を使用した特殊な鑑定法に、傾斜占法と言われているテクニックが存在します。ここでは使用頻度の高い項目に絞って解説してまいります。性格と運勢、結婚・恋愛・仕事・家庭・子供・健康運、その他です。別名、気学推命と呼ばれています。今年の運気とか、今月の運勢とかは、別のテクニックである同会法のほうが適格に判断出来ます。これからの解説はある程度、初歩的な気学をマスターした人を対象にしています。もし、そうでない方は、東洋書院発刊の中村文聰著『気学占い方入門』で基礎を学んで下さい。

傾斜法とは

生年の盤と年月の盤とを重ねて見た時に、自分の生まれた年の九星（これを本命星と呼称）が生月盤のどこの宮位に入っているかで判断します。

その時に、そこの宮位の名前を付けて、何々傾斜と言っています。

例をもって解説いたします。

昭和四十年十一月生まれ　女性
本命星　八白土星
月命星　二黒土星
この例題の女性の場合、坤宮傾斜と

七	三	五
六	八	一
二	四	九

坤宮傾斜
暗剣殺

月破

一	六	八
九	二	四
五	七	三

言います。別名、西南傾斜とも呼ばれています。特徴として、基本的には真面目で派手なことは好まず、地味な人が多いものです。物質的な事柄や人生に対する捉え方も、人を押し退けてまでするといった人ではありません。決して人の上に立つような頭領運の持ち主でもないのです。平凡な日常生活が最良なのです。

しかし、ここで注意しなければなりません。自分の傾斜宮に暗剣殺が付きます。五黄殺が艮宮（東北）に入っていますから、その対宮である坤宮には、暗剣殺が付きます。自分の傾斜宮に暗剣殺が付く場合、多くの例として、中途挫折の運気となります。なんとなく、今一歩の所で成功を掴めません。では、このような人は何をやっても駄目なのでしょうか？　ものは考えようです。もともと坤宮傾斜もそうですが、全て七割程度の成功を収めたら満足する癖を持つと良いのです。他の宮位の良い所を伸ばしてこそ、運命学を勉強する意義があると思うのです。呪縛的になってはいけません。家庭運や親族運はあまり良好にならなくても、必ずや吉に赴く宮位は存在します。

この傾斜法判断では、艮宮の不動産運は良くなくても（五黄は通常吉となりませんが、そうでない人も希にいます）、兌宮の動産運はまずまずの判断ができます。通常は細かく、吉神や凶神を算出して最終判断の詰めとするのですが、本書では、宿命や人生傾向を大掴みに捉えて各宮位の解説をしてまいります。中宮傾斜の人は特別な算出方法となりますから注意してください。これは本命星と月命星が同じ九星の場合です。一応表として今一度図示いたします。これは易の小成卦の裏卦となっています。

一白
坎 ☵ → ☲ 離

二黒
坤 ☷ → ☰ 乾

三碧
震 ☳ → ☴ 巽

四緑
巽 ☴ → ☳ 震

五黄（小成卦がありません）
男女に違いが出て来ます。
男　兌
女　乾　となります。

六白
乾 ☰ → ☷ 坤

七赤
兌 ☱ → ☶ 艮

八白
艮 ☶ → ☱ 兌

九紫
離 ☲ → ☵ 坎

本命と月命の九星が同じ場合の傾斜宮位

本命星	月命星	傾斜宮位
一白	一白	離宮傾斜
二黒	二黒	乾宮傾斜
三碧	三碧	巽宮傾斜
四緑	四緑	震宮傾斜
五黄	五黄	男 兌宮傾斜 女 乾宮傾斜
六白	六白	坤宮傾斜
七赤	七赤	艮宮傾斜
八白	八白	兌宮傾斜
九紫	九紫	坎宮傾斜

巽宮	離宮	坤宮
震宮		兌宮
艮宮	坎宮	乾宮

吉神、凶神の判断

月命盤の中をさらに細かく考察すると、様々な名称の吉神と凶神とが付いています。気学傾斜宮占法において、玄妙なる判断をして活断していくにはこれらの吉神、凶神も疎かにするわけにはいきません。もちろん、出生以後の人生行程においての過ごし方や、過去における方位の使用状態も考慮に入れなければなりません。居住している家屋や土地の状態も、判断においては大切な要素となります。宿命や後天的要素、方位の使用状態、行動規範等を考慮しながら鑑定を進めるのと、そうでないのとでは大きな開きが生じます。易には筮前の審事という、占う事柄の内容を詳しく理解してから筮する約束事が存在します。これも全く同様なことです。吉神や凶神も、本来持っている九星や傾斜宮の意味合いに大きな変化要素を与えます。吉神が付けば、本来の意味に良い影響を与えますし、凶神が付けば、本来の意味に悪い影響を与えます。

吉神、凶神の作用と意味合いを簡便に解説いたします。表により、生まれた月の九星盤をご覧になれば、たちどころに吉凶神が判別可能です。

凶神の部

【五黄殺】

五黄土星の回座する方位で、その傾斜宮の意味の良い面を抑え、悪い面を増幅させてしまいます。

【暗剣殺】

五黄土星の反対の方位です。その傾斜宮や九星の意味の良い面を抑え、突発的な災いや妨害作用をもたらします。五黄殺は、やや現象の出方が遅い傾向にあります。この暗剣殺は現象にスピードが伴うのが特徴です。


【月破】

宿命判断における傾斜宮では、生まれた月の月命盤での十二支の反対の方向を月破とします。挫折、別れ、物事の停滞現象を表します。

吉神の部

【天道】

物事を開く作用、回座する九星や傾斜宮位の象意をバックアップします。災いを吉に赴かせます。それらの作用は強いです。


【天徳】

天道と同様に吉神となります。やはり災いを良く解約制化し、表面的に扶助します。


【天徳合】

天道や天徳各々の神の合神です。裏の面から吉象を扶助します。


【月徳合】

天徳や月徳各々の神の合神です。やはり裏の面から吉象を扶助します。

【月徳】

吉象を抑え、吉に赴かせます。

【生気】

入っている九星に気と力を与え、吉に導きます。それらの作用は強いです。

判断する上の比重として、五黄殺、暗剣殺、月破が一番悪影響を与えます。その他の吉凶神は、時として入り乱れて付く場合もあります。その時の判断は、ケース・バイ・ケースです。そのへんの匙加減が微妙なのです。活断の妙味かも知れません。もう一度、昭和四十年十一月生まれの女性の例で図示します。

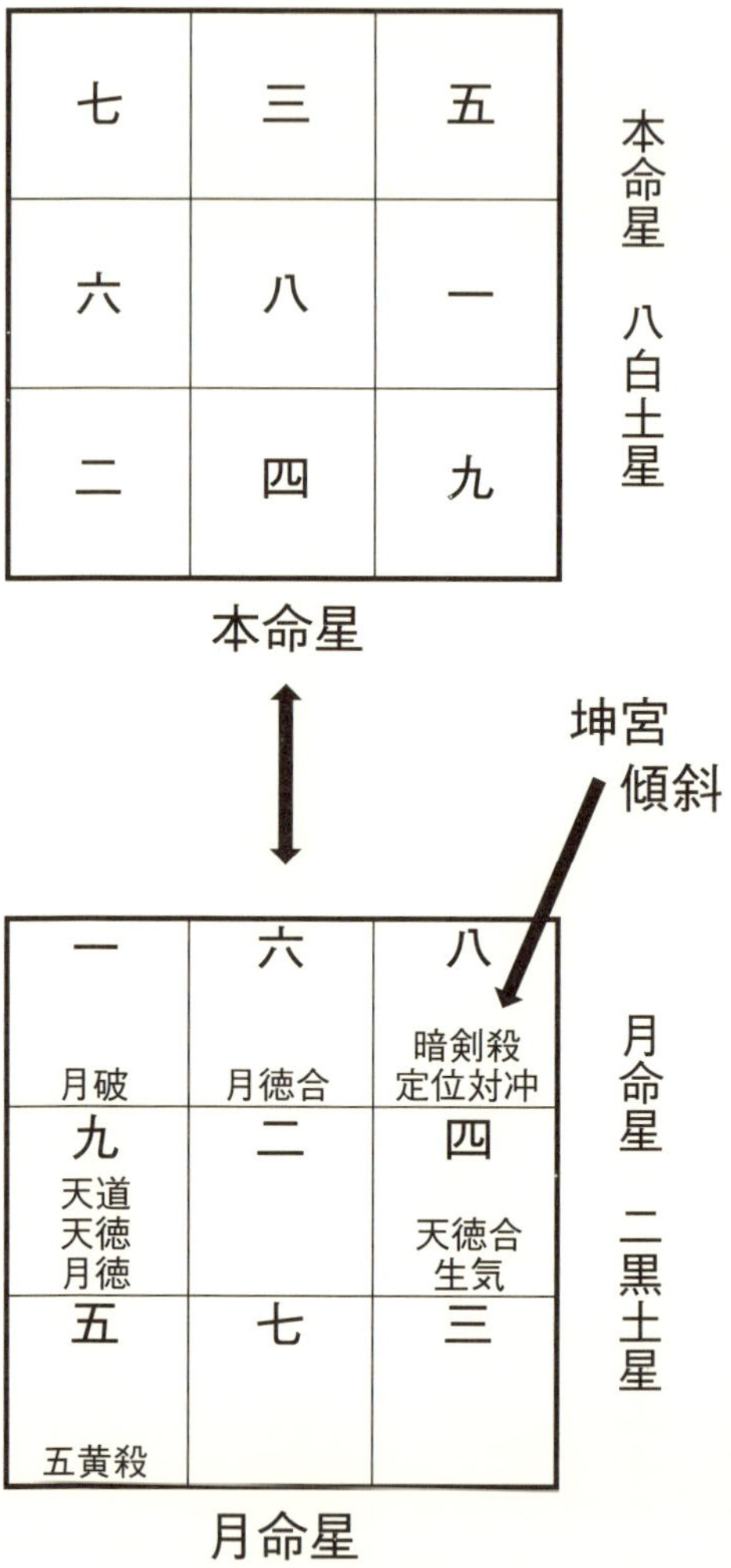

★ここで別格の判断法として、三合と定位対冲について注意を促したいと思います。九星術を操る術士の方の中にも、この理論を使用する人と、そうでない人に分かれるようです。本書においては、一応理論的なものを解説いたします。

三合

例　二月　寅月生まれ

寅—午—戌
火局生まれ

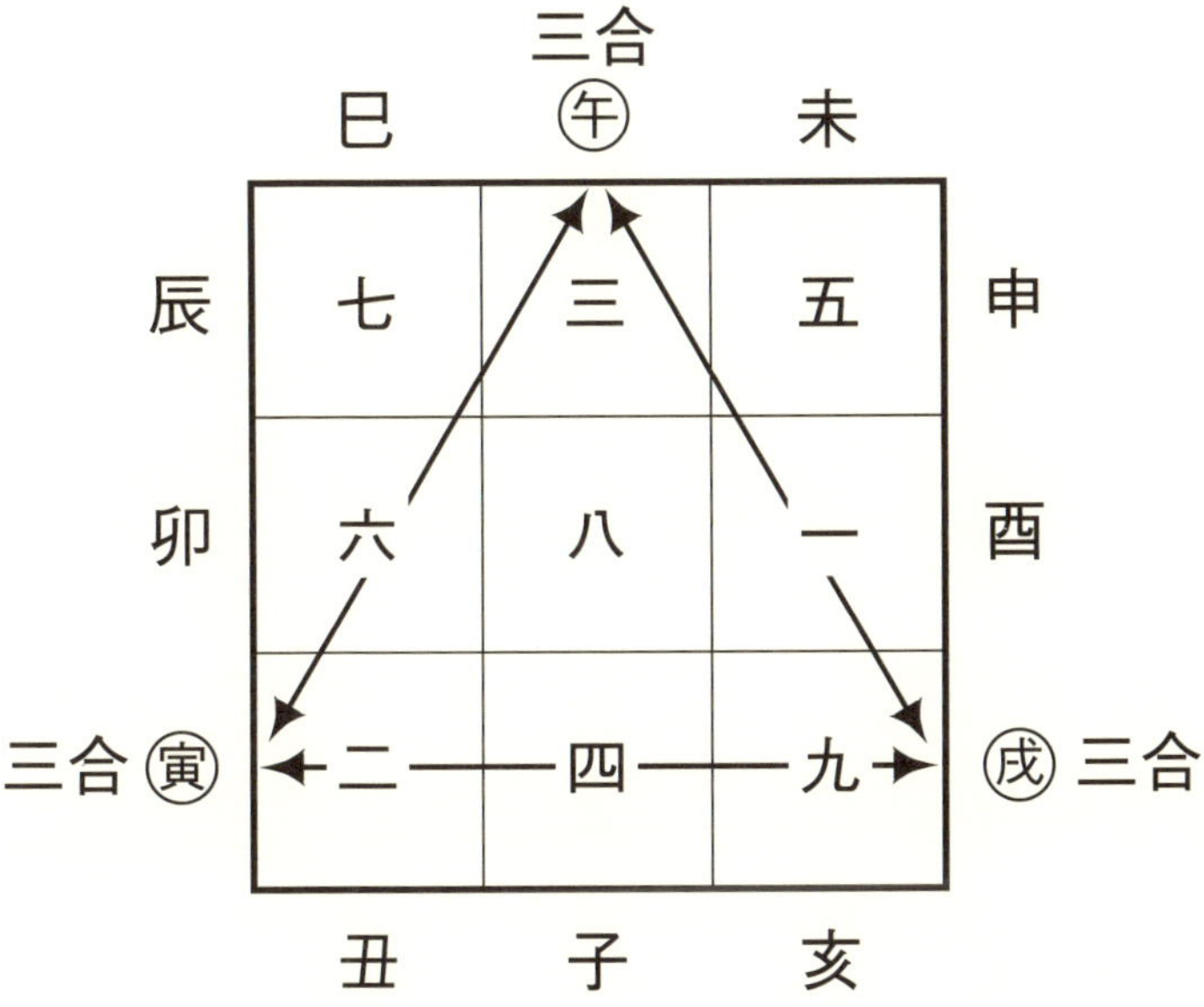

木局三合生まれ　　亥─卯─未
＝性質の一部に三碧の質が含まれる。
火局三合生まれ　　寅─午─戌
＝性質の一部に九紫の質が含まれる。
金局三合生まれ　　巳─酉─丑
＝性質の一部に七赤の質が含まれる。
水局三合生まれ　　申─子─辰
＝性質の一部に一白の質が含まれる。

備　考

吉凶の判断は、傾斜宮の条件により、プラスとマイナスに分かれます。吉神や凶神の判断も加味しなければなりません。早計に決め付けられないものです。

定位対冲

近年、運命学の権威である中村文聡先生が特に検証している論法です。例えば六白は西北が定位ですが、その対宮の場所である、東南に入った場合等を言います。これを図示すると以下のようになります。

東　七赤　東南　六白
南　一白　南西　八白
西　三碧　北西　四緑
北　九紫　東北　二黒

例

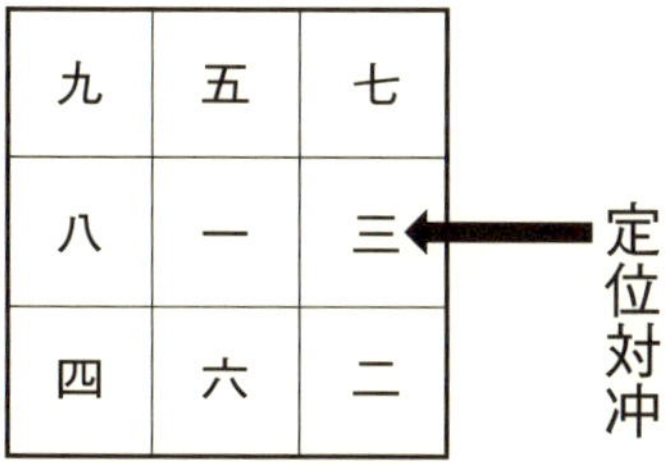

西の三碧の場合

各傾斜の項目別解説

『性格と人生傾向』

坎宮傾斜（北方傾斜）

＝裏での成功という意味が存在します。あまり表立つことは良好となりません。表面は派手ではありませんが、人知れない所での収入などがあるものです。また、そのような状態のほうが良さを発揮します。進取の気性を発揮しなければならない仕事は不向きとなります。何よりも裏方の仕事のほうが成功するものです。病気にはやや注意です。日頃から健康には気を使い生活を営むべきです。性格は思考性が強く用心深いと言えます。しかし、理屈ぽいのが難点となり、人を恨むと根に持つタイプとなります。ジェラシーも強いでしょう。

坤宮傾斜（南西傾斜）

＝真面目です。臨機応変の才は少なくなります。地味で派手なことは好みません。人を押し退けてまで成功を勝ち取ろうとしないものです。進取の気性に富んでいるとは言えません。働きものです。人には好かれます。結果大金持ちにはなりませんが、生活に困窮することも希となります。人のトップになる器も持ち合わせていないので、人使いも下手です。補佐役に適しています。己をわきまえていれば、人生は平穏そのものとなります。性格は親切でこまめに働きます。欲も少ない傾向があります。悪い面として、物事の決定に際して迷いが多く優柔不断な所が挙げられます。苦労性で金銭的にもやや細かい所が存在します。

震宮傾斜（東傾斜）

＝積極的な所が存在し、物事の遂行に対して焦りが出て来ます。結果詰めが甘くなり、粗野な部分が見られます。己が主にならないと気がすみません。自分から率先するため、しなくても良い苦労を背負うこともしばしばです。目立つので名誉を掴むことも少なくありませんが、その割に財は残らない傾向が強いと言えます。性格は明るいですが、やや大風呂敷で話にまとまりがありません。せっかちで短慮な所があり、口の災いに気を付けねばなりません。

巽宮傾斜（東南傾斜）

＝温和に見え交際も広くなります。そのために人からは比較的好かれます。自分のためよりも、他人や周囲の人のために活動し、働きます。物事のまとめ役には打って付けの人物です。難事であっても、根気よくなんとかまとめてしまいます。活動的で社交性のあるのが特徴となります。性格は人を育てるのは上手いですが、調子が良く、やや人を利用したりする傾向があります。案外ずぼらな所があり新し物好きです。

乾宮傾斜（西北傾斜）

＝基本的に頭領運の持ち主です。四柱推命学で言うところの帝王星にやや似通っています。才知もあり、物事をマクロ的に捉えるのが特徴と言えます。しかし、人生行路は意外に浮沈が多く、逆に面白い部分が存在します。一発勝負を賭ける者もおり、そのため、再起不能の状態を招く場合もありますので注意が必要です。活動的ですから、家庭に居場所を設けるより、家の外に心の居場所を作りがちです。また、その方が良好です。性格は聡明で、個人的範囲より、社会性を重視します。自尊心が強く、お世辞等は言えません。また気が変わりやすくお天気屋さんです。

兌宮傾斜（西傾斜）

＝口が良く回り、お喋りです。飲食に縁が深く、食べることが好きでなかなかグルメな所が存在します。女性はおしゃれで、男性は社交的でよく動き働きます。しかし、生活も贅沢で、慎ましい生活は好みません。金銭欲もなかなか強いのですが、蓄積できない傾向があります。性格は世間体を気にします。弁が立つので説得は上手になり、社会性を重視します。個人主義で自分のみの快楽を求めやすく、色事に染まりやすいので注意が必要となります。

艮宮傾斜（東北傾斜）

＝基本的に落ち着いた人です。家庭的な所がありますが、不思議と親族との関係はあまり良好になりません。その点は注意が必要です。事に及んで臨機応変に処理するのが苦手で、人生の浮沈もかなり経験します。しかし、七転び八起きの忍耐力を発揮します。性格は淡白な所があります。移り気で欲が深く、やや身勝手です。社交においても偏りがあるものです。

離宮傾斜（南傾斜）

＝派手な性質で、名誉や名声を欲します。瞬間集中的な情熱は傾けるのですが、粘りに欠けるのが欠点となります。知恵はあるのでこれが惜しい所です。世の中に対して先見の明を持ち合わせていますが、やや先走り、新しいことに手は出しますが、粘りに欠けるため不成功に終わりやすい傾向があります。性格は移り気で冷めやすく、傲慢な性質があり、争い事も不思議と多くなります。社交家ですが飽きやすいのが短所です。

『結婚運』

★一部恋愛運も含みます。

人生は個人としては、一度しか経験できません。そこでどんな配偶者を選択するかによって、人生が大きく左右されます。傾斜占法においても、疎かにできない項目です。まず相性の問題から考えてみます。

坎宮傾斜

吉となる傾斜宮　乾宮傾斜、兌宮傾斜
　　　　　　　　震宮傾斜、巽宮傾斜

坤宮傾斜

吉となる傾斜宮　離宮傾斜、兌宮傾斜
　　　　　　　　乾宮傾斜、艮宮傾斜

震宮傾斜
吉となる傾斜宮　離宮傾斜、坎宮傾斜
巽宮傾斜

巽宮傾斜
吉となる傾斜宮　離宮傾斜、震宮傾斜
坎宮傾斜

乾宮傾斜
吉となる傾斜宮　坤宮傾斜、艮宮傾斜
兌宮傾斜、坎宮傾斜

兌宮傾斜
吉となる傾斜宮　坤宮傾斜、艮宮傾斜
乾宮傾斜、坎宮傾斜

艮宮傾斜
吉となる傾斜宮　乾宮傾斜、兌宮傾斜
坤宮傾斜、離宮傾斜

離宮傾斜

吉となる傾斜宮　巽宮傾斜、震宮傾斜
　　　　　　　　坤宮傾斜、艮宮傾斜

以上が傾斜宮の特徴から見た相性の組み合わせです。もちろん、これのみで即断してはなりません。あなた自身の個人の月盤における考察も大切な要素となります。一般的に、自由恋愛運は兌宮で、見合いや紹介によるものは、巽宮で考察してまいります。また、その他の方法として、調《ととの》うという意味から、見合いや紹介による場合は四緑の入っている宮位を、補足として、自由恋愛を意味する七赤の入っている宮位を捉えます。もちろん、吉神や凶神の有無をつぶさに見なければなりません。

巽宮		
		兌宮

巽宮、兌宮を見る。

巽宮、兌宮に凶神（暗剣、五黄、月破等）が付く時には、他人や身内の紹介よりも、比較的恋愛結婚の方が無事なものです。その理由はこの宮位に凶神を持つ場合、性格的にかなり頑固で融通性が無くなるからです。また土星の星が入っても同様の判断をします。土星の星とは、二黒、五黄、八白のことで、この場合にはやや晩婚気味と判断できます。また、その方が人生において間違いが少なくなります。

まとめ

一応の目安として、早婚型、中婚型、晩婚型に分けられます。

早婚型～三碧、四緑
　二十代前半
中婚型～一白、九紫
　二十代中頃
晩婚型～二黒、五黄、六白、七赤、八白
　三十代前半

以上の考察に、巽宮と兌宮の状態を加味して判断をしてまいります。各星が巽宮に入るか兌宮に入るかで答えを導き出します。

例　昭和四十年十一月生まれ　女性

年盤

七	三	五
六	八	一
二	四	九

月盤　（破・暗剣殺・天徳合・生気）

破		暗剣殺
一	六	八
九	二	四　天徳合 生気
五	七	三

兌宮のほうが断然有利です。見合い結婚の場所である巽宮には月破が入り吉となりません。自由恋愛による相性の良い人を選ぶと人生の失敗は少なくなります。次に夫妻運を中心に考察してまいります。

『夫婦運』

夫は乾宮で見ます。
妻は坤宮で見ます。

月破も付く坤宮（↓）

	○	○	五
	○	八	○
寅	○	○	○

本命七赤　月命八白　寅月生まれの男性

男性にとって妻の場所は南西の坤宮となり、五黄が入ると、気の強い女性で、体も丈夫ではありません。さらに月破も付いています。争いも多くなり、性格的にも偏っているものです。

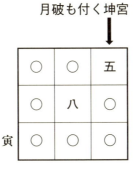

例

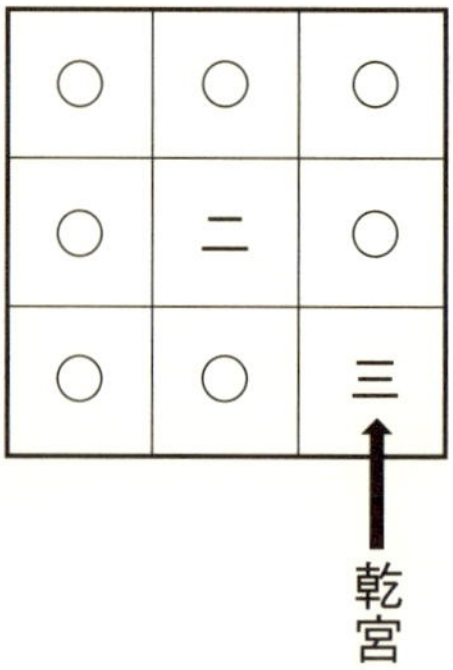

本命八白　月命二黒　亥月生まれの女性

女性にとって夫の場所は西北の乾宮となり、三碧が入ると、せっかちで落ち着かない男性です。また独り善がりの短気な性質です。

凶神の付いた時の判断

【五黄】　女は亭主を尻に引くタイプ、男は性格頑迷です。

【暗剣】　星の作用の凶意が出てきます。

【月破】　トラブル等が多くなり、性質もやや屈折しています。

【対冲】　身体に問題が出やすいです。

その他は、各吉神と凶神の入る状態等から最終的な結果を類推していくのが判断の妙味となります。

配偶者として妻を見る場合

★坤宮を中心に見ます。

一白　身体に問題が多く、頭は良い傾向にありますが、あまり明るい性格ではありません。

二黒　夫に尽くし、派手ではありませんが、よく働き真面目です。

三碧　やや短気でせっかちです。神経質で口やかましい所があります。

四緑　美人が多いです。社交性があり、人に対して奉仕的気質が備わっています。時として、お節介と見られます。割合見栄っ張りな所も存在します。

五黄　勝気で夫を押さえ付けます。いわゆるかかあ天下です。身体が弱くなります。

六白　とにかく活動的です。夫を後ろから後押ししがちです。頭は比較的良い方です。

七赤　よくしゃべり派手好きな傾向があります。飲食にうるさく社交家です。割合几帳面な所を見せます。

八白　平凡です。しかし割合働き者です。やや強情で吝嗇ぎみとなります。

九紫　物事に夢中になり、派手で気が短いです。

配偶者として夫を見る場合

★乾宮を中心に見ます。

一白　身体に問題が出ます。頭は良い傾向にあります。

二黒　平凡な人です、真面目で働き者ですが、人を押し退けて出世するような力は弱くなります。

三碧　活動的ですが自分勝手な所があり、気が短いです。

四緑　口うるさい所がありますが、気持ちはさほどではありません。

五黄　内心はソフトに見えますが、真は強情です。身体に問題が出る人も多くなり、意外に経済観念も発達しています。

六白　スケールが大きい。聡明、大きな事を好みます。

七赤　口が軽い傾向（逆に重い人もいます）。遊ぶ事が好き、でも割合働き者。酒や女に溺れやすい。

八白　家庭を大切にします。我慢強い。

九紫　熱しやすく冷めやすい。やや短気、名誉や名声に憧れます。

判断の補足

五黄は経済や性格も不安定になります。月破も偏りと判断し、暗剣殺は家庭運を何らかの原因で破壊します。その他の吉凶神もつぶさに考察して最終的な家庭運の判断を導きだしてください。もちろん相性も大切な要素となります。

『兄弟運』

本来は艮宮で判断して行います。しかし、兄弟は一人とは限りません。艮宮には九星は一つしか入りませんから、あくまでも傾向性と捉えるのが妥当と思われます。そのような事情を考えながら答えを導いてください。兄弟との縁の厚薄や助け合うのか、そうでないかの判断の一助となり、もちろん吉神が入るか、凶神が入るかで違いが出るのは当然のことです。

○	○	○
○		○
艮宮	○	○

艮宮を中心に見ます。

一白　病弱の可能性、聡明だがやや暗い人あり、兄弟は比較的少ない。

二黒　仲はあまり良くない。お互いに助けになりにくい。兄弟の数は様々。

三碧　兄弟運は普通。

四緑　兄弟運は普通。

五黄　お互いに疎遠になりやすく、助け合うことも少ないと言えます。
六白　仲は良いほうです。力のある兄弟が存在します。
七赤　お互いに助け合います。数はまちまちです。
八白　数が少ないと仲は良いです。多いと仲良く行きません。
九紫　仲が良いか、うんと悪いかどちらかになります。
以上はもちろん、吉神が入ると吉条件になり、凶神が入ると凶条件になるのは当然の成り行きとなります。

『子供運』

これも兄弟運と同様の考察法となります。一人っ子なら別ですが、子供は一人とは限りません。複数である場合、男女の別も考慮しなければ正確な答えを導き出すのが難しくなります。あくまで、子供が力になってくれるのか、そうでないのか、あるいは意思の疎通もなく、縁の薄い関係になるのか、傾向性を調べるのが一番適しているように思われます。しかし、夫婦両方を細かく考察していく場合、かなり詳しく判断できる場面が多いのも事実です。今後の研究が待たれます。子供を判断する時、特に艮宮に入った九星を最優先に判断してまいります。艮宮には、相続、子供等の意味合いが含まれており、その他の判断条件として、三碧と四緑の入っている宮位を補助的に判断します。これらには、長男とか長女という意味合いが存在します。

その他判断における注意

吉神（説明を参照）が付くと、子供との意思の疎通も気持ち良く行われ、親子関係も比較的良好です。

凶神（説明を参照）が付くと、子供との意思の疎通も疎遠になり、親子関係も良くありません。もちろん助けも期待できません。

艮宮を中心に見ます。

一白　子供縁は薄いです。特に男の子は病気がちとなりやすい。

二黒　凶神の暗剣殺が付きます。子供の苦労が多くなり、また時としてできない場合があるものです。

三碧　男の子は力になりやすく、女の子の場合は問題が多くなります。

四緑　子供との縁は比較的良いと言えます。男の子とは意思の疎通ができにくく、女の子とは円満です。

五黄　お互いに意思の疎通ができにくく、また体が弱い傾向があり、力になってくれません。できないこともしばしばです。

六白　育つ段階で苦労が多くなり、やや身体が弱い傾向にあります。

七赤　できます。夭折の子供が出る可能性。

八白　良い子供です。

九紫　親と離反しやすくなります。頭は良く聡明な傾向です。

子供の数について

現在、我が国において、様々な環境因子により、少子化現象が起こっています。また計画出産も盛んです。旧来からの方法で、子供の数を云々と考察するのは無理が生じてきます。ですから、あえて記載するのを避けました。ご了承ください。これは他の運命判断術についても同様に思われます。筆者は、紫微斗数占法や、推命学等が専門ですが、古典の引用や、その他の方法に依っても、矛盾が多く問題が生じます。今後の研究が待たれます。筆者としても研究課題としたいところです。

『父母運』

この考察も一考を要します。定義として、父親は乾宮で、母親は坤宮に入った九星とその他の付帯条件で判断していきます。一人っ子なら別ですが、子供は複数の場合も多く、親はそれぞれ一人ずつです。あくまで各子供から見た両親との関わりという観点からは限定をするべきです。また祖父や祖母の状態も知ることができるとしている一般書も見受けられます。しかし、実地に照らして見ると、無理が生じます。

実例で解説いたします。他は各々類推してください。

例　昭和三十二年二月生まれ　男性

七	三	五
六	八	一
二	四	九

財産を示す
暗剣殺➡（二）

乾宮（九）
父親を表す部位

考　察

父親は学者とか、医師とか、特殊な業務に従事していた可能性が高くなります。また技術職が多いのも事実です。父親は戦前に国立大学の農学部を卒業し、戦後は林野庁の幹部から政界へ転身しております。しかし、艮宮を見ると暗剣が付いており、財産には全く縁が無いことが推察できます。

実例で解説いたします。

例　昭和四十年十一月生まれ　女性

一	六	八
九	二	四
五	七	三

坤宮—暗剣殺
母親を示す部位

考　察

母親を示す坤宮に八白が入っています。割合頑固で融通が利きません。気苦労や迷いも多い傾向があり、身内主義になるのが特徴となります。しかし情は深いものです。また働き者です。暗剣が付くと、八白の短所が出て来ます。類推してみてください。

『金銭運』

何はともあれ、現代社会において、金銭はとても大切なものです。金銭を抜きにして日常生活は語れません。極端に守銭奴にならなければ適度な財は、家族や自分自身を守り、精神的にも安心を与えます。つまり傾斜占法を研究することにより、運用法や、財への対処法を把握することができます。通常は艮宮に入る星でもって鑑定をしてまいります。もちろん吉神が入るのか、凶神が入るのかによって、判断に違いが出て来ます。艮宮は不動産が主となりますが、兌宮を考察することにより、ある程度動産運を見ることが可能です。

一白　まあまあ普通の状態。

二黒　あまり良くありません。地味に暮らすのが良い。

三碧　まあまあ普通の状態。

四緑　まあまあ普通の状態。

五黄　良い悪いが極端、浮沈が多くなります。

六白　まあまあ良い。

七赤　良いほうです。

八白　まあまあ良い。

九紫　良いほうです。

備　考

艮宮で考察する財運は、一生にわたっての平均値を言うものであります。人生、照る日もあれば、曇る日や雨嵐の日も到来します。財運とは、ある時期の一点を言うものではありません。また入る星によっても、初年運、中年運、晩年運と傾向がそれぞれ分かれております。吉神が付くか、凶神が付くかによっても違いが出て来ます。一般的に、凶神が付くと、財は散じてしまうものです。

『職業について』

自分に合致した仕事に就くのと、単に生活の手段として、精神的辛苦を伴いながら、仕事に従事するのとでは、雲泥の差が生じます。傾斜宮占法では、適職に就いたり、自分に適したスタイルの仕事に従事しますと、早く開運の道が開けて来ると考えています。各傾斜宮別の適職をお知らせいたします。

★なお本命星別の適業についても考察可能です。

坎宮傾斜（一白）
小料理屋、酒類販売、魚介類を扱う仕事、繊維関連、乳製品を扱う店、クアハウスや温泉、銭湯、クリーニング。

坤宮傾斜（二黒）
雑貨類販売や卸、骨董、菓子販売、小児科の医師、葬儀関連、教育、不動産、土木技師、小口金融、リサイクル。

震宮傾斜（三碧）
放送関連（テレビ、ラジオ）、マスコミ広告、新聞、雑誌、ＩＴ、外科医、営業職、レコード（ＣＤ）、司会、オーディオ関連販売、電気器具販売。

巽宮傾斜（四碧）
蕎麦屋、うどん屋、スパゲッティ（イタリア料理）、土木建築材木、船舶、紙業、運輸、観光レジャー、旅行、間接的な情報産業（新聞等）。

離宮傾斜（九紫）
ファッション関連、モデル業、政治、哲学、芸術、出版、証券、税理士、会計、教師、薬学、警備、警察、自衛隊、眼科医。

艮宮傾斜（八白）
不動産、教育、金融、弁護士、宗教、土木技師、機械工場、デパートやスーパーの経営、ホテル。

兌宮傾斜（七赤）
言葉で説得する商売、金属、宝石、飲食（レストラン、小料理屋、スナック等）、歯科医、外科医、芸能、タレント、食品加工、税務、経理、映画、ビデオ、遊園地、レジャー産業、小口金融、演劇。

乾宮傾斜（六白）
官吏、自動車、バイク、政治、政党職員や役員、弁護士、検察官、思想哲学、精密機械（時計等）、航空関連、銀行、証券、教育者、教育産業、自衛官、警察。

★中宮傾斜は表を参照して、他の各九星に変換して判断してください。

適職判断の一部としての、仕事のスタイル

独立自営の商売を考察するには、乾宮と巽宮で判断してまいります。この二宮に凶神や五黄殺、暗剣殺、月破等が付いていますと、独立自営の商売や会社経営には不向きとなります。乾宮は頭領、父親、家長、社長等の意味があり、巽宮は取り引きという意味が備わっています。

この二宮が凶象を持っていると、独立自営はお話になりません。このような人は、手堅い勤めが安全となります。坤宮において勤め運の良し悪しを判断します。この宮位に吉神が付いている月命の人は、禍根なくサラリーマン生活を送りやすくなります。凶神が付くと、もちろんその逆となります。どちらにしても、乾宮、巽宮、坤宮を詳しく見ることが大切です。

例　本命七赤　月命八白　男性

		月徳 天道 天徳		
	七	三	五	月破 五黄殺
	六	八	一	月徳合
暗剣殺 定位対冲	二	四	九	三合
		生気 天徳合		

答え　勤めサラリーマン運を示す坤宮に凶神が集まっています。独立運を示す乾宮と巽宮は問題ありませんので、小さくとも独立することが望ましくなります。

『病気の見方』

健康でなければ、人生を安定して過ごすことはできません。仕事にも打ち込めず、もちろん成功など覚束ないものです。傾斜宮占法では、ある程度それらを把握し、注意して生活することは十分可能です。ストレスの少ない自分に適合した職業に従事し、良き家族に囲まれ、栄養と休息に気を使って生活すれば、健康で長生きも夢ではありません。傾斜宮占法を駆使すると、ある程度、そのようなこともあながち不可能とは言えません。一般的に、健康運の判断は、月命盤において、暗剣殺と月破の回座している方位の所の宮位の疾病に罹患しやすいと考えられます。五黄殺は補助的に使用します。また、これら凶神の入る部位に弱さを伴うと判断します。詳細については、各九星の意味合いの病象の所を参照してください。例で解説してまいります。

回座した星と宮位

一白（坎宮）　排尿器、腎臓、鼻、耳。

二黒（坤宮）　胃腸、腹部、皮膚、血液、右手。

三碧（震宮）　肝臓、咽、神経、声帯、足。

四緑（巽宮）　気管支、頭髪、肺、左手。

五黄（中宮）　脾臓、心臓、胃腸。
★原則として凶神は付きません。
象意として解説いたします。

六白（乾宮）　顔面、肺、血圧、頭部、右足。

七赤（兌宮）　口、歯、腎臓、右肺、血圧。

八白（艮宮）　腰、関節、骨、左足、背中。

九紫　目、心臓、血液、精神的疾患、頭。
（離宮）

例　七赤本命　二月八白生まれ　男性

五黄殺
月破

七	三	五
六	八	一
二	四	九

暗剣殺

考　察

五黄殺が坤宮に付き、月破も付いております。また、暗剣殺は二黒の回座している艮宮に付いています。

最も弱く、矛盾として現れるのは、坤宮の胃腸、消化器、艮宮の関節、腰、そこに回座している二黒の象意であり、やはり皮膚や血液、胃腸等に、健康上の問題点が出て来ると推理してまいります。では、何時それらが実際に罹患となって現れるのかは、流年法で考察しなければ把握できません。運気の衰微して来る時期に病気を誘発しやすいと考えられます。気学における後天運判断には、同会法等、様々な鑑定法を駆使するものですが、今回は傾斜占法がメインテーマですから、傾斜宮を使用した鑑定法をお知らせいたします。

『危険期の把握法』

平成十二年の年盤

八白	四緑 暗剣殺	六白
七赤 定位対冲	九紫	二黒
三碧	五黄 五黄殺	一白 歳破

寅

何人にも、順調に物事が運ぶ時と、何をやっても上手く事が運び難い衰運の時期が存在します。月の満ち欠け、あるいは昼があって夜が存在するように、変転変化は逃れ難いものです。盛運の時は、積極的に過ごし、衰運の時は、注意し、受け身で用心深く過ごしていれば、大難は小難に、小難は無難にすることも可能となり得ます。

基本的に、流年太歳を調べる方法は幾つかありますが、今回は傾斜宮を応用した鑑定法をお知らせいたします。平成十二年の盤を使用し例で解説いたします。細かく見るには、様々な吉凶神を判断に使用しますが、基本的に五黄殺、暗剣殺、歳破、定位対冲の四つの条件をとりあえず押さえておくことが大切だと考えます。まず注意しなければならないことを先に考察してしまうのです。注意を怠らなければ、何事も軽く済むものです。

考察

この人物の例題は巽宮傾斜の二月寅月生まれです。平成十二年は、九紫火星が中宮の年です。各九星の配置は図に示す通りです。五黄殺、暗剣殺、歳破、定位対冲のどれも、巽宮位と、寅の位置の艮宮位には回座しておりません。基本的に、比較的安全に過ごせる年となります。もちろん詳細な鑑定には、他の占技も参考にしなければならないのは当然です。傾斜宮を利用した流年鑑定法はこのように見るのだと覚えておいてください。

秘伝『九星日盤鑑定法』

各種運勢判断法には、命占における、四柱推命学（本来は術と言うべきでしょう）、台湾や香港などで昨今盛んな紫微斗数推命術、西洋占星術、気学を応用した一種の気学命理である傾斜鑑定法、卜占では、周易、断易（我が国においては五行易と呼称）、タロットなど、その数は他の占術を細かく分析するとかなりの数にのぼるものと思われます。

本書で紹介する日盤鑑定法は、ではどのような占術でしょうか？　しいて区分けをするとしたら、さしずめ卜占の部類に入るでしょう。相談者が来訪したり、電話などがかかって来た時の日の九星盤の中で、その相談者の本命星や、その関連の人物の本命星を調べ、その座所、掛けと呼ばれる他盤との関係を読み取り、運気の推移を考察し、事態の解決のきっかけを見つけていく占術と定義しています。これは決して日運を見るものではなく、あくまでも瞬間における運気の推移をとらえるものと考えてください。通常の気学における日運判断の同会法とは全くおもむきが違うということなのです。

ややくどくなりますが、この占法は市川在住の故、斎藤擁道先生が主に判断の要にしていた占術です。話は少し断片的になりますが、先生は若いころ、九星判断と家相で有名な飯田天涯先生の関係者に九星の秘伝をさずけられたようです。また斎藤先生の日盤鑑定には時として、不可思議な条理では判断不可能な事に対する判断法が含まれています。周易、断易、六壬易などで一部術士が使う祟鬼占（霊的な物に対する判断法）です。先生は以前、名古屋在住の故、宇佐美景堂氏の弟子であった形跡があるので、推測ですが、日盤鑑定法にそのようなテクニックが入っているのかも知れません。本書ではそれが主なテーマではないので深く言及しません。斎藤先生の著作である『九星日盤鑑定要法　全』の手引き書として本書を活用していただければ幸いです。

五行について

本書では九星日盤鑑定における五行活用の範囲において、最低必要と思われる約束事を解説いたします。深遠な五行論は割愛いたします。

五行の相生関係

木生火　木が燃料となって火が燃えます。

火生土　火が燃えて粕が残り土となります。

土生金　土中から鉱物資源は産出されます。ですから金属は土性から生まれます。

金生水　古代中国人は金属器が冷却すると、表面から水滴が生じるさまから金生水とした説と、河川の水源は岩の間から水が出る様子を見て金生水とした説があります。

水生木　水は植物を育てます。以上から水生木としたのです。

★相生関係とは、気が一体化する事です。四柱推命判断などにおいては、吉も凶もありません。九星日盤鑑定においては吉の部類と判断します。

五行の相剋関係

木剋土　木は土中に根を張り養分を取ってしまいます。

土剋水　土は水をせき止め汚濁します。

水剋火　水は火を消してしまいます。

火剋金　火は金属を溶かします。

金剋木　金属は木を傷付けてしまいます。

★相剋関係とは、気が一体化しない事です。四柱推命などにおいては、吉も凶もありません。九星日盤鑑定においては凶の部類と判断します。

五行の比和関係

木と木　火と火　土と土　金と金　水と水

★比和の関係とは、互いの五行を強める作用があります。四柱推命などにおいては吉も凶もありません。
九星日盤鑑定においては吉の部類と判断します。

十二支について

九星日盤鑑定においては、十二支は判断において大切な概念となります。その読み方を列記します。

子 ね　丑 うし
寅 とら　卯 う
辰 たつ　巳 み
午 うま　未 ひつじ
申 さる　酉 とり
戌 いぬ　亥 い

陰陽について

九星日盤鑑定法において、陰陽論は原則としてあまり多用しません。簡便に解説いたします。物事を二気に分ける分類法です。男と女、夏と冬、昼と夜、暖と寒といったような分類法です。

九星日盤鑑定への初歩的手引き

占機は偶然と必然の中に存在します。その構造を図示します。

1　鑑定依頼者の本命星が入る宮位。

（立場）

鑑定依頼者及び関連の人の現在及びここしばらくの運気の盛衰が示されることが多いです。

★各種条件と宮位との状態により吉凶が読み取れます。各種条件については後の項を参照。

図示した例題では四緑本命が座す宮位、この場合は離宮。

2　占った日の九星が入る中宮。

（用件が出やすい）

鑑定依頼者及び関連の人の鑑定用件が示されることが多くなります。例題として斎藤擁道先生著『九星日盤鑑定要法　全』の三百七十七頁を見ますと、九紫火星中宮日の鑑定法に、「運勢は吉運であるが、離位の事

例　九紫申日　本命九紫の人

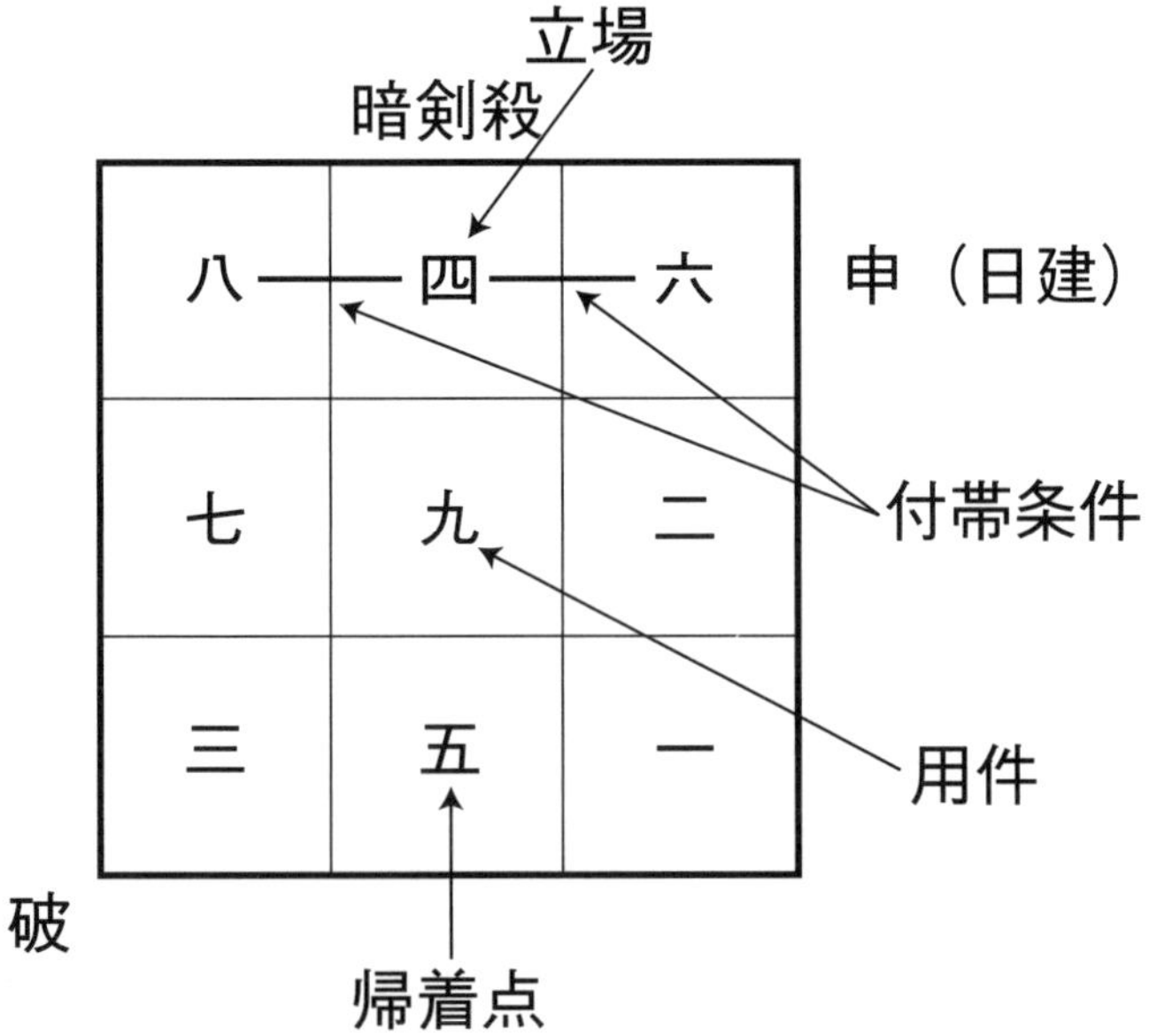

象の離別、死別、信用を失す、財力を無くす等ありて、迷い煩悶す」から最後の「夫婦、男女間の争い、離婚まで」の項目の中で、鑑定依頼者の鑑定用件が示されることが多いので類推します。慣れて来るとなんとなく判別できるものです。

3　鑑定依頼者の本命星が入る宮位の隣宮。
（鑑定依頼者に対する付帯条件）

これはやや特殊な判断となります。ここで一つの読み取りのこつをご伝授しましょう。

隣宮については、通常は軽く流します。ただし、ある条件が揃うとやや判断に違いが生じます。まず鑑定依頼者に関連する人物の本命星が隣宮に入る場合、その人物は鑑定事項に強く影響しやすいという意味合いが生じます。次に日破です。日破は凶的な要素を示し、その宮位と座す各九星の象意から、鑑定事項に与える影響を類推します。例えば三碧に日破ならば、物事の露見、悪評判、非常に驚く事、また周囲に三碧の人が何らかの関係をしていたら、その人物との利害禍福を調べるなどの意味が存在します。また時として火災かも知れません（三碧の裏は先天の九紫です）。

次に暗剣殺です。これは非常に注意が必要です。例えば九紫中宮日で、六白本命の人の運勢を占った場合、六白は坤宮に入ります。坤宮に入ると通常は、働き者で真面目な人が多くなります。どちらかと言うと、トップの器ではなく、補佐役や堅い勤め、地道な薄利多売の商売には適しています。社長さんのような場合には、現在あまり大きな儲けはないと判断できます。

さて、隣宮の暗剣殺の話にもどしますと、九紫中宮日で、本命六白の人は、隣宮四緑に暗剣殺が付きます。斎藤先生著『九星日盤鑑定要法　全』の三百八十九頁の、「離宮に四緑掛かり。暗剣殺」の箇所を読むと、

「刑罰、警察による事件、住居の変更、家庭の紛糾、信用を失う。業務の変更、入院、旅行（但し凶なり）」といったことが書かれており、これらを参考にしながら個々の鑑定依頼者の事情により色々と類推します。これは離宮、先天六白、四緑の意味合いを組み合わせて判断の元としています。暗剣殺が付いたから即凶と見るのではなく、そこからどのような事象を導き出すかが判断の匙加減、妙味となるのです。

4　本命星の座す対宮。
（比較的物事の帰着点を示すことが多い）

これは経験上あまり重要視しなくても良いでしょう。ただし、日破が付くとやや物事の帰着点に問題があると見るのです。

では、この先各種判断の要となる条件を説明いたします。

①暗剣殺
運気衰退または今後悪くなりやすい。健康の悪化も多い。

②日破
運気が比較的物事の後半に悪くなる特徴が見られます。健康の悪化も多い。

③五黄殺
この判断は特殊です。付帯条件として主に隣宮に入った時に考察します。鑑定依頼者の用件項目に大き

な問題をかかえているか、時として霊祟占（祟鬼占とも呼称）が絡みます。ここで誤解のないように一言付け加えておきます。鑑定業務を営んでいると、時として理性や論理では計り知れない不思議な現象に出会います。そのような時に大きなウエートとして、隣宮に五黄が絡んでいたり、中宮五黄日が多いのも事実です。ただし、なにがなんでも最初にそれありきの判断をしてはなりません。鑑定依頼者の用件事項にそのような話がある時のみの考察対象としてください。そうでないとインチキ霊感者の脅しと同じになってしまいます。

④宮から星が剋される。
やや運気低迷が多いですが、①〜③より軽いです。

★ここで宮の五行と各九星の五行を列挙してみます。

木	火	土
木	土	金
土	水	金

一白水星　水
二黒土星　土

三碧木星　木
四緑木星　木
五黄土星　土
六白金星　金
七赤金星　金
八白土星　土
九紫火星　火

⑤星が宮を剋す。
やや運気低迷が多いですが、①～④より軽くなります。

⑥日建
最大の救いとなります。物事を占った場合、鑑定依頼者なりその関連の人に日建が付くと、たとえ現在困難な状態になっていても何らかの解厄が入ったりしやすいものです。また、時として自信が過大となり人の意見に耳を傾けないような人物も見られます。一種の求神です。本書では初歩的な解説が主ですから、詳細は避けますが、方位、神仏、グッズ、人物など様々な活用法が存在します。しかしそれではあまりにも素っ気ないので、一つ秘法をお教えいたします。他の占術の話ですが、断易（五行易とも呼称）の中の子孫爻という考え方が存在し、その十二支の示す方位からいわゆるお砂取りをして、それを災いなり、病気の時などに活用する方法がありますが、日建にも同様な招吉凶避の方法が存在します。

その方法は以下のようにします。
1　日建の付いた方位の十二支を確認する（30度）。
2　人の踏まない神社の境内から、片手に乗るくらいの清浄な砂を採取する。ビニール袋に入れて同量の塩を混ぜシャッフルする。
3　家に帰り気を落ち着けて、願望や悩みの解決を願い、家の周囲などに撒く。集合住宅の場合には、和紙などに包んで部屋の隅に置く、適当な時期に捨てる。
★墓地を併設した寺などは避ける。

九星日盤鑑定において本命星が各宮位に入る場合の事象

（中宮に入る場合）

現在運気は比較的旺盛か、あるいはかなり落ち込んでいるかの両極端となりやすい。新規な事は控えて保守する方が良い。病気は今後悪化しやすい（同会法と同様、中宮で発病すると治癒しづらい）。特に独立などにあたっては注意が必要、また旧病の再発などには気を付けてください。
★五黄土星の意味合いを上手に活用。

（乾宮に入る場合）

特に女性の鑑定依頼者には要注意です。結婚運が悪いか、独身か、配偶者が病弱か、力のない旦那さんを持つか、極端な場合は生死別も見られます。エリートや社長さんなら良いですが、部下などがこの宮位に入ると実権を脅かされるので気を付けてください。性格は自尊心が強く、一見取っ付きにくい人も見られます。事象として先祖、多忙、官庁、目上、援助者、神、事故などがあります。

★六白金星の意味合いを上手に活用。

特に病占などには副次的に先天八白の意味合いも加味。

（兌宮に入る場合）

比較的衣食に恵まれます。仕事はできる人が多いです。口舌、流血（手術も入る）、ギャンブル、酒、異性問題などには気を付けてください。時として賢妻も、事象として仏（西）、喜び、浪費、恋愛、飲食、金銭、贅沢などがあります。

★七赤金星の意味合いを上手に活用。

特に病占などには、副次的に先天一白の意味合いも加味。

（艮宮に入る場合）

ここに入った場合、その人物は頭領運の持ち主ではないです（たとえ社長さんでも）。ここの場所は変化宮ですから、人生の曲がり角です。暗剣殺、日破が付くと、今後の変化なり、物事の推移が凶的に変化するので要注意です。また比較的勤勉ですが、意外に男性は家庭に無頓着になりやすいと言えます。事象として相続、家督、身内眷族、改革、蓄積、神社仏閣などがあります。

★八白土星の意味合いを上手に活用。

特に病占などには副次的に先天三碧の意味合いも加味。

（離宮に入る場合）

この宮位は判断がやや難しい傾向があります。それぞれの立場によって差異が出ます。表面は明るくとも、内面は孤独で暗い人が多く見られます。また比較的華美な事を好むか、見栄を張るものです。願望設定も高いでしょう。夫婦、共同経営、恋愛なども、片方がこの宮位に入るとその多くは離れます。事象として露見、名誉、離合と集散、学問、芸術、文書、虚栄などがあります。

★九紫火星の意味合いを上手に活用。

特に病占などには副次的に先天六白の意味合いも加味。

（坎宮に入る場合）

この宮位は不安定、秘密という言葉がキーワードです。とにかくこの宮位に入ったら複雑な事情があったり、何か秘密を持っていることが多くなります。特に鑑定においては男性は要注意です。時として、しんねりした要領を得ない、はっきりしない人が見られます。また多くは立場が悪かったり、極端な運気低迷も経験します。夜の商売の人も多く見受けられます。運気低迷すれば当然ですが、性格も明るいとは言えません。ただし時として良い奥さんも多い。

地相や家相も悪いので、よく鑑定依頼者の話を聞かねばなりません。事象として研究、下がる、再出発、悩み、親密、色情、裏、目下などがあります。

★一白水星の意味合いを上手に活用。

特に病占などには副次的に先天二黒の意味合いも加味。

（坤宮に入る場合）

この宮位は派手さはありません。働き者で真面目ですがトップではありません。どちらかというと、サラリー型で堅い勤め人や堅実な商売に適しています。比較的母親や女性には良い判断が可能でしょう。しかし通常は儲けの大きな事は少ないです。事象として従順、苦労性、忍耐、土地、地味、労力、古い、就職などがあります。

★二黒土星の意味合いを上手に活用。
特に病占などには副次的に先天四緑の意味合いも加味。

（震宮に入る場合）

この宮位は、声あって形なしの喧騒と焦りが特徴です。あまり安定しません。鑑定依頼もなんとなく落ち着かないものです。事象として露見、発展、活動、進出、雄弁、批判、評判、驚く、急速な事柄、激しいなどがあります。

★三碧木星の意味合いを上手に活用。
特に病占などには副次的に先天九紫の意味合いも加味。

（巽宮に入る場合）

この宮位は風という意味合いがあり、家にじっとしていない妻や夫が多く見られます。外見は比較的良い人も見られます。巽宮は外での仕事やスタイルには適しているでしょう。意識が家庭に向かないと夫婦の危機も経験します。事象として信用、迷い、評判、通信、交際と社交、出入、商取引、調《ととの》う（縁談、商売など）、世話や奉仕などがあります。

★四緑木星の意味合いを上手に活用。

特に病占などには副次的に先天七赤の意味合いも加味。

補　足

各宮位に暗剣殺や日破が付くと、その宮位の悪い部分が増幅され、日建が付くと吉に赴きやすいか扶助が期待でき、凶意が軽微な傾向となります。

実占例

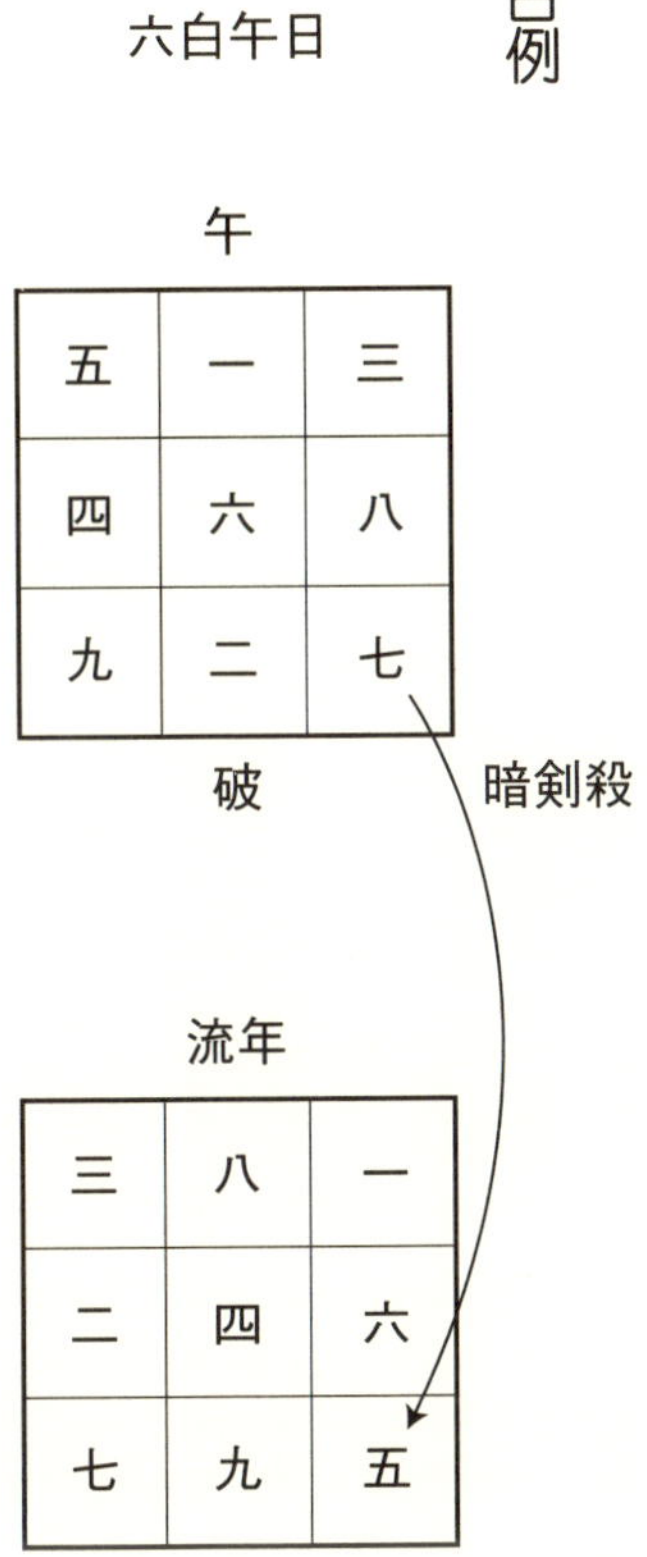

昭和十四年生まれ　女性
本命七赤卯、月命九紫戌月

若いころから水商売をやっていた。しばらく勤めに出ていたが、小料理屋をやりたいがどうか？

解説

まず六白中宮日です。割合気迷い多く、意のごとくなりません。この女性は本命七赤で乾宮に入ります。前述したように乾宮に女性が入ると、その夫は弱いか、先立たれるか、離別か、生涯独身の可能性が高くなります。この女性は結婚歴がありませんでした。暗剣が付いています。新規計画をするもなかなか心は焦るのですが、実行に移すのが難しいでしょう。現在衰運期を示します。隣宮坎宮に二黒で日破が付きます。これはずばり夜の水商売を表しますが、二黒に破では薄利多売の小料理屋もなかなか儲けにならないと思われます。器用で世渡りもうまいのですが、状況はかんばしくないです。店を賃借し費用をかけるのは問題外です。流年に掛けます。乾宮に五黄です。乾宮は先祖の場所です。乾宮で五黄が掛かるのは先祖の福力の減退が多い場合が見られます。一種祟鬼占ですが、本書では繁雑になるのでまたの機会に譲ります。次は傾斜命理に目を向けます。月命は九紫ですから震宮傾斜の持ち主だとわかります。図示します。

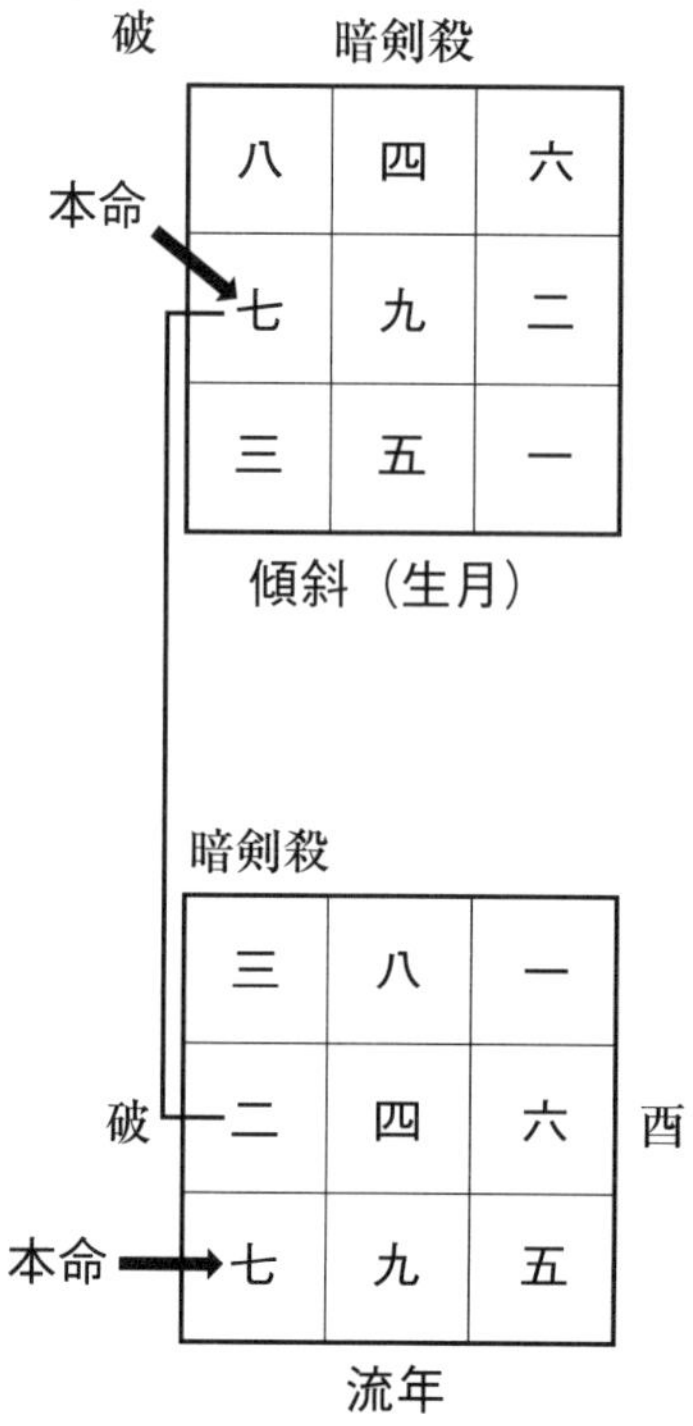

震宮傾斜です。特徴として積極性が強く快活で明るい面を持ち、ややもすると焦りから詰めが甘くなりやすいと言えます。物事の遂行に対してもせっかちで計画性については今一歩です。また、この傾斜宮は意外に財は残らない傾向があります。傾斜宮に流年盤を重ねてみます。震宮に二黒が入り歳破も付きます。先程の日盤鑑定の坎宮に二黒で日破と同様、これでは儲かりようがないでしょう。せっかく溜めた虎の子のお金を無くするのは得策ではありません。また本命艮宮に同会するので強く変革を望むのです。今一度練り直すように伝えました。

方位凶殺解説

暗剣殺

暗剣殺は中宮する星の定位であり、一白中宮の場合は北、二黒中宮の場合は南西となり、五黄以外の星が中宮すると位がないのに帝位に入ることから、定位に暗剣の作用を受けることとなる。この暗剣殺の作用としては、多くの場合、本業以外のことで凶作用が起こりがちとなる。すなわち、他人の保証をして迷惑を蒙るとか、身内のために損失を受けたり、または色情の問題を起こしたりなど、本業には関係無いことで損失や迷惑を受けることが多くなる。

五黄殺

五黄殺は最も作用の強い凶殺で、五黄の象意である万物土化の作用を招きやすく、これを犯す場合は仕事の不調、長期の病、盗難、死に至ることもある。故に五黄殺は厳重に避けなければならない。

歳破と月破

歳破はその年の十二支と対冲となる十二支であり、月破はその月の十二支の対冲にあたる十二支となる。これは破の字の如く、物事が破れる作用を及ぼし、相談事が破れる、縁談が破れるなどの凶現象を招きやすい。また友人知人との不和や論争を招くこともある。

本命殺

これは自分の本命殺の座所の方位を指す。これを犯すと健康に影響を及ぼし、その場合、定位の病気の現象が起こるため、わかりやすい。

本命的殺

これは自分の本命星の反対側の方位で、これを犯すと精神的に不安定になりやすい。

定位対冲

これは主に中村文聰先生が発表した特殊な方位概念で、自己の本命が定位の対面に回座した時、その方位が凶方になるとする。一般気学を活用する術士はあまり問題にしない。本書では煩雑になるので解説はひかえることとする。詳細を知りたい方は中村文聰著『気学占い方入門』（東洋書院）を参照していただきたい。

各方位の暗剣殺の現象

一白
色情の難による損失、盗難に遭う、物を無くす、溝や水溜まりに足を取られる、悪い女性に騙される
二黒
訪ねて行った先が不在、用件がまとまらない、物を無くす、強欲の人間に出会う、古い物を食べる
三碧
驚くようなことに遭う、足を怪我する、嘘をつかれる、大声で怒鳴られる、苦情を言われる
四緑
道に迷う、道で怪我をする、相談事は破綻、行き違いによる感情のもつれ、書類のミス
六白
乗物での怪我、些細なことで口論、詰まらない物を買う、高慢な態度の人物に出会う、訪問先が不在
七赤
詰まらないことで言い争う、刃物の難、甘言に騙される、乗物の事故、口汚いことを言われる
八白
手足の怪我、高慢な人物に出会う、古いものを出される
九紫
喧嘩、火傷、見込み違い、考え違い、感情のもつれによる別離

吉神凶神解説

天道、天徳

天道と天徳は必ず同一の方向に表出される。全ての事柄に用いて吉祥を招くが、子・午・卯・酉の月にはあまり効果がない。

月徳

月の徳神であり、動土、建築、修造に用いて吉となる。月徳の吉方を用いると、第三者の援助を受ける意が強い。

天徳合

合徳の神であり、神仏に願をかける場合や、修造、建築、出陣などに用いて吉となる。

月徳合

衆悪が消え、百福の集まる方位であると言われている。

歳禄

これは、推命における建禄のことで、甲年なら寅の方、乙年なら卯の方となる。独立する場合や、財に関することに有利な方位である。

歳徳

これは、推命における正官と比肩であり、陰干の年には正官となり、陽干の年には比肩となる。故に陰干の年に歳徳の方位を用いれば効果が高く、陽干の年に用いても効果は低い。

歳徳合

これは、推命における正財と比肩であるが、才徳とは反対に陽干の年の才徳合は正財であり、陰干の年には比肩となる。故に陽干の年の歳徳合は効果が高く、陰干の年は効果が低い。

太歳

その年の十二支の方位を指す。この方位に移転、改修、新築をしてはならない。

大将軍

戦争に関係ある方位で、大将軍の方位に向かって戦を起こすのは不利で、必ず敗れる。ただし他の事柄に関しては影響は少ない。

病符

これは病気に注意を要する方位で、これを犯すときは一年後に発病する。

死符

これは年の凶神であり、墓地を購入したり、新たに墓を作ったりしてはいけない方位である。これを犯す時は五年後に主人が他界すると言われる。

金神

これを犯すと眼の病に罹りやすい。ただし、九紫の年月、庚辛の年月、丙丁の年月、納音が金に属する年月、十二支が巳午の年月には、この凶殺を制することができると言われている。

歳殺

この方位は新築または旅行をした場合、子孫や六畜に害を及ぼすと言われる。

生気

この方位を用いた場合、活動力を増し、財運に恵まれ、全てにおいて吉。

九星象意

一白水星

象意　水、交わり、流動性、欠陥、中間、端緒、煩悶、狡猾、忍耐、秘密、隠匿、閑散、妊娠、裏面、原因、思考

天象　冬、寒気、雪、霜、冷気、霧、水害、月、暗夜、北、北風、午後十一時より午前一時まで

人物　中男、部下、外交員、浮浪者、病人、知恵者、亡命者、ホステス、妊婦、溺死者、死者、裸体、乞食、囚人、夜警、中年

職業　水産業、船舶、印刷、醸造、染物、僧侶、塗装、酒屋、浴場、魚屋、飲食業、バー、キャバレー、特殊浴場、サウナ、スナック、レストラン、釣具屋、牛乳屋

場所　海、湖、沼、池、川、井戸、便所、床下、窪地、海水浴場、水門、溝、掘割、穴、水源地、温泉場、宴会場、水族館、花柳街、洗面所、地下室、葬儀場、サウナ、レストラン、特殊浴場、スナック、漁場、裏口

物象　万年筆、ボールペン、油類全般、ガソリン、インク、釣道具、印刷機、タイプライター、水晶、帯、紐、位牌、手拭、雑巾、石碑、仏像、船舶、潜水艦、針

飲食物　酒類全般、飲料水全般、醤油、塩、塩辛類、脂肪分、魚肉、栄養素、塩漬物

人体　腎臓病、糖尿病、尿道、肛門、痔疾、性病、膀胱、婦人病、下痢、酒毒症

病象　憂鬱症、冷性、月経不順、水腫、吹き出物、耳痛、ノイローゼ

動植物　豚、馬、狐、鼠、蝙蝠、烏賊、蛍、おたまじゃくし、ヤモリ、寒紅梅、水仙、福寿草、寒椿、蘭、柊、桧、藤の花、ヘチマ、瓢箪、睡蓮、水草類

雑象　濡れる、思う、考える、憂い、流れる、隠れる、悩む、再生、再婚、復職、敗北、失恋、暗黒、没収、縁談、沈没、貧乏、夜逃げ、反乱、油断、密会、賭博、色情、入浴、陥る、下がる、病気、物価下落、邪推、強盗、万引、放浪、塗る、行方不明、行詰る、交際、情交、方位は北、季節は冬、味は鹹味、色彩は黒

数字　一、六

二黒土星

象意　大地、地球、滋養、滋味、育成、恩厚、柔和、従順、努力、貞節、勤労、平均、大衆向き、部下、従業員、静、無能、愚鈍、吝嗇、流行遅れ、旧知の人、古い問題

天象　曇天、霜、隠な日、静かな日、初秋、霧、午後一時より午後三時まで、午後三時より午後五時まで

人物　皇后、后、臣、母、妻、副社長、次長、助役、雑役夫、民衆、労働者、大衆、女主人、女性経営者、婦人、姪、大黒様、地蔵様、無能力者、迷子

職業　古物、骨董、胃腸病院、葬儀、産婦人科

場所　平原、野原、空地、田畑、農村、場末、故郷、田舎、横丁、仕事場、物置、埋立地、土間、押入、倉庫、集団住宅、墓地、貧民窟

物象　土器、畳、莫蓙、敷布、毛氈、布、木綿織物、肌着、盆栽、土砂、セメント、黒板、空き箱、碁盤、将棋盤、中古衣類

飲食物　玄米、蕎麦、麦、餅類、甘藷、馬鈴薯、煎餅、豚肉、煮豆、下等の食物、大衆的な菓子
人体　胃潰瘍、胃癌、黄疸、不眠症、胃下垂、下痢、食欲不振、消化器、脾臓、右手
病象　精神虚脱症、血
動植物　牝馬、牝牛、羊、猿、魚類、蟻、土蜘蛛、山羊、鳥、苔、蕨、茸、黒檀、黒柿
雑象　世話好き、根気、真面目、怠ける、乱れる、失う、慎む、寛容、従う、準備中、四角、吝嗇、資本、静か、数の多いもの、方位は西南、色は黄色
数字　五、十

三碧木星

象意　活発、成長、顕現、進行、驚愕、発展、新規、発明、発見、新製品、事業、論争、賑やか、電気、電波、焦り、エネルギー、表面化
天象　雷鳴、驟雨、雷雨、稲妻、晴天、地震、地滑り、爆発、噴火、春、午前五時より午前七時まで
人物　長男、青年、賢人、著名人、皇太子、祭主、学生、若者、噺家、虚言者、詐欺者
職業　電力・電信・電話等電気関係の業務一切、楽器関係の業務一切、アナウンサー、歌手、音楽家、八百屋、寿司屋、喫茶店、造園業、パチンコ店、バンドマン
場所　震源地、演奏会場、射撃場、森林、放送局、電話局、発電所、変電所、楽器店、レコーディングスタジオ、講演会場、電気店、生け垣、急行列車、ガスタンク、化学工場、春の田畑、春の庭園
物象　楽器一切、電話、通信機、電気器具、火薬類、銃器一切、歯ブラシ、花火、鋸
飲食物　寿司、酢の物、柑橘類、野菜類、梅干し、茶、海草類

人体　肝臓病、百日咳、ヒステリー、痙攣、神経痛、感電、ノイローゼ、リウマチ
病象　打身、逆上、喘息、脚気、気管支障害
動植物　馬、鷲、鷹、燕、雲雀、兎、龍、囀る小鳥、蛍、蜂、蛇、蛙、蝉、蜘蛛、蜩、鈴虫、松虫、盆栽、植木、野菜、海草、竹、草木の新芽、薬草、茶
雑象　伸びる、進む、現れる、昇る、説教、音楽、向上心、成長、発展、独立、賑やか、講演、伝言、声あって形なき象、喧嘩、脅迫、冗談、軽率、祭祀、爆発音、口笛、漏電、感電、電報、開業、移転、決断、方位は東、色は青
数字　三、八

四緑木星

象意　巽風、活動、成長、整う、信用、外交、外出、出張、旅行、遠方、多忙、営業、縁談、依頼、就業、就職、遅延、長期、取引、進退、迷い、通勤、結婚、仲介、風俗、音信、交通、誤解、宣伝
天象　風、晩春、初夏、四月、五月、白色、緑色、青色、四緑の日・時間は、晴雨に拘らず風が起こる、午前七時より午前九時まで、午前九時より午前十一時まで
人物　長女、仲介人、婦、商人、旅人、案内人、外務員、花嫁、セールスマン、尼僧
職業　貿易商、製紙業、紡績業、木材業、行商、仲介業、ブローカー、呉服店、洋品店、運輸業、広告宣伝業、出版業、大工、蕎麦屋、糸屋、船舶業
場所　材木置場、道路、船着場、飛行場、郵便局、蕎麦屋、草原、玄関、出入口
物象　風に関係あるもの、扇風機、扇子、団扇、草履、下駄、電話線、針金、木材、鉛筆、手紙、葉書、

飲食物　線香、ぶらんこ、飛行船、気球、鉄塔
麺類一切、繊維質の野菜、大根、穴子、鰻、柑橘類、酢の物、葱、韮、大蒜、生姜、山菜
人体　風邪、呼吸器、喘息、気管支炎、内臓疾患、わきが、悪臭を伴う病、左手
病象　毛髪の病、胆石、脱腸、食道、股
動植物　蛇、海蛇、ミミズ、蝙蝠、鶴、蝶、蜻蛉、キリン、朝顔、薔薇、松、杉、柳、栗、葡萄、へちま、穴子、鰻、どじょう
雑象　空気、道草、行違い、広告、世間、未婚者、女子は結婚、男子は就職、何事も旺盛の時、運気調《ととの》う、草木の繁茂する時期、縁談、通勤、信用、整理、旅行、船舶、解散、命令、教え、温順、遠方、方位は東南、味は酸味
数字　三、八

五黄土星

象意　中央、腐敗、天変地異、破壊、崩壊、爆発、騒乱、闘争、反抗、権威、支配力、パニック、暴力、残忍、反乱、騒乱、事故死、全滅、戦争、殺害、被害、変質、核兵器、火災、高熱
天象　地震、台風、洪水、水害、津波、冷害、寒波、四季の土用
人物　帝王、首相、大統領、総理大臣、支配人、親分、悪漢、盗人、犯人、強盗、反乱分子、変死者、自殺者、野蛮人、居候、浮浪者、暴力団、殺人犯
職業　解体業、葬儀屋、食肉処理業、競売屋、高利貸し、人の嫌がる職業全般
場所　事故災害現場、火葬場、墓地、食肉処理、焼け跡、戦場、便所、汚物処理場、汚れた場所

物象　古道具、疵物、売れ残り品、壊れた物、腐った物、古着、粗悪品、不要品、遺書、壊れた建造物
飲食物　安い菓子、古い食物、粗末な食品
人体　心臓疾患、脳溢血、癩病、浮腫、高熱病、便秘、下痢、痔疾、悪性伝染病
病象　黄疸、腫瘍、死産、チフス、潰瘍、癌
動植物　南京虫、油虫、蚤、虱、蝿、毛虫、猛獣類、毒蛇、毒茸、毒草類
雑象　悪化、死亡、中毒、毒物、無礼、不景気、倒産、名誉毀損、テロ、クーデター、暴動、喧嘩、病気、腐敗、天変地異、爆発
数字　五、十

六白金星

象意　天、乾、父、充実、完全、完成、充満、威厳、球体、権力、戦争、財産、資本、決断、堅固、宇宙
天象　晴天、青空、太陽、暴風雨、十月、十一月、寒気、午後七時より午後九時まで
人物　天皇、大統領、首相、大臣、君子、聖人、社長、会長、主催者、軍人、資本家、僧侶、試験管、外国人、先生、牧師、王、肥った人
職業　政治家、銀行員、官吏、大会社の社員、貴金属商、運動具店、パイロット、交通関係全般、航空関係全般、自動車関係
場所　皇居、神社、仏閣、都会、首都、大劇場、御殿、運動場、山の手、高台、高級地、表通り、名所旧跡、市場、税務署、国会議事堂、博覧会場、兵舎
物象　宝石、貴金属、時計、鏡、硝子、汽車電車、自動車、航空機、貨幣、モーター、団体、神棚、仏壇、

武器、株券、債券、手形、小切手、高級衣類、風呂敷、傘、帽子、手袋、足袋、水車、歯車、人工衛星、軍艦、飛行船

飲食物　米、麦、豆類、果実、海苔巻、かつお節、餅類、天婦羅、アイスクリーム

人体　心臓、血圧、発熱、左肺、肋膜、天然痘、骨折、頭痛、眩暈、逆上、扁桃腺

病象　首筋、右足、神経過敏、ノイローゼ

動植物　薬草、菊花のように秋の花、果実、龍、馬、虎、ライオン、鶴、鳳凰、犬、猪

雑象　相場、施し、競輪競馬、競艇、寄付、散財、福分、多忙、老成、勝負事、囲碁、将棋、麻雀、充実、完全、喜ぶ、予算超過、方位は北西、味は辛味

数字　四、九

七赤金星

象意　少女、沢、悦ぶ、芸者、愛嬌、色情、口、酒宴、結婚式、酒色、社交、舞踏、口論、誘惑、媚態、飲食、雄弁、不足、不十分

天象　秋、日没、新月、西風、暴風雨、降雨、はっきりしない天候、変わりやすい天候、夕方、九月、午後五時より午後七時まで

人物　少女、芸者、芸人、酌婦、後妻、不良少女、妾、出戻り女、低脳者、弁護士、歯医者、軍人、勧誘員、容姿端麗の人、孤児、舞子

職業　製菓業、飲食業、食品業、料理店、ウエートレス、ホステス、質屋、金融業、外科医、歯医者、配膳婦、フライトアテンダント、講演家、勧誘員、弁護士

場所　沢、窪地、低地、沼沢地、溝、堀、水溜まり、川端、井戸、谷、断層、石垣、結婚式場、バー、レストラン、遊技場、特殊浴場、花柳街
物象　刃物、刀剣、金物、鍋、釜、壊れた物、楽器、半鐘、鈴、アイロン、ストーブ、フライパン、医療機械、冷蔵庫、トランプ
飲食物　鶏肉、スープ、親子丼、焼き鳥、汁粉、甘酒、コーヒー、紅茶、ビール、ワイン、アイスクリーム、玉子、子供向けの菓子
人体　右肺、口中、歯、咽喉、肺、口、呼吸器、歯痛、神経衰弱、口腔疾患、性病
病象　月経不順、打撲
動植物　羊、豹、猿、鶏、水鳥、鯛、萩、撫子、月見草、秋の花、秋の七草
雑象　道楽、御馳走、悦ぶ、歌う、口論、飲食中、娯楽、趣味、恋愛、清貧、収縮、乾燥、通貨、借金、不便、空間、隙間、現金、方位は西、味は甘味
数字　四、九

八白土星

象意　山、相続人、親戚知己、子供、終わり、始め、変化、曲がり角、断絶、停止、停滞、終点、廃業、全滅、再起、出直す、復活、貯蓄、強欲、肥満、養子、養女、境界、組合、古い友人、父子家庭、母子家庭
天象　曇天、天候の変化、立春、土用、気候の変わり目、一月、二月、午前三時より午前五時まで
人物　小男、幼児、肥った人、強欲な人、相続人、山中の人、親類縁者、丈高い人、再婚者、養子、養女、

女性経営者、蓄財家、仲介者

職業　旅館業、ホテル、アパート、マンション経営、デパート、建築業、不動産屋、家具店、駅員、守衛、貸ビル業、菓子屋、僧侶、ウエートレス

場所　家屋、ホテル、アパート、マンション、デパート、倉庫、スーパー、物置、宿泊所、船宿、山、高台、堤防、門、木戸、玄関、階段、停車場、土蔵、橋、交差点、石垣、石段、神社、仏閣

物象　連続したもの、重ね合せたもの、積み木、重箱、衝立、縁台、机、椅子、エレベーター、鎖、骨董品、貸家、納戸、煉瓦、別荘、出発点、定期預金

飲食物　牛肉、牛肉を使った料理、挽肉、数の子、筋子、団子、山芋、馬鈴薯、さつま揚、高級菓子類、貯蔵のできるもの

人体　盲腸、背、腰、鼻、手、指、関節、瘤、腰痛、リウマチ、肩凝り、蓄膿症

病象　筋肉、小児麻痺、半身不随、骨折、左足、胃下垂、痔疾、消化不良、肥満体

動植物　牛、虎、鹿、鼠、鶴、鷺、足の長い鳥類、集団で生活する動物、木になる果実、土筆、山芋、馬鈴薯、筍、茸、百合、甘藷

雑象　遅れる、移転、満期、貯蓄、迷う、暗黒、連絡、改造、静止、待つ、留守居、発芽、篤実、再起、復活、相続、交換、変化、方位は東北、味は甘味

数字　五、十

九紫火星

象意　光熱、火、太陽、名誉、最高、政治、学問、知識、文明、美術、露見、離別、中間、二心、天命、測量、相場、勝負、生死別、決断、裁判、訴訟、離婚、分裂

天象　太陽、夏、晴天、暑気、暑い日、暖かい日、日中、旱、長雨でも九紫火星中宮の日時は一時的に太陽が出る、南方、午前十一時より午後一時まで

人物　君主、学者、医者、会長、監視人、検査官、警察官、教員、裁判官、新聞記者、芸者、俳優、美容師、看護師、未亡人、中女、薬剤師、マネキン、デザイナー

職業　教員、化粧品商、美容院、理髪師、書籍業、画家、著述家、眼科医、裁判官、検査員、警察官、新聞記者、会計士、俳優、神官、宮司、タレント、ダンサー、工芸家、鑑定家、眼鏡屋

場所　諸官庁、裁判所、警察署、試験場、劇場、映画館、祈祷所、宴会場、博覧会場、スタジオ、音楽会場、写真館、火山、花柳街、華美な場所

物象　手形、証書、地図、設計図、契約書、印鑑、礼服、表札、手紙、名刺、免状、国旗、新聞、マッチ、ライター、雑誌、装身具、ネオン、バッジ、眼鏡、神仏具、カメラ、香水、領収書、電灯、航空機、看板、コピー機、掲示板

飲食物　海苔、干物、馬肉、蟹、鼈《すっぽん》、洋食、洋酒、鰻、貝類、色の美しい料理、赤飯、カクテル、燗酒

人体　精神、耳、心臓、血液、眼、乳房、白髪、近視、乱視、色弱、逆上

病象　火傷、中風、発熱、日射病、頭痛、心臓病、耳痛、乳癌、発狂、脳溢血

動植物　雉、鳥、馬、亀、孔雀、七面鳥、熱帯魚、金魚、蟹、カメレオン、孔雀草、百日紅、南天、楠、榊、牡丹、花は全て九紫に含める

雑象　火、火災、光、光明、発見、露見、離別、脱退、除名、手術、対立、乾燥、解決、分家、結合、辞職、現像、密着、再会、下降、信仰、照らし出す、虚栄、栄転、権利、方位は南、味は苦味

数字　二、七

照葉桜子　占例集

気学傾斜法と同会法の判断事例

例題1　人生の全体を読む　40代女性の傾斜法判断

図—1

【傾斜盤（月盤）】

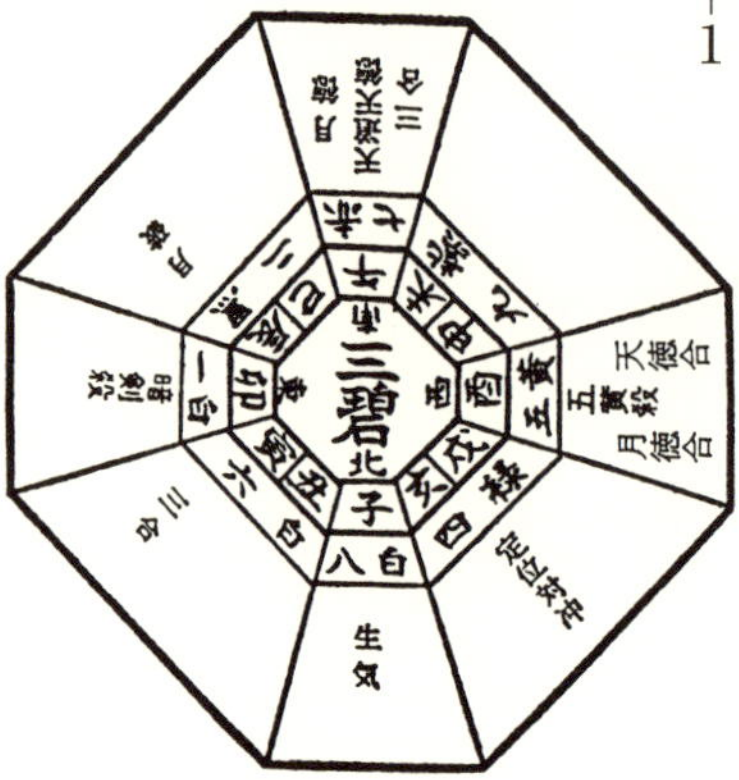

【日盤】　破

七	三	五
六	八	一
二	四	九

暗剣殺
丑

【宮位盤】

巽宮	離宮	坤宮
震宮	中宮	兌宮
艮宮	坎宮	乾宮

本命	二黒（辛亥）
月命	三碧（戊戌）
傾斜	巽宮傾斜
日命	八白（己丑）

【年盤】　暗剣殺

破	一	六	八
	九	二	四
	五	七	三
			亥

1　年盤と傾斜盤を合わせて読む

図―1は、ほぼ毎日お客様の自宅や事務所、カフェなどをまわり、鑑定と占術教授を自営業として行っている女性占術家の気学の年盤・傾斜盤（月盤）・日盤となります。彼女は、また何冊かの著作を出版し、執筆の仕事と、季刊誌や雑誌の発行、占術学園の企画・広報・経理・運営の教育関係の業務に関わるなど、多くの異なった仕事に携わっていて、それぞれの仕事からの利益をバランスよく安定した状態で維持しています。

この方の本命は二黒であり、月は三碧が中宮に回る10月に生まれています。『気学占い方入門』の中村文聰先生によれば、「二黒の年の三碧の月（十月）に生まれた人は、なかなか商才に富み、商機をとらえるのに敏感です。ですから商売的な方面で成功します。また会社勤めなら営業とか、貿易等も適業です」とあります。

このように、彼女が様々な仕事を数多くしているのは、「商才」に導かれて色々な仕事を選ぶ能力に長けているからなのかもしれませんね。ただ、40代の年齢に来て様々な職種を安定させ成功させるまでには、人並みならぬ苦労もあったようで、これから彼女の幼少期から晩年までの人生全般を、気学傾斜法の技術を用い覗いてみたいと思います。

図―1の年盤は幼少期を示し、傾斜盤（月盤）は活動期の中年期を示し、日盤は仕事をやめてからの晩年期を示していると言われています。まず、彼女の年盤での不利な場所は、家庭運を表す坤宮に八白が入り暗剣がついています。八白の暗剣は家系の問題や家や墓を意味し、坤宮の意味する家族の中で争い事などがあるか、家の規律が上手く行っていない家庭に育つという意味があります。また、もともとの年盤の艮宮には五黄が入り、何かと極端な兄弟運・組織運（兄弟運・組織運は艮宮で見ます）と言えるでしょう。

彼女の幼い頃の家庭は、頑固な祖父と、嫁であるこの方の活動的な母親との争いがあり、いつも家庭の中はピリピリした雰囲気が漂っていたそうです。また、彼女の祖母は父が2歳の時に亡くなり、祖父が男手一つで父たち二人の兄弟を育てていたため、日曜大工の家具作りから料理までなんでもできる人でしたが、無類の人間嫌いで彼女が家に人を呼ぶことは禁止されていたそうです。

対人に難が出やすい配置は、巽宮の世間や大衆を意味する宮にも表れていて、彼女の年盤の巽宮には一白が入り破がついています。巽宮には整う・信用・外出などの意味があり、一白の破れの象意は物事がスムーズに進まない、外での対人関係の難が生じる、行動に迷いが多い、などの意味があります。小さい頃は教育者であった母親の期待もあり、いろいろと習い事などをさせてもいましたが、保育園・習い事の集団は、巽宮が不器用になる配置の運命を持った彼女にとっては、とてもわずらわしい場所であったようで、うまく立ち回ることができなかった様でした。

では、彼女の幼少期に有利なポイントはどこでしょうか。年盤でみていくと、「六白の入る離宮」と「七赤の入る坎宮」にあると言えます。その他の年盤では傷の無い、「九紫が入る震宮」は傾斜宮（月盤）に掛けて合わせてみると、傾斜宮の震宮では暗剣が入りますし、年盤で「三碧が入る乾宮」は、傾斜宮（月盤）では定位対冲となってしまいます。また、年盤の「五黄の入る艮宮」は、五黄の作用により家系の対人面は極端になり安定しませんが、傾斜宮（月盤）では、三合が入り傾斜宮の象意のでる青年期には活動的に使えるポイントとなります。年盤で「四緑の入る兌宮」は、傾斜宮（月盤）では、天徳合と月徳合の吉神が入るものの、五黄も入るため、その象意は極端に出て安定しづらくなります。年盤の兌宮は金銭財運の宮となり傷がないため、彼女の子供の頃の財運は良かったようです。しかし、坤宮の八白暗剣は極端なマイナス面が出てきます。坤宮の意味となる母親が忙しく働いていたので鍵っ子であり、寂しい思いがあったことや、生活の細かい管理などを教える大人が周りに少なかった事が、やや現実的な実務能力が苦手な彼女の幼児期から青年期を作りだしていたようです。

本来、さまざまな傾斜法の資料や書籍では、ここまで細かく年盤と傾斜盤の掛け合わせはしていないのですが、やはり年盤・傾斜宮（月盤）・日盤を通して傷が無い宮は、人生において一生上手く使えるポイントなので、鑑定の時などには見て行く方が良いのではないかと私は思います。一生を通じて傷のない宮と言うのは、本人もとても楽に使える才能や特質が開花する場所と言えます。それはなぜかと言うと、傷が無いということは失敗したことが少ない場所であり、恵まれて生まれ持ったその人の長所となるからです。

では彼女の長所となる年盤と傾斜盤（月盤）の傷のない良いポイントを細かく見て行きましょう。先ほどあげました「六白の入る離宮」と「七赤の入る坎宮」では、六白の入る離宮は、傾斜宮に合わせて見てみると、傾斜宮の離宮には天道天徳と月徳と三合が入っています。富久純光先生の『修訂気学傾斜秘法【全】』によれば、天道は「陰陽の開ける状態。すべての災いを吉に変える力を持つ吉神。何事にも表面より、常に表立ってその星象を援助する」とあり、吉神となります。天徳は「陰陽相通じる状態、凶を吉に変える。やはり表目によりそれを助ける」とあり、天道と並ぶ吉神となります。また、三合はこの方の場合「火の三合」であり、富久純光先生曰く、「火の三合は、九紫の性質が含まれる。鑑定の場合は、名誉・才能・家庭・資本の状態を押さえる」とあります。彼女の傾斜盤の離宮三合の旺支の午の宮には七赤が入り、寅の初支の艮宮には六白と三合が入っています。そして、戌の土支の乾宮には四緑が入り、この宮は定位対冲となります。そのため活動期の傾斜盤の象意が現れる頃の仕事をしだした24歳～仕事をやめるまでは、離宮の執筆活動・雑誌・鑑定・教育・講座や授業の分野にて、名誉・才能・資本的に有利な配置となります。七赤は楽しみ事や口才とお金の入る場所を表しています。傾斜宮の艮宮に入る六白は組織や先祖の才能や加護を上手く使える配置です。また、融資や文化的な技術の継承にも関係するのが艮宮の象意となります。

そしてもう一つの有利な宮位である、幼い頃を見る年盤の「七赤の入る坎宮」から、傾斜宮の坎宮を見て行きますと、八白と生気が入っています。生気はその星に活動的なエネルギーを与えてくれる吉神です。坎宮は、子孫・子供・部下などを示し、そこに入る八白は組織や何かを中心として集まる集団を示しています。傾斜盤の象意が出る年齢に入った25歳で彼女は結婚し30歳で第一子の長女を生んでいます。そして、33歳で第二子の長男を出産しています。子供は、彼女にとても多くの活力を与えてくれました。そして活動期の仕事で出会ったたくさんの生徒さん達の…高い占術を学べるキラキラした喜びの表情は、彼女に、苦労が多くても占術教授や専門書の執筆活動を一生続けて行くという高い目標と、何があってもくじけない強い精神力を与えてくれています。

2　人生を見る時に重要な判断技術となる傾斜盤を読む

次に彼女の傾斜盤を見てください、これから傾斜法の一番大切な判断のところに入って行きたいと思います。傾斜盤の中で彼女の本命を見つけますと、巽宮に二黒が入っているのがわかります。本命の基本的な性質は、富久真江先生・加奈子先生の共著『気学傾斜法入門』によれば、「二黒は大地の象で、黙々と人類に貢献するさまをもって、その意味としています」とあります。二黒土星の本命の生まれは、土の「坤」の本性のままに柔軟に人に従って補佐や援助し、それによってまわりのご縁に恵まれ発展する生まれとなります。「坤」については、易経には「坤は、元いに亨る。牝馬の貞に利あり。君子往くところあり。先んずれば迷い、後るれば主を得て、利あり。西南に朋を得、東北に朋を喪う。貞に安んずれば吉なり」と言う言葉があります。これは、天の「乾」が陽を司り、男・夫・社会などを司るのに対して、地の「坤」は陰となり女・妻・家庭の意味があります。「乾」が強く真直ぐに前に進む性質を持つのに対して、「坤」は物事が大いにとおるが、そこには条件が付いて「牝馬」のように大人しく柔軟でなくてはならない。そして人の後からついて行くような生き方が成功の条件となると、易経の言葉から読み取れます。

この方の本命は二黒なのですが、傾斜盤をみると巽宮傾斜であり、その巽宮には破がついているのがわかります。二黒の方は、本来謙虚で穏やかな性質があり、人の後からついて行きゆっくりと段階を上がるような堅実な生き方をすべき人生となります。ただ、その傾斜宮に破がつくと、そのような人生の形に障害が多い運勢となってしまいます。また、巽宮傾斜の面倒見の良い気質や、人との連携や社会とのつながりを大切にすることで信用を得る生き方も、不安定にならざるをえない環境に立たされやすくなります。傾斜宮に暗剣や破のような凶の象意を持っている方は、その本性を上手く出して生きて行く環境が整わないために、その本性がやや歪みやすく、ストレートに良さが出づらくなります。この方も、巽宮の象意である結婚に難が生じて、30代の時に離婚を経験しています。富久純光先生曰く、「月破は、凶神中で争い事、離別の面にとっては最凶の凶神」とあり。結婚の面では、本来人の後からついて行くべき二黒土星や巽宮傾斜の性質が活きない、相手や環境を選んでしまいやすく、争いや離別やゴタゴタの多い活動期の前半であったと言えます。

ただ、傾斜宮の凶作用は、一度大きく出たならばその後はややマイナス現象が緩和していく形となります。また、傾斜盤の利点のある宮を使用して行けば、傾斜宮のマイナス現象はかなり薄まる要素が強いと言えます。傾斜盤では旦那様の運である、乾宮に四緑が入り定位対冲になっています。富久純光先生曰く「定位対冲は暗剣と同じような面が出る。しかし、この凶神がついているとかえってプラスになる面とマイナスになる面の二種類がある」と述べておられます。彼女の中年期の傾斜盤では本来の六白のいるべき位置に、四緑の木星が回りますので、あまり頼れる男性は出て来なくて、逆に彼女が強くなり頑張らないとならないような男性運が回っていることになります。

傾斜盤における乾宮の定位対冲のマイナス面は、彼女が「牝馬」のように優美に大人しく尽くさせてくれるような、賢く心が強くて器の広い男性にはなかなか出会えなかった事にでているようです。しかし、また乾宮の定位対冲のプラス面としては、弱い乾宮（夫運）のために頑張る状態が、幼い頃は引っ込み思案だった彼女に「力と勇気」を与えて、経営者として社会で十分やっていける「自信と能力」を開花させてくれたことではないでしょうか。

3　晩年運にまつわる日盤を読む

次に、例題1の日盤を見てください。彼女の日盤の傷が無い有利なポイントは、年盤や傾斜盤と同じの離宮と坎宮であることがわかります。彼女が年をとってもライフワークの教える事、書く事、表現する事、そしてそれを求める目下の運は一生続きそうな未来を、年盤が予想しています。ただ、晩年期は傾斜盤のように組織や先祖の力を借りるのはあまり得策ではないか、後継者の問題や、家庭や家や組織の問題で苦労する配置は日盤に出ています。それは、日盤の艮宮に暗剣も一緒についてしまっているからです。また、家庭を表す坤宮には五黄と破れがついています。この艮宮と坤宮の表すマイナスの現象でよく見た事例は、親子やお嫁さんと一緒に家を建てて同居したりすると、金銭的な難が出て財産を失う事を注意したい、晩年運の日盤となります。また、必要以上に大きな財を、組織に投入したりするのは損失のもとなので、晩年はどちらかと言うと、気のあう友達と楽しく活動する事や、家族や近しい関係の方とゆったりと向かい合う生活が適していて、大勢人の出入りする組織との関わりは、中年期の方が有利であると言えます。

その他の有利なポイントは、「七赤の入る巽宮」「九紫の入る乾宮」「一白の入る兌宮」となります。傾斜宮の活動期であまり良くなかった、乾のパートナー運の場所や対人関係を示す巽宮や、金運や恋愛を示す兌宮の状態が良いので、人生の最終的な時期には本人が「心から尊敬し、ついて行きたい」と思えるパートナーと出会えるという未来予測ができます。乾宮の九紫には傷が無く、もし晩年でのパートナー運を見るならば、名誉・地位・学問に関する象意をストレートな良い形で持つ男性になると言えるでしょう。その時は、家に一緒に住む従来の結婚ではなくて、通い婚のようなスタイルをとると、この日盤の彼女の晩年運がより良いものとなると言えます。

また、最後に晩年運で気をつけておきたい、病気について考えてみたいと思います。私は医者ではありませんので体の詳しい事は分かりませんが、気学の象意によって病気の傾向を占ってみたいと思います。『気学即断要覧』には、「病気の見方」として、「健康の判断は、月命盤において、暗剣殺と月破の回座している所の宮位の疾患に罹病しやすいと考えられます。五黄殺は補助的に使用いたします」とあります。この女性はこの判断方法に従うと、まず傾斜宮をみると①卯の宮である震宮に一白が入り暗剣がついています。そして、②巳の巽宮の傾斜宮に二黒に月破がつきます。そして補足として用いられる、③五黄は、酉の兌宮に入っています。

まず、①の卯の震宮の一白の病気の象意を考えてみたいと思います。『気学占い方入門』の中村文聰先生によれば、震宮の三碧の示す体の部位は「足・肝臓・咽頭・親指」とあります。また病気としては「ヒステリー症・神経痛・痙攣を伴う病気・肝臓病」とあります。また、『気学傾斜秘法【全】』によれば、一白の表す病気は「瘰癧・貧血・ガン・耳痛・憂鬱症・性病・遺伝病・無髪症・子宮病・神経衰弱・月経不順・腫れ物・発狂・怒りっぽい・冷え性・尿毒症」などとあります。一白の体の部位としては『気学即断要覧』によれば「泌尿器・腎臓・鼻・耳」とあります。

この方は、細かい占例の文章を書く仕事をしていますので、かなり神経が細やかなところがあります。これは職業としては良いのですが、病気として考えた場合には、対人的な環境や物理的な身体条件がハードだったりすると、精神的に細かく頭脳や神経を使いすぎるために、精神面において荷重がかかりやすい傾向があります。また、物書きは創作意欲が湧いた場合には寝ないで原稿を仕上げる事もざらにありますので、睡眠不足になります。そうすると頭脳が休まりませんので、一白と三碧の象意のくよくよと迷ったり、神経がイライラしたりの傾向が出てきやすく注意が必要です。また、この方はお酒を飲むと極度に分解ができなくて、状態が悪くなる体質があり、肝臓のろ過機能と、腎臓の体に入らないものを排泄する機能が弱い可能性があります。この方の祖父と父は軽い糖尿病の体質がありました。この方は幼いころに、足の骨折をしていますし、若い頃に膀胱炎を長く患っています。また冬から春には花粉症になり鼻が毎年大変なことになっていらっしゃいます。震宮と一白につく暗剣の凶作用は、よくこの方の人生に現れていると言えます。

また②巳の巽宮の傾斜宮に二黒に月破がついている現象としては、二黒と巽宮の四緑が関わって来ます。この方は講座や鑑定において喋る仕事も多くしていましたが、やはり春には咳喘息や百日咳にかかったこともあり、体を暖める食品を気をつけて食べるようになるまでは様々な四緑の症状も出ていたようです。二黒は胃腸などの消化器に関係のある土の星となり、この方は子供の頃食べ過ぎてよく吐いてしまう事があったのと、偏食で野菜が嫌いな子だったので、腸の流れが詰まり排泄の状態が悪かったそうです。また、大人になってからは仕事を安定して毎日続けるために、食べ物や睡眠や体を動かすことに気をつけるようになり、そのような症状はほぼ改善されたそうです。

③五黄は、酉の兌宮に入っている象意に関しては、兌宮の七赤の病気の象意は、「口・歯・腎臓・右肺・血圧」とあります。こちらでも呼吸器や腎臓の体の部位の弱さが出ているために、こちらの臓器を元気にするような食や睡眠など良い環境での生活を心がけたいですね。

また補足ですが、晩年の日盤では、土の星の位置に凶星が集中していることで、胃・腸や内臓の病気にも注意です。また艮宮の背中・腰の痛みや過労・リュウマチ・脳血管に関する病気にも関係しています。特に晩年期にそれがでていますので、この方は体の動くうちは活動して働いている方が運勢が良いと言えるでしょう。

例題2　結婚運を読む判断　10代女性の傾斜法判断

図—1

【傾斜盤(月盤)】

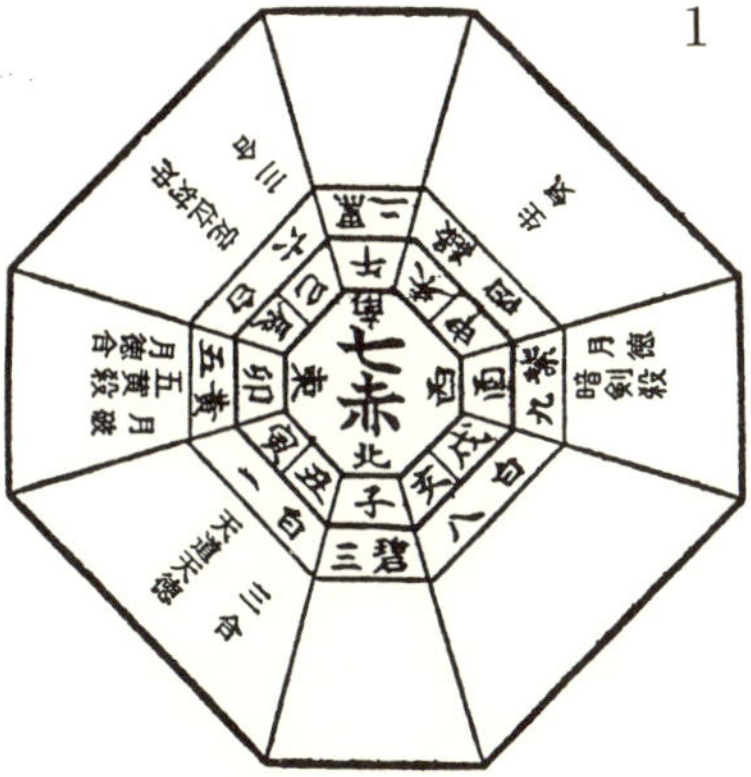

本 命	九紫(庚辰)
月 命	七赤(乙酉)
傾 斜	兌宮傾斜
日 命	一白(甲申)

【年盤】暗剣殺

辰	八	四	六
	七	九	二
	三	五	一
			破

【日盤】

	九	五	七	申
	八	一	三	
破	四	六	二	
		暗剣殺		

例題1（40代女性）では、人生の長いスパンの、初年・活動期・晩年の各運などの全体を年・傾斜・日の盤から細かく複雑に見て判断して行く事を学びました。例題2（10代女性）では、傾斜法と同会法を用いて、結婚運の良し悪しとその出会いの時期についての判断を簡潔に見て行きたいと思います。

まず、恋愛運を見る場所は、傾斜盤では「兌宮」となり、パートナーや結婚運を見る場所は「巽宮」となります。これはちょっと気学の裏技的な見方なのですが、秘めたる恋や不倫の恋愛・三角関係などの愛情問題は「坎宮」に現れてまいります。

例題2の図—1の傾斜盤を見ますと、10代女性の傾斜宮は本命が九紫で、九紫は兌宮にあり「兌宮傾斜」となります。ただ、彼女の兌宮の傾斜宮には吉神の月徳と凶の象意の暗剣が入っています。月徳は富久純光先生によれば「月の徳神にして、凶殺を抑えて吉に導く。生まれつき人を尊服させる力を与える」とあります。また暗剣は「いわゆる余計なもの。自分の不注意から、余計なものに邪魔されると言う状態とか、反対されて希望が挫折する状態。マイナスの状態」と書かれています。

彼女は小学校時代から高校時代までの環境は、周りのたくさんの男性から交際を申し込まれていたのですが、その男性同士も友達だったりしたために、どなたか一人を選ぶのを彼女は躊躇していた形になってしまいました。そして、すべての方と友達として仲良くしていて、みんなと遊園地に遊びに行くなど「仲間として人間として」の付き合いを、とても大切にしていました。

兌宮は本来、社交的でおしゃれで人生を楽しむことに恵まれて、ちょっと自分本位くらいに…人縁も物理的な豊かさも我が物にし素敵な生き方ができる生まれとなります。羨ましいですね。でも、彼女の傾斜宮に暗剣が入っているために、とても臆病な面と、人の気持ちを思いやりすぎる繊細なところが性質に入ってきています。ただ、その凶象意である暗剣を、月徳という吉神が抑えているために、彼女の精神性の高い思いやりの気持ちが周りの友人や先輩や後輩の気持ちを捉えて、部活や生徒会ではいつも人を助けるポジションにつくような道が引かれているのでした。

ただ、恋愛での出会いはこの傾斜宮でみると、あまり結婚には結びつかない生まれとなってしまいます。そこで次に「巽宮」の結婚の宮を見てみましょう。彼女の巽宮には六白が入り、定位対冲と三合が入っています。三合は本来吉神なのですが、凶星が絡むとその凶意も広がりやすくなるために注意が必要です。彼女の三合は、巳・酉・丑の金局三合の生まれとなり、富久純光先生によれば、「性格の中に七赤の性質が含まれる」そうで、「金融面・家庭・信用面の状態」が深くかかわると言えます。本来の旦那様の宮である乾宮には年盤以外は傷がなくて、傾斜盤と日盤は良い状態を示しています。傾斜盤の乾宮に入る八白の性質は相続人を意味し、働き者であるが頑固な人を意味する象意となります。そのため、彼女の旦那様となるタイプは、乾宮から判断すると代々何かを受け継ぐ家に生まれた後継者になる方で、家庭を大切にする人である可能性があります。ただ、恋愛か人の紹介かを選ぶとすれば、お見合いや人の紹介での出会いの方が、良い方と会える可能性があります。

また、恋愛としての相手を選ぶのではなくて、お相手の先祖や親兄弟を含めたお相手の家と結婚する感じであれば、良い結果を生む結婚運となります。それは、彼女の傾斜盤の坤と艮のよさを使う型となります。「巽宮」の六白が定位対冲であり、結婚におけるさまざまな環境が、彼女にとっては大変ではあるかもしれませんが、最終的にお相手の家の方々から気に入られて、良い形の結婚に納まると言えるでしょう。

次に、この方の結婚の時期を見て行きましょう。まず、来年の２０２０年の年盤と定位盤の例題２図—２

図―2

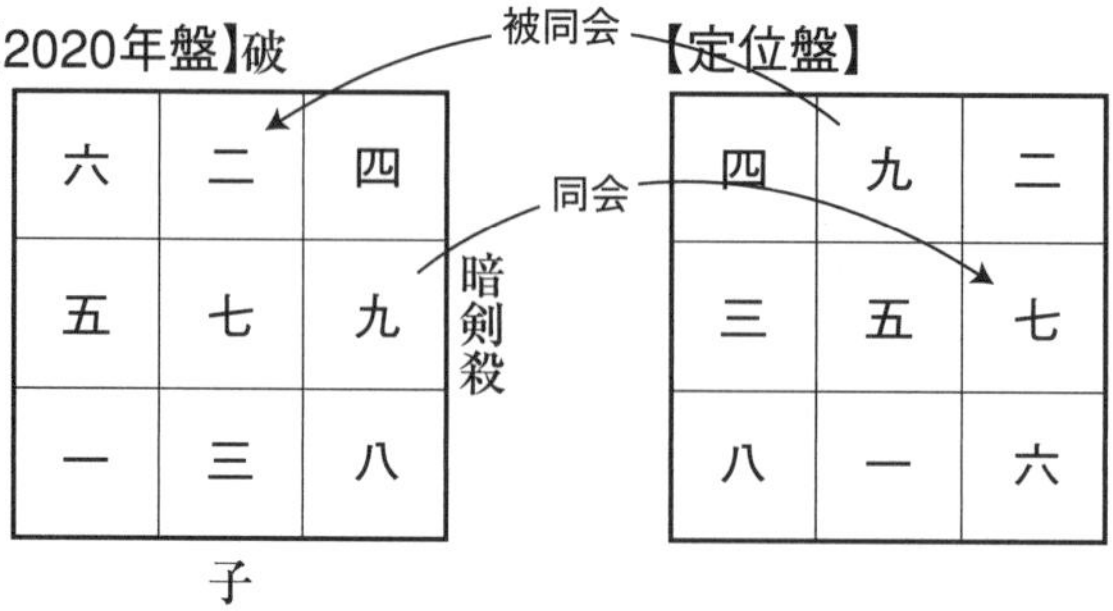

を見て下さい。２０２０年の彼女の本命九紫は兌宮に入っていますので、定位盤の七赤同会となります。そして、本命の九紫には暗剣が付いています。またこの宮は彼女の傾斜宮でもありますので、その七赤同会の影響力は大きいと言えます。恋愛の時期と言えますが、あまりうまく進み辛い恋愛を意味していたり、妨害が多かったり、出費やロスの多い対人関係などが起こりやすい時期となり注意です。この時期は、出会いがあってもお相手の運勢や、お互いの相性をよく確認してあまり良くないようであれば、見合わせる方が無難な年となります。では、本当に結婚や良い出会いがある時期はいつなのでしょうか?

例題2図―3を見てください。２０２６年の年盤と定位盤が出ています。こちらの年は、彼女の本命は巽宮にいて、四緑同会となり、巽宮や四緑は出会いや縁談や結婚がまとまる時期を示しています。こちらには傷はなく良い状態です。また、五黄と被同会になります。五黄は何かと極端に物事が出

図―3

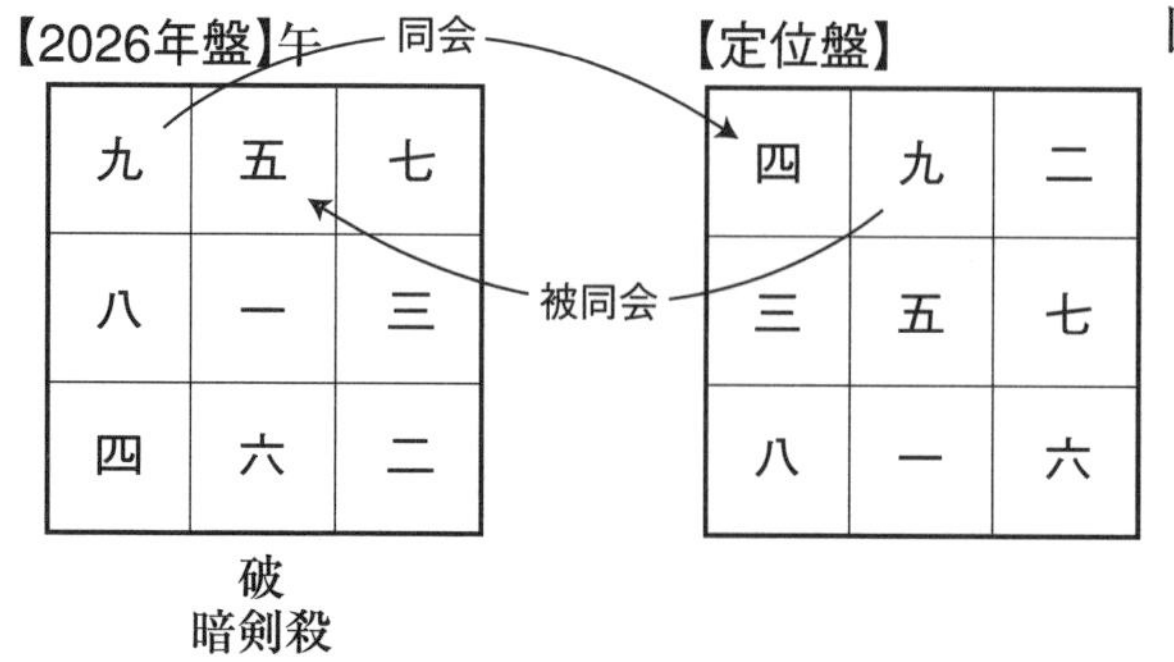

やすい時期となり吉凶の混濁した被同会となります。被同会は他動的な問題ですので、彼女を取り巻く環境が極端に作用すると言えます。そして、彼女の傾斜宮の兌宮には三碧が入るため、愛情問題に関して進んで行くような勢いがある時期と言えるでしょう。こちらは傷が無いので状態はそれほど悪くありません。２０２６年は、彼女が26歳となる年となり、年齢的にも結婚適齢期となり、お嫁さんとして嫁ぐには良い時期となるでしょう。また、彼女の家庭を示す坤宮には年・傾斜・日の３つの盤を見ても傷がなくて良好な状態であると言えます。そして、傾斜盤の坤宮には四緑が入り生気がついていますので、青年期及び活動期の彼女にとっては、家庭は彼女を生き生きとさせる場所となることでしょう。そのため、多少の愛情の障害などもあるかもしれませんが、妻として母親として家族を守り守られながら生きて行く人生は、彼女にとって幸せなものとなることでしょう。

例題3　適職を読む①　10代男性の傾斜法判断

図—1

【傾斜盤(月盤)】

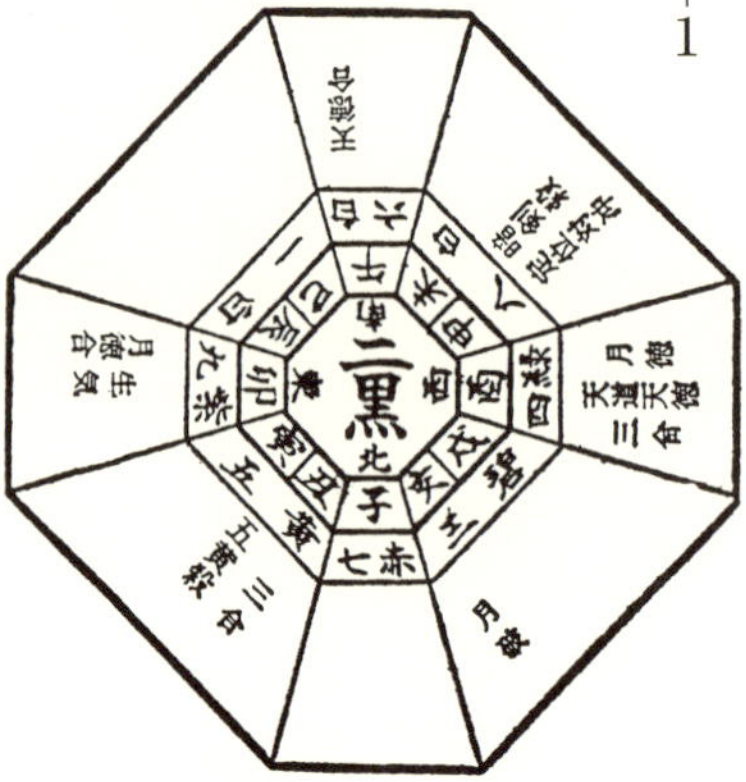

本命	六白(癸未)
月命	二黒(丁巳)
傾斜	離宮傾斜
日命	七赤(甲午)

【年盤】　未

五	一	三
四	六	八
九	二	七

破　暗剣殺

【日盤】　午

六	二	四
五	七	九
一	三	八

暗剣殺

破

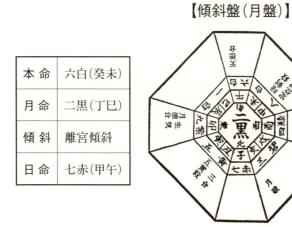

ここまでに、2つの例題で人生全般と、恋愛や結婚の運勢が吉か凶かの見方や、出会いや結婚の時期について見てきました。次は、鑑定の現場でもよく聞かれる、「適職」の判断の仕方について考えて行きたいと思います。占術で人を見る場合は、必ずお客さまの悩みの視点でものをみて、「占的」についての視線から読み取れたことをお客さまに伝えると、とてもわかりやすくシンプルに説明できるため、お相手の共感を得ることができます。

例題3の10代の男性の気学傾斜盤を用いて、この方の適職を見て行きたいと思います。

まず、職業については基本的に、年齢としては青年期である活動期に仕事につく可能性が高いため、傾斜盤（月盤）をメインに読んで行きます。まずこの方の本命を傾斜盤で探すと、六白の本命は、離宮に入ります。そのため、この方は「離宮傾斜」となります。そして、天徳合の吉星が付き有利な傾斜宮となります。離宮の方で宮位も有利ならば、社会の富貴人なる方々から好かれて、目上の引き立てを受ける生まれとなります。離宮傾斜の「職業」は、東海林秀樹先生の書かれた『気学即断要覧』によれば、「ファッション関連・モデル業・政治・哲学・芸術・出版・証券・税理士・会計・教師・薬学・警備・警察・自衛隊・眼科医」などが適職となるそうです。確かにこの10代の男性は、あまり華やかな性格ではないのですが、真面目で社会の道理をわきまえて思慮深く、一人でコツコツと好きなことに取り組むのが得意な方です。芸術的な物事やコンピュータ関係の技術を学ぶのが好きなようです。離宮傾斜の性格は、「飽きっぽいところがある」とのことで、確かにこの方も小さい頃の学習については、とても飽きっぽかった様子です。

また、傾斜宮の他の宮も見て行きます。傷が無い仕事に有利に使える宮を探します。

この方の傾斜宮の最大の特徴は、兌宮を中心とした、巳・酉・丑の金の局の三合となります。金局三合では、もしその宮が良い吉神が入っていれば、「金融面・家庭・信用」に関する吉作用が出ます。金融は酉の四緑が入る兌宮です。この宮は、月徳と天相天徳及び先ほど入っていて三合金局の旺であり様々な物を広げる中心となる宮となり、福も強い宮位となります。そして「家庭」を表す艮宮は五黄が入り、様々なものが極端に動いてしまいやすくやや不利なポイントとなります。また、妻や母を表す坤宮も暗剣殺及び定位対冲が入り、凶が重なっています。この方の母親は、この方が保育園に通う頃に離婚し父親はいません。父親を指す乾宮のところは、年盤では暗剣殺・傾斜盤では離別を意味する月破が入り良くありません。

逆に三合の巳の巽宮の「信用」は傾斜宮では一白が入りやや弱いものの、安定して傷が無い宮となり、周りに合わせる真面目で堅実な生き方は、周囲からの信頼を得られる運勢を、彼に与えてくれることでしょう。

彼の傾斜宮の利点を整理してみましょう。まず離宮傾斜となり吉神がついていて有利な宮となり、社会的には目上の引き立てを得るのに良い生まれです。三合と吉神の多く入る有利な宮である兌宮は金融やお金を司る宮となり、彼が人生で有利に使える場所となります。コツコツと稼いで財を残すタイプであると言えます。傾斜盤に出ているように彼の金銭の流用の感性はとても巧みで、現実的に実になる作業を黙々と我慢強く繰り返す粘り強さと、無駄なことをしない賢さがあります。金運の良さというのは、お金を能率的に稼ぎしかもそれを社会から認められ信用を得ることがまず第一の良さとなります。そして稼いだお金を上手く使い、なるべく無駄にせず貯めておく貯蓄計算の賢さの2つが良くて、初めて金運の良い人となると言えます。一番悪いパターンは、お金を得るためのセンスが悪い。そして貯めることも下手で、お金が入って余裕ができると、無頓着にざぶざぶと使ってしまう。このような方は、金運が無い方と言わざるをえません。そのような方は、周りの気運のセンスの良い方にアドバイスを受けたり、計算や管理を仕切ってもらったりするのが良い人生を歩むコツと言えます。このかたは、金運が良いほうなのですが、家庭運や妻運で苦労しやすくなり注意が必要です。また、乾宮が月破なので独立自営は向かず、大きな安定した組織に入るほうが良くて、目上運と目下運に良い人材を得る生まれとなります。目下運は、坎宮が示していて傾斜宮の彼の坎宮には七赤が入っていて、やはり七赤の象意である豊かさを司り吉象となります。

最後に、彼の適職を総合的に判断して行きます。まず、サラリーマンのほうが有利となる生まれである事、「金融業・営業職・教育・出版とメディア関係」や傾斜宮の震宮も天道と生気が回り良いため、「コンピュータ関係や情報関係、サービス業、機械の製造業における営業職」などの仕事も良いと言えます。この方は、子供の頃からパソコンが好きで、古い材料で自家製のパソコンを作ったり、ゲームが大好きでスーパーマリオなどをすごい早業でクリアしていたりしたそうです。それはやはり生気の吉神が震宮に入っているために、彼にエネルギーをくれ元気にしてくれる場所は、ネットや機械だからなのかもしれませんね。

そして日盤をみてみると、晩年になると兌宮に九紫暗剣殺が入り、坎宮にも破れが付くために会社を退職した後はのんびり家庭で楽隠居できそうです。その頃には傾斜宮では家庭運が悪かったのですが、年運の晩年期の盤では家庭や妻を示す坤宮には四緑が入り、傷がなくて艮宮に一白が入りやや弱いものの良い状態であるために、安定した晩年の家庭運と言えるでしょう。

例題4　適職を読む②　50代男性の傾斜宮判断

図—1

【傾斜盤(月盤)】

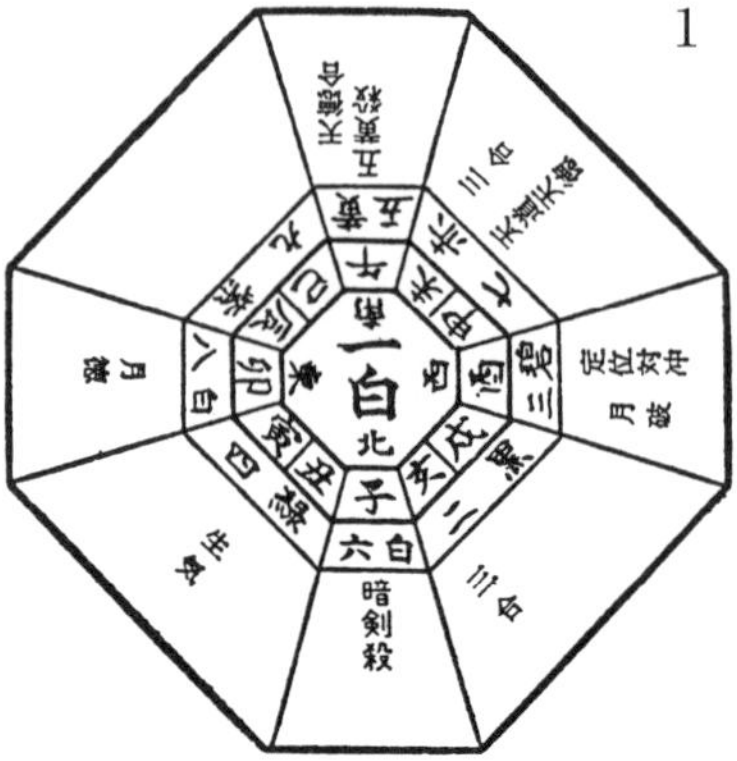

本命	五黄(戊申)
月命	一白(乙卯)
傾斜	離宮傾斜
日命	五黄(己丑)

【年盤】

	四	九	二	申
	三	五	七	
破	八	一	六	

【日盤】

		破
四	九	二
三	五	七
八	一	六
丑		

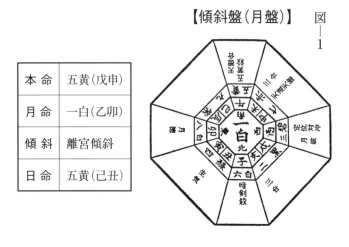

傾斜法の例題は、こちらの50代男性の例題で4つ目となりますね。だんだんと、年盤・傾斜盤（月盤）・日盤や流年の同会・被同会の見方にも慣れてきたと思います。何度も繰り返し例題を見て行く事で、命術はだんだんと目が慣れてきて、良い判断ができるようになります。また、気学傾斜盤を作盤したならば、それを見ながら自分で占例の判断を文章にしてみるのも良い勉強となります。毎日コツコツとやってみるのも良い訓練となると思いますので本書を使いぜひ実践されることをお勧め致します。

こちらの50代の方の基本的な職業は、海外からのちょっと特殊な輸入品のお店を任され、販売業の仕事につきサラリーマンとして長く働いておられます。また、それ以外にも教師業・イベントタレントや俳優業・芸術家的な仕事も多彩にこなす人生を歩まれておられます。

1　自営で商売が向く傾斜盤と、サラリーマンとしてお店経営が向く傾斜盤の違い

例題4図―1の50代男性の傾斜盤を中心に、販売業への適性を見てみたいと思います。この方の年盤の中宮には、本命星である五黄が入っています。そして、その五黄を傾斜盤（月盤）で探しますと、南の離宮に五黄が入っているのがわかります。この方の本命は五黄となり、傾斜宮は離宮傾斜となります。そして、月は一白中宮となります。中村文聰先生曰く「五黄の年の一白の月（三月・十二月）に生まれた人は頭も良く先見の明もあるといった人で、教育者、思想家、会社員、官庁等の調査員等に向いています」とあります。また、五黄を本命にもった生まれは、基本的にいつも自分の思想を中心にして動ける独立したスタイルの仕

事や専門職が向いている方が多いです。そして、傾斜宮を意味する離宮を支配する九星である九紫的な職業を考えてみたいと思います。九紫は、「文化・学問・華やかなタレント・俳優・学者・デザイナー・会計士・神官・宮司・芸術家」などとなっています。

彼の離宮には天徳合の吉神が入り、これは上手く使える傾斜宮となります。離宮傾斜はその頭の良さと目上からの引き立てを得やすい徳分がある方となります。前例の例題3の10代男性のところでもお伝えいたしましたが、この男性も離宮傾斜でありますので、社会における目上運はとても良い方だと言えるでしょう。そして、サラリーマンを示す坤宮には七赤が入り、三合・天同天徳の吉星がついて、雇われている限り彼の金運は基本的に安泰と言えます。また、融資・資産・人脈・友人・家系を表すところの艮宮にも四緑が入り生気が回っていて良い状態と言えます。大小さまざまな組織や人脈をフルに活用して仕事ができる時期となります。

では、傾斜盤における中年期の仕事や生活について注意をしたい点を見ていきたいと思います。まず、傾斜盤の兌宮には定位対冲と月破のダブルの凶神がついています。お金を直に扱う仕事の兌宮（金運）を示すところにある2つの凶神は、彼の「商才」において致命的な欠陥をもたらす事になります。この男性の中年運の傾斜盤は、人が良く知的でこだわりが強く品位を重要視するために、お金をガッツと儲けることには不向きなところがある傾斜盤となります。

本来、離宮傾斜の方は頭脳明晰な方が多いのですが、一人で商売をして手痛く失敗している方を何人か見ています。離宮傾斜の頭の良さは、語学や思想や文化や情報を素早く吸収してそれを社会に伝えていくといった、お金儲けの商業的な能力とはまた別のところに賢さがあると言えます。

2　目下運を読む

また、人を使うところである目下運の「坎宮」には、六白が入り暗剣の強い凶神がついています。特に目下は同い年くらいから年上の男性を使ったりすると、その方は本人がコントロールできないほど強い人であったりして、仕事に難が生じます。

そして、彼の仕事への采配は、数字的な利益よりも自分の思想やセンスや文化的な意味に対するこだわりを大事にするやり方となります。そのため、彼の目下から見た場合には、それを理解し、しかも商才があり賢く利益に結び付けるように、彼の思想と社会の流行や求める物事、数字的な利益の現実を見て、上手く擦り合わせるような柔軟な考え方や行動ができないと、さまざまな損失を招く可能性があります。ただ彼本人は、目上や社会の組織運に有利な徳があるために、損失が出たとしても必ず周りが助けてくれる福分があります。

自営業の場合、周りからやって来る害も利益もすべて振り分けられる、「生き馬の目を抜くような敏腕な商才」と「目下運の良さ」が無いと、成功しないのが世の常となります。ただ、本来向いている教師業・タレントや俳優業・芸術家・文章や書籍に関する仕事・サラリーマンとしての店舗経営などは、その高い能力にて十分に利益を生むことのできる有利な傾斜盤となります。

例題5　適職を読む③　70代男性二人の傾斜宮判断

図―1（兄）

【傾斜盤（月盤）】

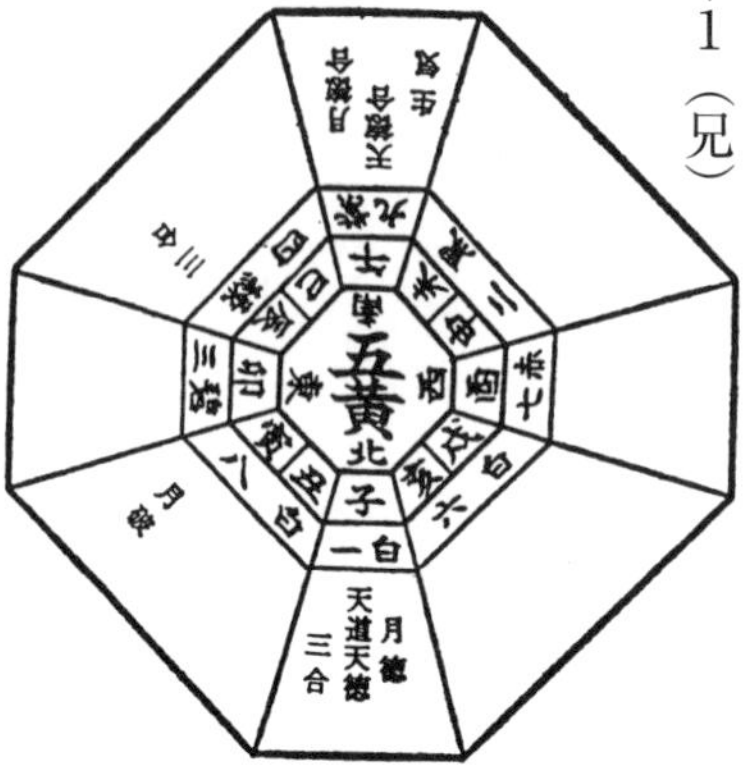

本 命	二黒（甲申）
月 命	五黄（壬申）
傾 斜	坤宮傾斜
日 命	四緑（乙巳）

【年盤】　暗剣殺

	一	六	八 申
	九	二	四
破	五	七	三

【日盤】

巳 暗剣殺	三	八	一
	二	四	六
	七	九	五
			破

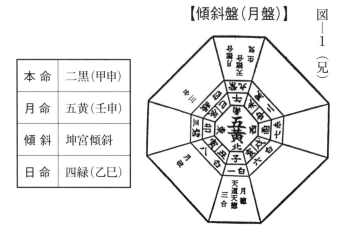

これまでに例題3・例題4と男性の2事例を用いて、適職について細かく見ていきました。今回の事例では、自営業が向いている傾斜宮事例と、財産を受け継ぐ生まれはどのような生まれか？　さらに会社の後継者の問題や、経営者としての器のお話などをしていきたいと思います。

二人の男性の例題、図―1〔70代男性（兄）〕と、図―2〔70代男性（弟）〕の年・傾斜・日盤を見てください。このお二人は、一代目の父親の社長から金型製作やアルマイト加工の製造業の会社を引き継いだ、兄と弟の命の盤となります。兄は会社を受け継ぎ社長に、弟は兄の下で会社を支えました。2人の会社での役割の違いを傾斜盤から見ていきたいと思います。

まず、兄の図―1の傾斜盤を見てみましょう。まずこの方の本命は、二黒となり傾斜盤の中宮は五黄となります。そして傾斜盤の中から二黒を探しますと、坤宮に入るのがわかります。そのため、この方は坤宮傾斜となります。坤宮傾斜は、性格は真面目で社会の力のある方に好かれやすいのが利点となります。この方も、とても頑固で真面目なところがある方でした。ただ、五黄と言う星が月盤の中央に来ているので、やはり自分の意見を強く持っているところがあり、腹の底までは人に合わせず、根底には自分の意思をしっかり持ち粘り強く、最後には自分の希望を通していく方となります。傾斜宮の有利なポイントは、経営者としての位置の乾宮には本来の位置にあるべき六白が入っていて傷が無いために有利な宮となり、経営の適性があると言えます。また会社の経営には、社会の力のある方々に好かれなくては事業が広がっていきません。この方の目上運にあたる離宮には、天徳合と月徳合及び、生気が入っていて吉神ばかりが集う良い状態です。目上の引き立てを受けやすい福分強い生まれとなります。また部下も良好でないと、父から継いだ会社を運営するには不向きになりますので、この方の目下運である坎宮も見てみましょう。坎宮に天道天徳と月徳と三合のやはりこの宮も吉神ばかり、一白が入りますので精密で真面目な気質の性質の良い目下運を得ています。また、経営者は兌宮のお金の扱いや、商才にも長けていなくてはなりません。この方の兌宮には七赤が

図―2（弟）

【傾斜盤（月盤）】

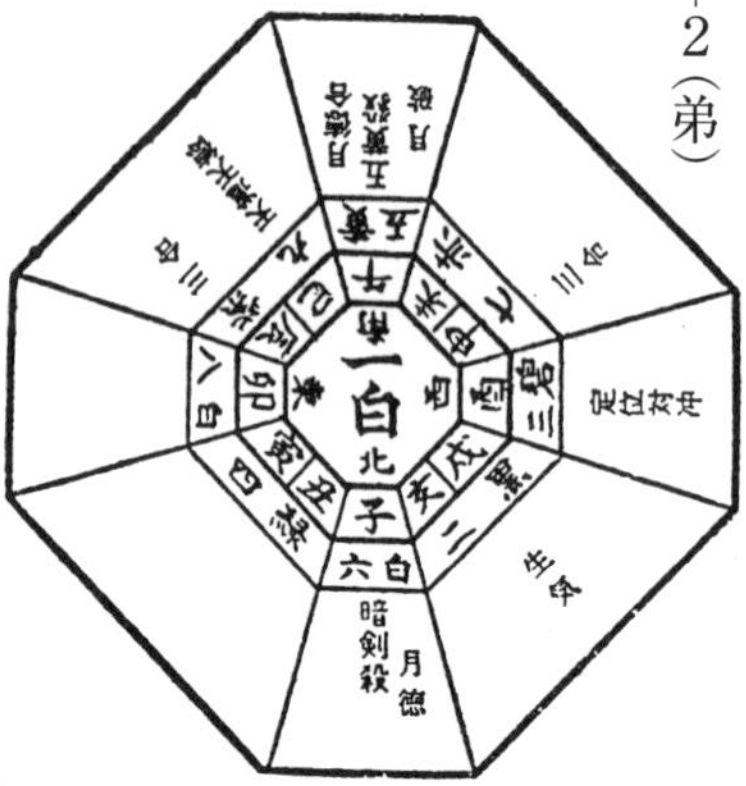

本命	八白（丁亥）
月命	一白（壬子）
傾斜	震宮傾斜
日命	四緑（丙子）

【年盤】

破

七	三	五
六	八	一
二	四	九

暗剣殺　　亥

【日盤】　破

暗剣殺

三	八	一
二	四	六
七	九	五

子

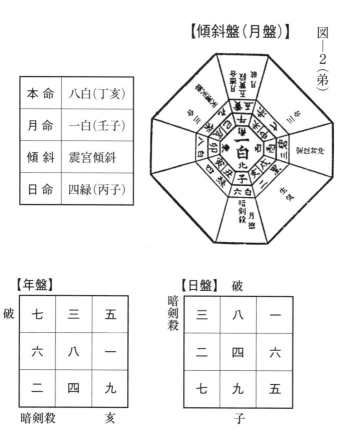

入り傷も無いため、お金儲けに関しても才能があると言えます。巽宮の社会からの信用も三合が入り良い状態です。

この方の傾斜盤のマイナスのところは、艮宮の八白に月破が付くところのみとなります。

艮宮は後継者や跡継ぎの意味があります。この方は長男と長女の二人の子供がいます。長男はとても優秀で慶應大学を卒業しましたが、父の会社は継がずに大手企業に就職しています。また、この方が晩年に近づくにつれて、日本の製造業の需要も少なくなってきて、会社をかなり縮小していく事になりました。二代目、三代目に事業を継がせていける命は、艮宮が良い方でないと難しいと言えます。また、この方の晩年の日盤では、乾宮に五黄が入り破がついていますので、晩年の経営運は良くないため、早めに会社をどなたかに譲るか、たたむほうが無難だということがわかります。また、晩年の日盤の艮宮はいい状態なので息子夫婦がこの男性を見ることになる予想となります。長女は日盤で巽宮となりますが、巽宮には暗剣が入りあまり良くない状態ですので、長男に比べると接点は少なめかもしれませんね。

次に、図―2の70代男性（弟）の傾斜盤を見てみましょう。まず彼の年盤の中央には、本命である八白が入っています。傾斜盤の中宮には一白が入り、この盤から八白を探すと震宮に入ります。この方は震宮傾斜の生まれとなります。震宮傾斜の方は、明るく働き者で、様々な創意工夫を取り入れて仕事ができる方です。ムードメーカーであり、人の中にいても目立つ存在となります。一白中宮の方は、やや繊細なところもありますがとても柔軟性のある、バランス感覚に優れた方も多くいらっしゃいます。この方は、サラリーマンで会社に雇われて庇護されて、自分も会社に尽くすのが良い生まれとなります。巽宮の人脈や対人関係を表す場所には天道天徳と三合が入り有利な宮となっています。ただ、名誉や地位を意味する離宮には、五黄と月破と月徳合が入っています。吉凶混濁ですが凶作用の方が強くなります。また、目下運の坎宮にも暗剣と月徳が入り、良い面と悪い面が合わさっています。離宮の頭領運と目下運にやや苦労が伴います。そして、経営者としては無くてはならない兌宮の金運に関して、定位対冲が入っています。そのため、この3つの傾斜宮の凶星の入る宮を見ても、この方がサラリーマン向きなのがよくわかります。

ただ、男性の目上や父親を表す乾宮には生気が入り経営の理論的なものに詳しく興味をもつ生まれですし、女性の目上や母親を意味する坤宮には三合が入り良い状態ですので、柔軟性があるこの方が、頑固な二代目の兄と、一代目の父と母の間のカンフル剤になってくれていたのではないかと予想できます。

この二人はお互いの欠点を補い、家族経営の製造の会社を上手く運営していらっしゃった事例と言えるでしょう。

例題6　精神を読む①　40代女性の傾斜宮判断

図—1

【傾斜盤（月盤）】

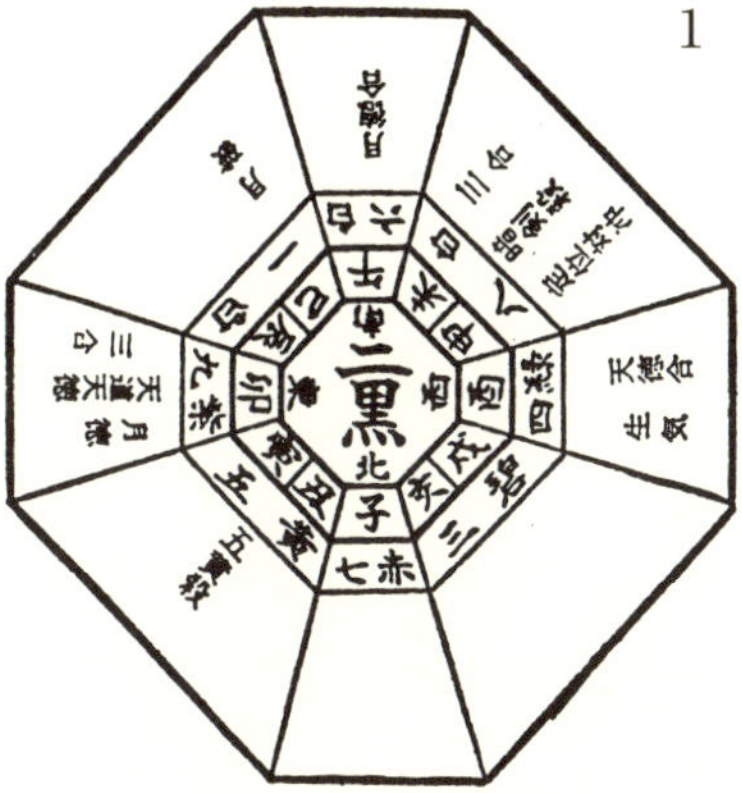

本命	二黒（辛亥）
月命	二黒（己亥）
傾斜	乾宮傾斜
日命	三碧（癸卯）

【年盤】　暗剣殺

一	六	八
九	二	四
五	七	三

破（左上）　亥（右下）

【日盤】

二	七	九
一	三	五
六	八	四

卯暗剣殺（左）　破（右）

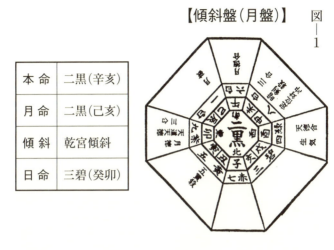

これまでの例題5までの事例にて、適職や財運についてなど物質的な現実面の人の運命について、気学傾斜法を用いて詳しく考察をいたしました。私事になってしまいますが、自分の占術を通した人生の課題は、「精神世界と物質世界の法則のバランスを総合的に学ぶ事」にあるのではないかと、最近よく考えています。西洋占星術やタロットなどの西洋系の占が得意とする分野である精神世界と、四柱推命や九星気学を代表とする東洋系の占が得意とする現実の物質世界、それはその占術が作られた国の思想がそのまま占術的な目線に投影されているのだと私は考えています。

今まで、私は精神的世界からこの占術の世界に入り、様々な苦しみを持つ方を鑑定する中で、人間が人生を生きるためには物質や現実の何たるかを知らなければ、社会や組織では通用しない事を深く学ばされてきました。人間社会の何たるかを、自分の肉体や知力を通して経験的に学ぶ中で、本来自分の精神と肉体の「中」の良いバランスをとる技術が、人生を能率的に生きるために一番大事だと実感いたしました。そして、その精神世界と物質世界の調整を取ることが上手いのか下手なのかは、「肉体と精神」を代々受け継いだ「家族」や育った環境からの影響もとても大きなものがあるように感じました。

ここで、私は東洋占の視点から精神の世界をのぞいたらどのようになっているのかを、深く皆様とご一緒に学んでみたくなり、例題6と例題7では若い頃に精神的に苦しい経過をへて、中年以降には人生が安定されたお二人の傾斜法の技法を、考察していきたいと思います。

こちらの例題6の40代の女性は、高校生の頃にリストカット（自傷行為）がなかなかやめられずにいました。彼女の手首には刃物で切った無数の傷跡が今でも、痛々しく残っています。私は精神医学については全くの素人なので、その方面からの事は何もわからないのですが、もしその原因が気学傾斜法の占術技術の中からわかるのであれば、それを考えてみたいと思いました。

まず、彼女の年・傾斜・日盤の3つの盤を見ていてとても特徴的なのは、本命の年盤の中宮に入る星と、月の傾斜盤の中宮に入る星が同じ事に皆様気がつかれましたでしょうか。傾斜盤は、本来年の中宮の本命を、月盤の中で探しその宮を傾斜宮として性質や仕事への適性などをみていく技法となるのは今までの例題でもご理解いただけていると思います。ですが、彼女の盤のように、年も月も中宮が同じだとこの方法で傾斜宮は決められなくなります。このような特殊な傾斜盤の事を「中宮傾斜」といい、その本命の裏の星を傾斜宮と定めて判断をいたします。

一白年で一白月生まれの方は「離宮傾斜」、二黒年で二黒月生まれの方は「乾宮傾斜」、三碧年で三碧月生まれの方は「巽宮傾斜」、四緑年で四緑月生まれの方は「震宮傾斜」、五黄年で五黄月生まれの方の場合は、男性は「兌宮傾斜」で女性は「乾宮傾斜」、六白年で六白月生まれの方は「坤宮傾斜」、七赤年で七赤月生まれの方は「艮宮傾斜」、八白年で八白月生まれの方は「兌宮傾斜」、九紫年で九紫月生まれの方は「坎宮傾斜」のように定められています。その定められている理由と法則については、細かく書きだすと長くなりますので占例のこちらの箇所では割愛させていただきます。

例題6の彼女は二黒年・二黒月生まれなので「乾宮傾斜」となります。中宮傾斜は、富久純光先生によれば「この場合の運勢はどうしても波乱万丈の面がたぶんに出てきますし、変化しやすい運命を持っています。つまり良い時にはがぜん良いし、悪くなる時期は苦労のし続けと言う事です」とあります。

彼女もそのように、中学から高校時代に親の夫婦仲が悪くなり、母親が家を出ていき4人兄弟の長女であった彼女は家の事を全て自分が引き受けていました。彼女の年盤では、艮宮と坤宮の家や家系や先祖を表す場所に傷が多い状態に加え、巽宮には一白が入り破がついていますので、対外的な対人関係にも難が生じています。また、彼女の活動期の傾斜盤でも、やはり家の場所である艮宮に五黄が入り、坤宮には八白が入り、暗剣と定位対冲が入り、その凶作用を広げてしまう三合も入ってしまっています。

親や家族や家の問題で寂しさがあった彼女は、傾斜宮の天徳合と生気が入る兌宮の恋愛に依存し、そこに枯渇した愛情を求めて、希望を見出そうとするようになっていきます。しかし、巽宮が年盤でも傾斜盤でも破がついているために、その象意である離別と争いが絶えない状態でありました。そんな様々な問題が八方ふさがりであり、苦しさから抜けられなかった彼女は、それ以後自傷行為を繰り返すようになっていきました。

思春期の時期に人生のすべての苦難が重なって出てきたのは、中宮傾斜の極端な人生傾向であったのかもしれません。その後彼女は精神が上がり下がりしながら毎日を何とか生き抜いて、最後に希望を見つけたのは傾斜宮である乾の場所の仕事に対してでした。彼女の年と傾斜盤で傷が無い宮は、離宮・坎宮・震宮・兌宮・乾宮です。離宮は良い目上運を表し乾宮傾斜の彼女はとても責任感が強く、男性顔負けの根性で勉強や家の仕事に打ち込む方でした。また、乾宮は父親の意味があります。高校を卒業する頃には彼女の心の状態を心配した父親が、彼女の話をよく聞いてくれるようになり、枯渇していた彼女の愛情も少しずつ満たされていったのかもしれません。高校を卒業し経済学部のある大学に入学した彼女は、猛勉強し、会計士をめざしました。勉強に打ち込むうちに、精神的な上がり下がりも穏やかになっていきました。今では、仕事バリバリのキャリアウーマンとして日々忙しい毎日を送っています。彼女の晩年を示す日盤では、幼少期や活動期に傷が多くあった、艮宮や坤宮が何も傷が無く良い状態の宮となっています。仕事を引退する頃には、心を許せるパートナーと一緒にいるのかもしれませんね。

例題7　精神を読む②　40代女性の傾斜宮判断

図—1

【傾斜盤(月盤)】

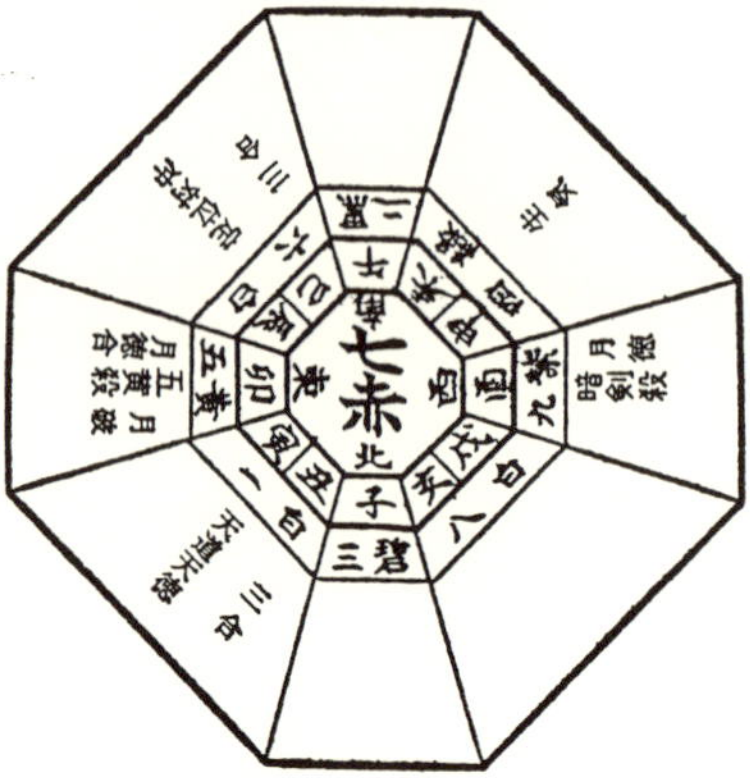

本 命	六白(丁未)
月 命	七赤(己酉)
傾 斜	巽宮傾斜
日 命	九紫(癸卯)

【年盤】　未

五	一	三
四	六	八
九	二	七

破　暗剣殺

【日盤】暗剣殺

八	四	六
七	九	二
三	五	一

卯　破

前例の例題6の40代の女性は、幼い頃からの環境と特殊な生まれの偏りが、精神的に本人を追い詰めていた事例を見てまいりました。例題7の事例の女性は、高校生から大学生の頃に鬱病を患っていました。とても頭の良かった彼女は有名進学高に進み、大学受験を経て4年大学で学びその後大学院を経て大学で講師を長年続けていらっしゃいます。現在は自分の環境と性質を熟知して、様々な症状はほぼ自分の中でバランスが取れるようになったと嬉しそうに話してくださいました。

私は精神的な医学の事には素人ですが、今回の占例では気学傾斜法の技術を用いて、精神的な症状が人生のある時期に出た方の考察をしていきたいと思います。この方の症状は、病院で鬱病と診断され、大学に通うなかで2年間薬も服用していたそうです。人生の長い道のりでは様々な困難や精神的にストレスフルな環境にいなくてはならない時期もあり、そんな時は心が砕け壊れてしまう時もありますよね。でも、それは一生ではないという事も言えますし、自分の性質や性格と上手く環境を適合させる生き方を模索することで状態が回復している方もたくさん見てきていて、今回の占例がその占術からみた生活や環境の改善を見出す糸口となれば良いなと思い、良い機会をいただきましたので考察していきたいと思います。

彼女の傾斜宮を見てください。年の中宮にある六白が本命となり、その本命が傾斜盤の巽宮に入っています。そのため、この方は巽宮傾斜となります。巽宮には定位対冲が入り三合が入っていて、凶星の意味を広げます。そして、傾斜宮での傷がついている場所を見てみますと、震宮には五黄と月破と月徳合が入っています。また、兌宮には九紫が入り暗剣と月徳が入っています。巽宮・震宮・兌宮に凶星があり、巽宮に入る六白と、兌宮に入る九紫が傷を負っています。幼い頃を表す日盤でも、巽宮には五黄が入り、艮宮には九紫に破がついています。また、乾宮には七赤に暗剣がついています。

彼女の実家は代々和菓子店を営んでいました。そのため家族は何時も忙しく、そしてたくさんの方が家に出入りしている中で育ったそうです。とても礼儀正しい育ちの方でした。ただ、その幼い頃の巽宮や、家や家族を意味する艮宮、そして父親を意味する乾宮が子供の頃状態が悪かったと言えます。そして、親や頭脳などを示す九紫に年盤・傾斜盤ともに傷がある事がわかります。

彼女が鬱病を発症した原因だと本人が言っていたのが、高校や大学での先生との関係でした。彼女はとても頭が良かったため、親や先生からとても期待をされていました。そして本人もとても真面目で、当時はそれに答えようと限界まで自分を酷使していたそうです。

巽宮の対人関係への繊細心と、ざわざわと落ち着かない環境、目上や親からの強い干渉などが小さい頃から強くて、思春期から壮年期の多感な期間に彼女は自分にかけてしまった荷重に耐えきれなくなり、体の赤信号や警告音のような精神的な病状が現れてしまったのかもしれません。

心のつくりは一人一人違うので、真面目で自分の中で色々なものを抱え込みやすい方は、いつかその抱えている荷物を下ろして少し自分自身を大切にしないと、身体や心に来てしまいますよね。彼女はいつも周りからどう見られているかを気にしている几帳面な方でした。それは、巽宮傾斜や九紫（プライドを意味する）の傷にもよく表れていると言えます。また、九紫の病気は、「頭・精神錯乱」があり、九紫の体の部位は「精神」も司ります。また、震宮は驚きを司る震宮や三碧が傷ついている場合にも「ヒステリー症・神経症・肝臓の病気」などを司り、驚きや怒りの感情は震宮が司る事象となります。

傾斜盤において精神的環境に悪影響を与えている六親五類（自分を中心とした5つの人間関係―親、子供、夫、妻、兄弟）を見ていくと、六白（乾宮）は父親、二黒（坤宮）は母親となります。前例の例題6のリストカットをしてしまっていた40代の女性は、坤宮に凶星が集中し、母親が家を出て行くという、母親からの悪影響を受けていました。今判断している例題7の鬱病を発症した40代の女性は、傾斜宮に入る六白が定位対冲となり傷があるため、目上の男性の先生や、父親の難が精神的に影響を与えていたような形となっています。占術の中で、その時期に自分にあまり良い影響を与えない、あるいは逆に助けていただける六親五類を必ず確かめておくことが、ハードな人生を走る上でとても大切な事となります。ただ、悪い六親五類にその時期捕まってしまっていたとしても、その時期の運勢が悪くないのであれば、それは人生の試練となり自分を磨く研磨剤となります。逆に悪い時期に悪い六親五類につかまってしまう場合の心の傷や体の傷はなかなか取り戻せない場合もありますので、とても気をつけて自分の命術をしっかりと確かめて生きていきたいですね。

例題8　営業職の流年運勢　50代男性の傾斜宮判断

図―1

【傾斜盤（月盤）】

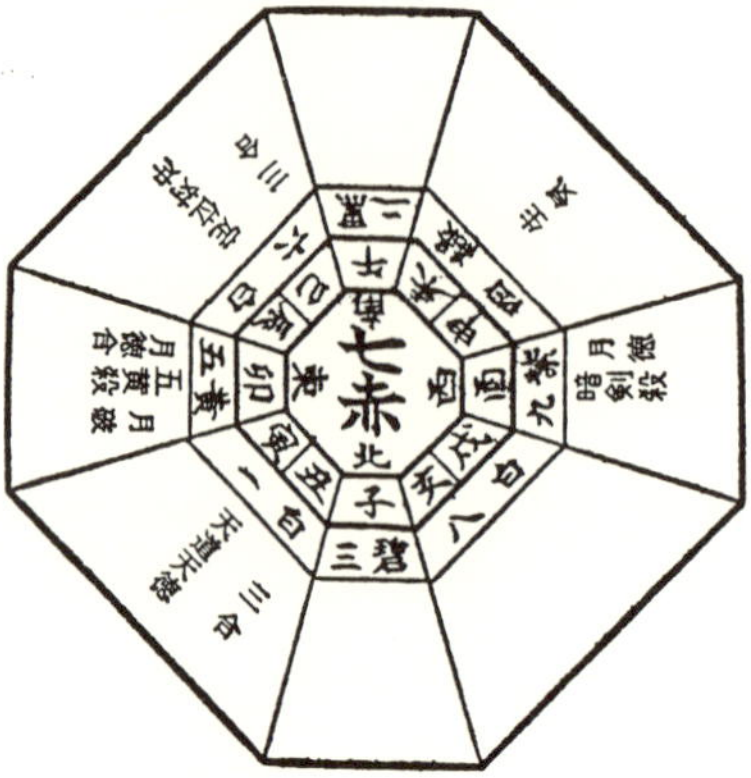

本命	三碧（庚戌）
月命	七赤（乙酉）
傾斜	坎宮傾斜
日命	一白（癸巳）

【年盤】

破	二	七	九	
暗剣殺	一	三	五	
	六	八	四	戌

【日盤】

巳	九	五	七
	八	一	三
	四	六	二
		暗剣殺	破

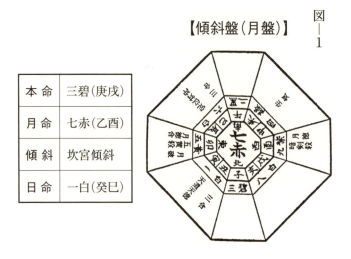

1　後継者はどっち？

ここまでの例題の判断で、人生全般・恋愛と結婚運・気質と才能が開花する宮・仕事運や適職・肉体的な病気と精神的な病気の判断をしてきました。これは、傾斜法の平面的な判断となります。今回の例題8ではもう少し傾斜法の高度な技術を用いて、人の人生全般と年運における同会と被同会の流年的な判断のやり方について、50代の営業職の男性を見ていきたいと思います。

この50代男性は、年盤の中宮が三碧となっておりますので、本命は三碧となります。また、三碧を傾斜盤の中から探しますと、三碧は坎宮に入りますので、この方は坎宮傾斜となります。『気学占い方入門』の中で中村文聰先生は、「三碧の年の七赤の月（九月）に生まれた人は、思慮深く、自分に自信の持てる仕事に対しては積極的に行動しますが、自信の持てない仕事に対しては全然手を付けようとしません。しかし、自信の持てる仕事は、縁の下の力持ち的なものが多く、女房役といった目立たない仕事に適します」と言われています。

この方は、男女の二人兄弟のお兄ちゃんとして生まれています。父母が優秀で働き者の家に長男として生まれ、しかも両親ともに四人兄弟の長男長女の結婚であったために、経営者一家の親戚からの期待を一身に受けた男の子でした。

中村文聰先生の言われているように、彼はそのような環境もあってか、引っ込み思案なくらいに石橋を叩いて渡る性格と、周りに合わせるそつのなさを持っていました。妹がマイペースな性質だったためか、彼は周りから可愛がられるバランスの良い所作を器用に身につけていったのかもしれません。年盤の母親を表す離宮には九紫が入り輝いていて、年盤・傾斜宮・日盤ともに傷がありません。彼の母親はとても彼を溺愛していました。父親も自慢の長男として、彼を家にふさわしいように厳しく育てていました。

実は一番初めに上げた、例題1の40代の女性は彼の妹にあたります。彼女の年盤の幼少期の盤では、艮宮の家系と先祖、坤宮の母親と家、乾宮の父親と社会のところがすべて傷があり潰れていました。彼の年盤・傾斜盤の艮宮・坤宮・乾宮を見てみると傷が一つもありません。子供の頃に家族の障害や家系の因縁や難を受けとめる役割は妹の方が大きく、兄である彼にとっての家庭はまずまずの良いポジションであったようです。それは、傾斜盤の艮宮の一白と天道天徳と三合及び、坤宮の四緑の生気がそれを物語っています。

家の後継者を選ぶ場合、二人の子供がいた時は、傾斜宮が艮・離・坤・兌宮となり、傷がなくてしかも八白や六白や九紫や二黒などの星が入っている方が家を継いだ方が良い形になる場合が多かったです。私は日頃の鑑定のメインは、四柱推命・紫微斗数・西洋占星術などの時間を用いる占術で見る事が多いので、鑑定の後に研究のために様々な家族の事例を気学傾斜法で再確認した時に、そのように出ていることが多かったです。

2　口伝の傾斜盤と日盤の同会・被同会の技法公開

では、彼の青年期から活動期の傾斜盤を見てみましょう。これは、東海林秀樹先生が先生の師匠から口伝で教えていただいた傾斜盤と日盤を掛け合わせる見方の技法だそうです。それを私にも教えてくださったので、その技法により例題8の50代の男性を見てみたいと思います。まず、彼の日盤を見てください。彼の本命の三碧が入る兌宮を、傾斜盤の同じ兌に重ねると（同会）、傾斜盤の兌宮には九紫と暗剣と月徳が入り、傷のある宮（暗剣・破・五黄・傾斜盤では定位対冲も凶とみます）と重なります。また、彼の本命を傾斜盤で探すと、坎宮に三碧が入るのがわかりますね。その傾斜盤の坎宮の三碧を日盤に重ねると（被同会）と、六白に暗剣がついてこれも傷のある宮に重なります。このように、年と月の盤を本命の星を重ね合わせる同会・被同会をさせた時に、本命と重なる盤の両方に傷がつく方は、生き方の幅が狭くて、本来の目的の仕事につくまでに時間がかかると教わりました（本命宮につく傷はこの場合見ず、重ねた宮のほうに傷があるかだけを見ます）。

この男性も、坎宮傾斜のところで中村文聰先生が著書の中で述べられていたように、大学を卒業してからは、消防士や国家公務員の試験などを受けたのですが、中々受からず就職が決まらずに、花屋さんでアルバイトを長くしながら就職浪人のような生活を送っていました。それは、先ほど東海林秀樹先生から教えていただいた傾斜盤と日盤の同会・被同会の技法でも、この方の学生を卒業し仕事につく経過は、九星盤に現れているように難航し、目的の仕事につくまでにとても大変であったようです。

では復習も兼ねて、妹の例題1図―1（96〜97頁）の40代女性の傾斜盤と日盤の同会・被同会も見てみたいと思います。まず日盤で例題1の女性の本命二黒を探します。日盤の二黒は、艮宮にあり、暗剣がついています。日盤から月盤に同会をさせると月盤では、六白に三合が良い状態でいます。また傾斜盤の本命を探すと巽宮に入っていて破がついています。この傾斜盤の巽宮の二黒を日盤に被同会させると、日盤の巽宮には七赤が入り良い状態となり、本命には傾斜宮と日盤に傷があるものの、同会・被同会した宮は良好な状態なのがわかりますよね。そのため、例題1の40代女性の妹の場合は、大学を卒業後は祖父の介護をするために介護の専門学校に進学しました。2年の専門学校が終わる頃には、祖父を自宅介護で80代の大往生で看取って、市の委託の登録ホームヘルパーの仕事をしながら、駆け出しの占い師として電話占いの仕事を始め、かなりの高収入を得ていました。その後結婚の破れの難があった事や、職人気質でやや不器用な性質が、傾斜宮の破や晩年の日盤の本命につく暗剣に出ているものの（前にも言いましたように、この配置は晩年の子供夫婦との同居は良くない盤となり、また、大きな組織との関わりも晩年には難が出やすく注意です。住まいの状況は一人かパートナーと暮らす方が、よい晩年の盤となります）、同会・被同会させたほうの盤（本命と重なったほうの盤）の宮は良い状態であったため、適職につくために時間はかからない方だと言えます。

例題8の男性は、その後しばらくフリーターをしながら、英会話の学校に通いその後ワーキングホリデーでオーストラリアに数カ月行きました。その時彼の中で何かが開花したようで、凄い勢いで英語と中国語とタイ語をマスター、その後中国を放浪し、タイへ行きそこで可愛らしいお嫁さんを捕まえました。今では日本の車の有名企業のタイ支社に就職して、タイと日本と中国を飛び回って通訳や業務報告の支社の視察などの仕事をして活躍しています。例題8の男性は坎宮傾斜なので、大きな会社の命を受けて働く仕事は性にあっていると言えます。また通訳などの自分の才能を生かして、人のために人と人を繋ぐ、縁の下の力持ち的な仕事は適職と言えるでしょう。日本にいた時には自分の才能を開花できずに海外で急にその美しい花を開かせられたのは、彼の我慢強さと好きなことにかける情熱のなせる業だったのかもしれません。

例題8の兄と例題1の妹は、最終的に家を担うのは、やや頼りないながらも妹の役割となりました。兄はタイに家を買って妻と永住することになり、家や家族の面倒は妹が見ることとなりました。例題１の女性は傾斜盤では、艮宮に六白が入り、離宮を中心に艮宮・乾宮と三合になっています。離宮は目上の場所となり、この場所が彼女は傾斜盤ではとても良い星ばかりが入り、中年期には目上運が良く、様々なものを継承する運命的なよさを持ちます。ただ、傾斜宮に破がついていますので、その恩恵の下には人並み以上の困難があると想像できます。また、例題８の男性の傾斜宮の艮宮は天道天徳と三合が入り良い配置ですが、一白がやや弱い星なのと、巳・酉・丑の三合の中心は酉となり、酉の兌宮は暗剣と月徳が入り凶作用が強い宮となっています。この方が中年期に商売をしていたら、必ずお金の難を生じたでしょう。大きな会社に入れたことがとてもこの方の金運を上げていると言えます。

３　年運の見方

次に、鑑定の時などに必ず聞かれる年運の見方を例題８の50代男性の気学盤にて見ていきたいと思います。図—２を見てください。定位盤が右に、２０１９年の年盤が左に書いてあります。まず、２０１９年盤は八白の年となり、この年盤を定位盤に同会させて、２０１９年の運を見てみましょう。例

図—２

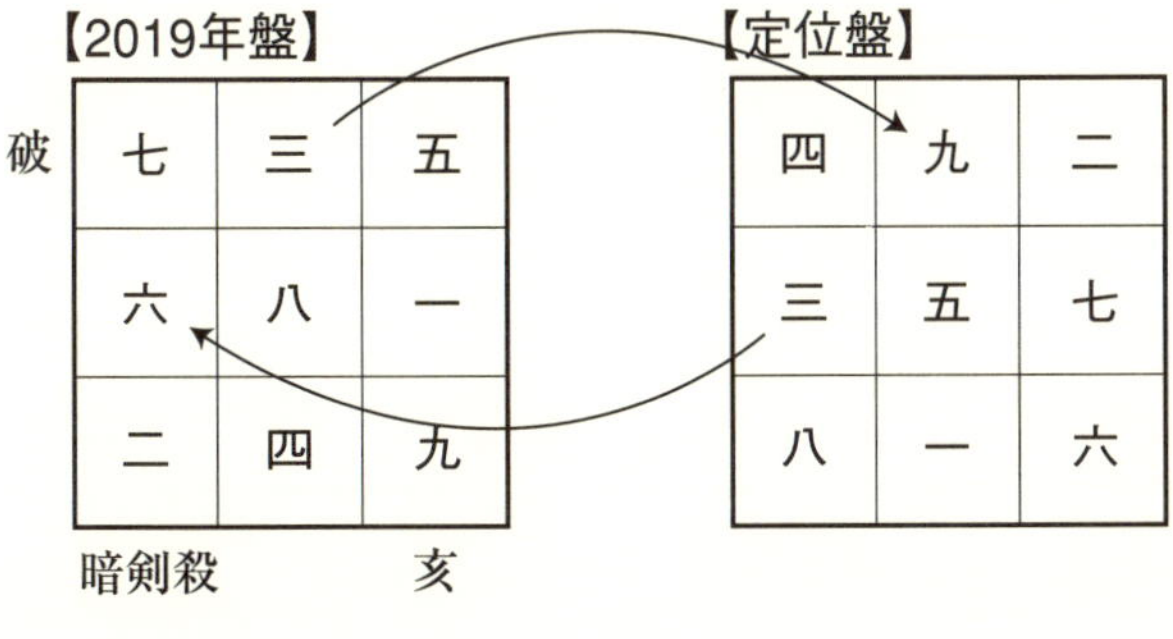

題８の男性の本命である三碧を２０１９年盤から探しますと離宮に入っていて、定位盤をみますと離宮には九紫が入っています、そのため、２０１９年は九紫同会の年となります。そして、逆に定位盤で例題８の方の本命の三碧を探すと震宮に入っています。ここから、２０１９年盤をみると、震宮は六白被同会となります。どちらにも大きな傷がありません。三碧の九紫同会は、良いアイデアが浮かび、目上の引き立てや名誉を得やすい運勢と言えます。頭脳が活性化します。知的に情熱的に活動できる年となるでしょう。また、同会に対して被同会は、対外的な要素が出ると言われています。三碧に六白被同会は、周りに六白の目上の男性が多く、そのような力のある方から引き立てられる運勢と言えるでしょう。

次に、２０２０年の彼の運勢を見てみましょう。まず、２０２０年盤で本命の三碧を探しますと、坎宮にいます。そして、定位盤を見ると一白同会となります。また、定位盤の震宮の三碧から２０２０年盤を見ますと、三碧は五黄被同会となります。２０１９年と２０２０年であれば２０１９年の運勢が良いため、何か大事なことを決めたり動いたりするのであれば２０１９年が良いと言えるでしょう。特に本命三碧の五黄被同会は、対外的な状態が不安になりやすいために、様々な事をやり過ぎて悪い状態に陥ることもありますので注意が必要です。

図―3

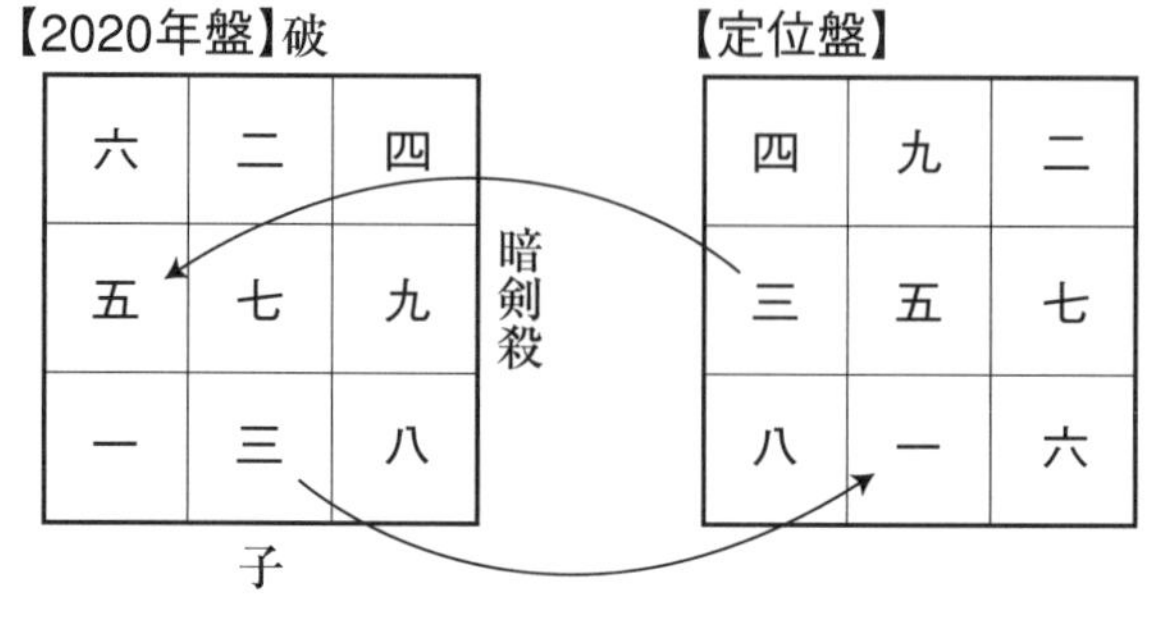

このように、人間の一生は山あり谷ありでございます。一難去ってホッとしていると、またたくさんの問

題が出てきたりします。そのため、気学傾斜法のようなわかりやすい命術を用い、自分の今立っている場所は安全なのか、危険なのか、今後はどうか、を細かく読み取っていく事が、人生の道を間違えず、怖い現象を除けて歩んでいくコツなのではないでしょうか。たくさんのみなさまに、この素晴らしき占術を活用され、ご自身の指針にしていただければとても嬉しく思います。

沢井龍醒　占例集

気学傾斜法――ちょっと奇妙な占術でございます。

命理にもかかわらず作盤の手間がいらず、依頼者の才能（天道・天徳）、その年に起きる現象などが一見でわかってしまうというかなりの優れものなのです。こんなシンプルで核心を突くシステムを考案された中村文聰氏、そして現傾斜法にまで構築された富久純光氏の両先生には感服するばかりです。

でも最近ではこの傾斜法を使用される占術家さん、減ってきているような気がしてなりません。とても残念なのですが……

江戸時代には、大阪の米相場の動向を江戸や岡山にまで伝える手旗信号があり、しかもたった一日ぐらいで届いたとか。でも今はこの手旗信号を知る者はいないのです。

そう、一度消滅してしまった技法を復元するのはかなり困難なのです。

「焦土易林」「諸葛神数」などはほぼ絶滅したといっても過言ではないと思える今日、傾斜法が危機的状況になる前に本書が出版されたことにとても歓びを感じております。

ああ、申し遅れました占術家の沢井龍醒です。以後お見知りおきを……

まあ、私に関しては、てろんな流派の技法や秘伝、口伝を知り尽くしていて、それらを変幻自在に使いこなすという噂があるようですが、そんな御伽話みたいな事を信じる必要ないですから……

なぜなら読者の皆様は、私の鑑定を間もなく体感できるので……

それはもうよくできた少し甘いラズベリーパイのよう……　正真正銘の沢井龍醒を御賞味ください。

だから残さず、喰べて欲しいです。

落語でいう〝枕《まくら》〟がちょっと長過ぎたようで……

例題1　ある乗客乗務員の災難

岡島さん（仮名）の娘さん　七赤酉年　九紫戌月生まれ

娘さんの結婚にイヤな予感を抱いた岡島さんが鑑定所を訪れたのは、まだ暑さの残る9月頃だったでしょうか。

あまり評判のよろしくない男性と本気で結婚を考えている娘さんを心配しての鑑定の依頼です。

まず私は合掌して、感謝の意を述べます。

無数の占術家の中から選定して頂いたことに、そしてこれは単なる偶然ではなく、縁と縁がつながった瞬間なのです。

そう依頼客は、鑑定の答えの出る時にやって来られます。

占星術のミステリアスな部分でもございます。

使用するいくつかの盤は、未来を写し出す魔法の鏡でも、鑑定の間だけ占者に予知能力を与えるアイテムでもないので、依頼の内容をはっきりと具体的にお聞きします。立場や状況などを宮が入っている星の象意を重ね合わせて、鑑定結果を出すのです。

当人がいる宮は、その人の立場、状況を示します。掛かる星は、起きる現象を表します。

まずは、日盤より年盤を看て、現状を判断します。

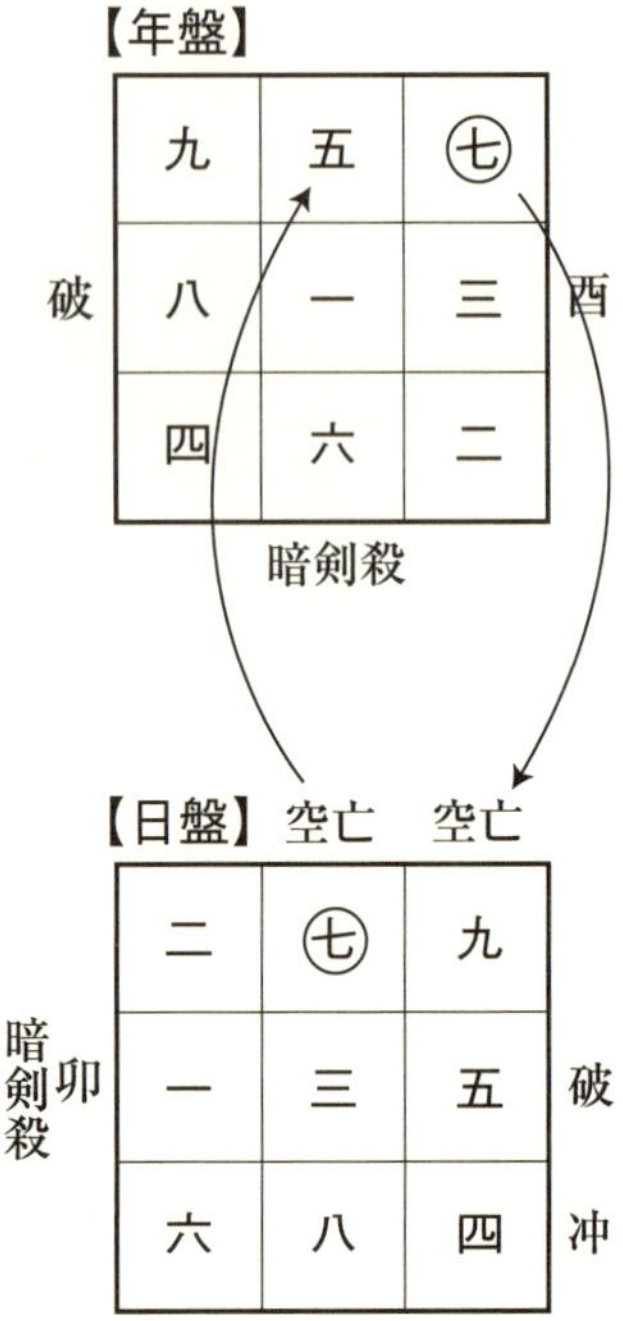

離宮とは、別れるの意があり、掛かっている五黄は段々悪くなるという意なので、今交際中の男性とは別れそうな状態なのでしょう。しかも空亡が付くので、その男性を選んだ事がそもそも判断ミスなのでは？

伝説の九星術の使い手、斉藤擁道氏はこの日盤↓年盤より出される現状を最重視されていたようです。

なぜなら、現状を換えれば、未来も換わるからです。

次に、年盤より日盤へと掛けて、今後の展開を看ます。

坤宮座宮で九紫が掛かるのは、見込みのないことに進もうとしているのです。

やはりこの娘さんの彼氏はあまり芳しくないようで……

それでは、本書の要である〝傾斜法〟を用いるとしましょう。

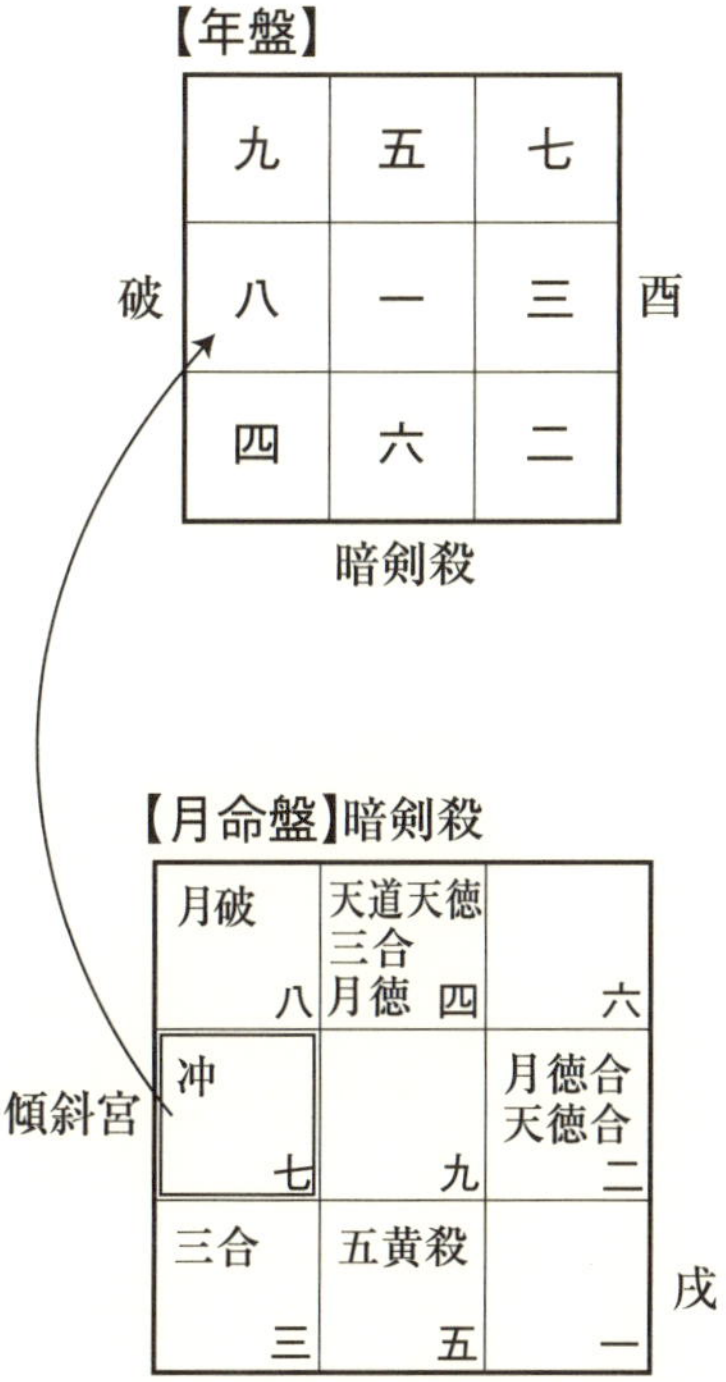

月命盤の兌宮には、月徳合などいい星が入っていますが、結婚運を看る際には、兌宮よりも巽宮を重視いたします。ここに破があるなんて！　そして結婚という象意を持つ九星、四緑が離宮で暗剣殺付きでは、結婚運がかなり悪いと判断せざる得ません。

このように結婚運の悪い人は、芳しくない異性を選びがちです。

傾斜宮である震宮には、年盤では八白が破付きで掛かっていますが、これが今年（当時）起きる現象となります。

八白とは、停止・中止・変化という意で、破は特に後半悪しき現象と出ることが多いです。恐らく娘さんと交際中の彼は今年中に終わりそうです。

また、娘さんの才能は、天道・天徳の入っている離宮、この離宮とは、天と地が離れるという意があるので、今の職業である乗客乗務員はぴったり。四緑は遠く離れる、海外などを示すので、来春からは国際線勤務が決まっているので、こちらも象意そのもの、だから暗剣殺は彼女の結婚運のみを傷つけるものであって欲しいと私は願いました。

でももし勤務中に突然の事故に遭ったりしたら大変だ！　勤務場所が場所だけに……

母親である岡島さんには、事故に遭いそうな時期を伝えておかないと……

盤の使用法にちょっと違和感がある方々がいらっしゃるのでは？　特に気学系の方々が……　気学ならば、それぞれ月運、年運を看るのですが、私は九星術の方式で日盤↑↓年盤という使用になります。

〈月運〉

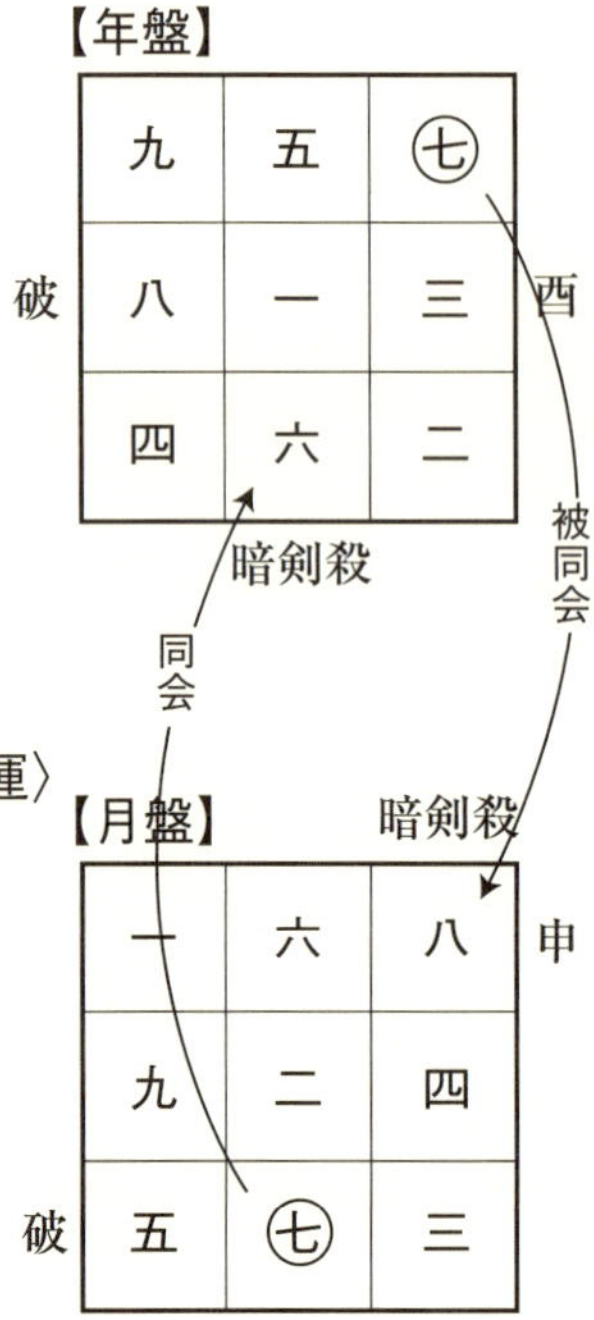

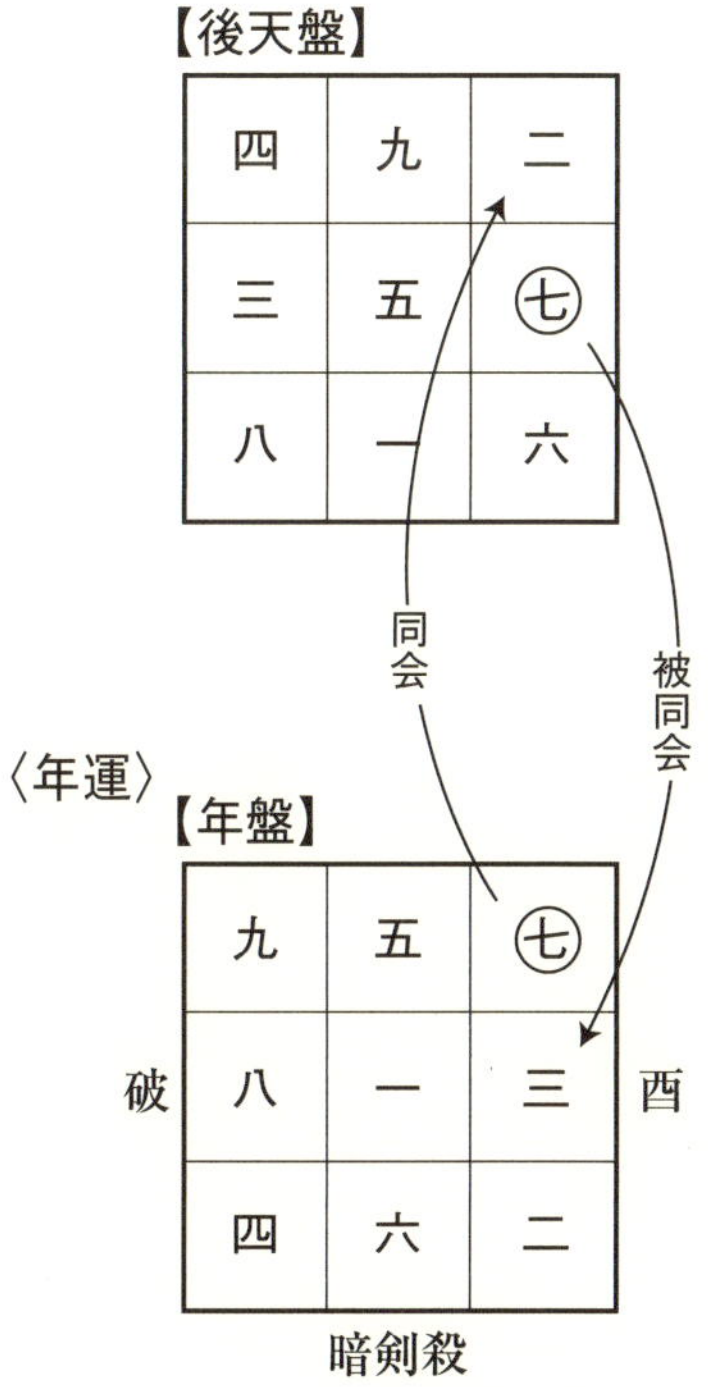

これだと、いつまでが現状で、いつからが今後という特定は少し困難ですが、この日盤を主とした鑑定による運勢は、その日が過ぎてからもしばらく続くのです。

そう先述した依頼者はその答えが出る時にやって来られます。

この妙こそが九星術の魅力なのです。

そして今必要なのは、気学と九星術の融合、それに富久先生も必要に応じて……　あああまり余計な事はいわない方がいいかも。

時期を判断するのは困難ですが、九星術にはそれを補う方法があるのです。

それについては、後ほど触れてみたいと思います。

例題2　新妻の離婚クライシス

一白　午年　八白亥月生まれ　女性

鑑定所に入ってきた女性は長身でかなりの美女でした。

想いつめたような瞳がとても悩ましい。どうやら彼女も私の噂を聞いてここへ来たらしい……

そこで私はかなり控え目な笑顔で応じる。

今回のクライアントさんは、かなり深刻な悩みを抱えていそうだから……

一白、二黒、五黄、八白が中宮日の鑑定はちょっと憂うつ、まあ幸福いっぱいの人は鑑定所にはまず来ない。

2年程前に結婚したばかりなのにもう雲行きが怪しくなっているとのこと。

私は日盤を看て、大体納得してしまう。

【日盤】

巽宮	離宮	坤宮

坤宮：二度縁、くり返す…

離宮：別れ

巽宮：不安定

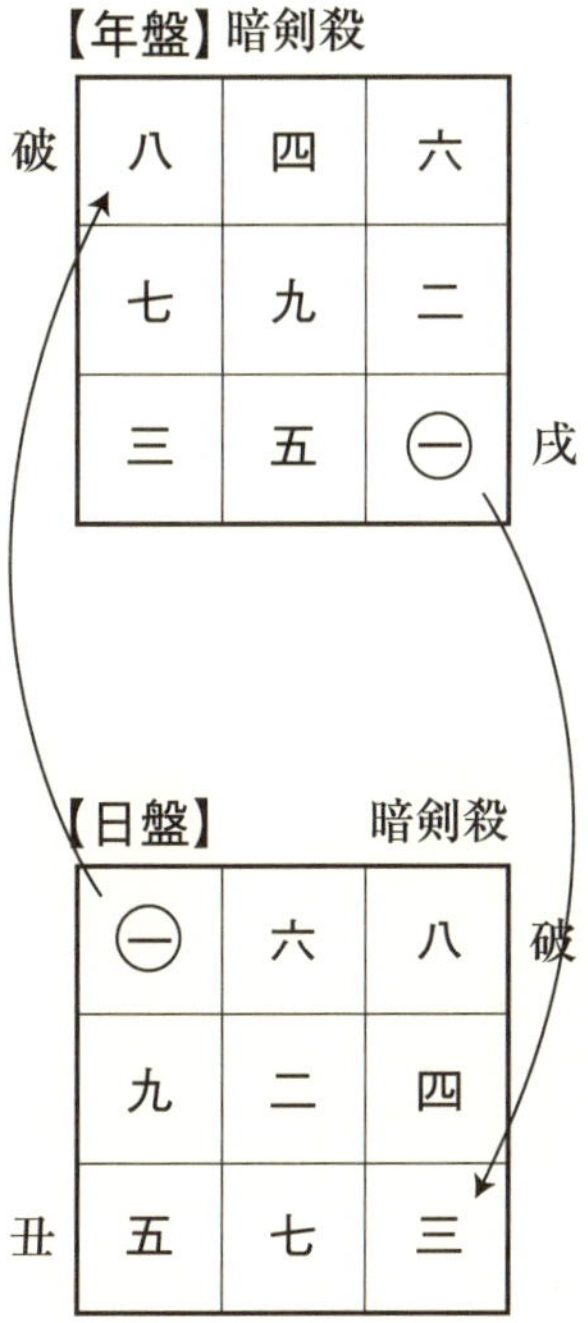

夫婦、もしくはカップルのどちらか一人が日盤の上部の３つの宮のどれかに座宮している場合、高い確率で別れてしまいます。

現状は、巽宮座宮で八白掛かる、破が八白に付くので悪い方への変化と判断します。

破の威力は後半にかけて段々と効いてくるのです。それはボディブローのように……　今後（乾宮座宮、三碧掛かる）、この女性は別れたくない余りに、勢いで事を進めようとするが、それがかえって悪い結末になりそうです。

乾宮は本来、男性の宮なので占的からいって、結婚生活が芳しくないことを示しています。

次に傾斜法による命理占で考察したいと思います。

結婚運を示す月命盤の巽宮に破が付きます。今の夫婦仲の危機は、この作用でしょう。

また、坤宮に五黄殺が入る女性の家庭はだいたい崩壊する傾向、強いです。

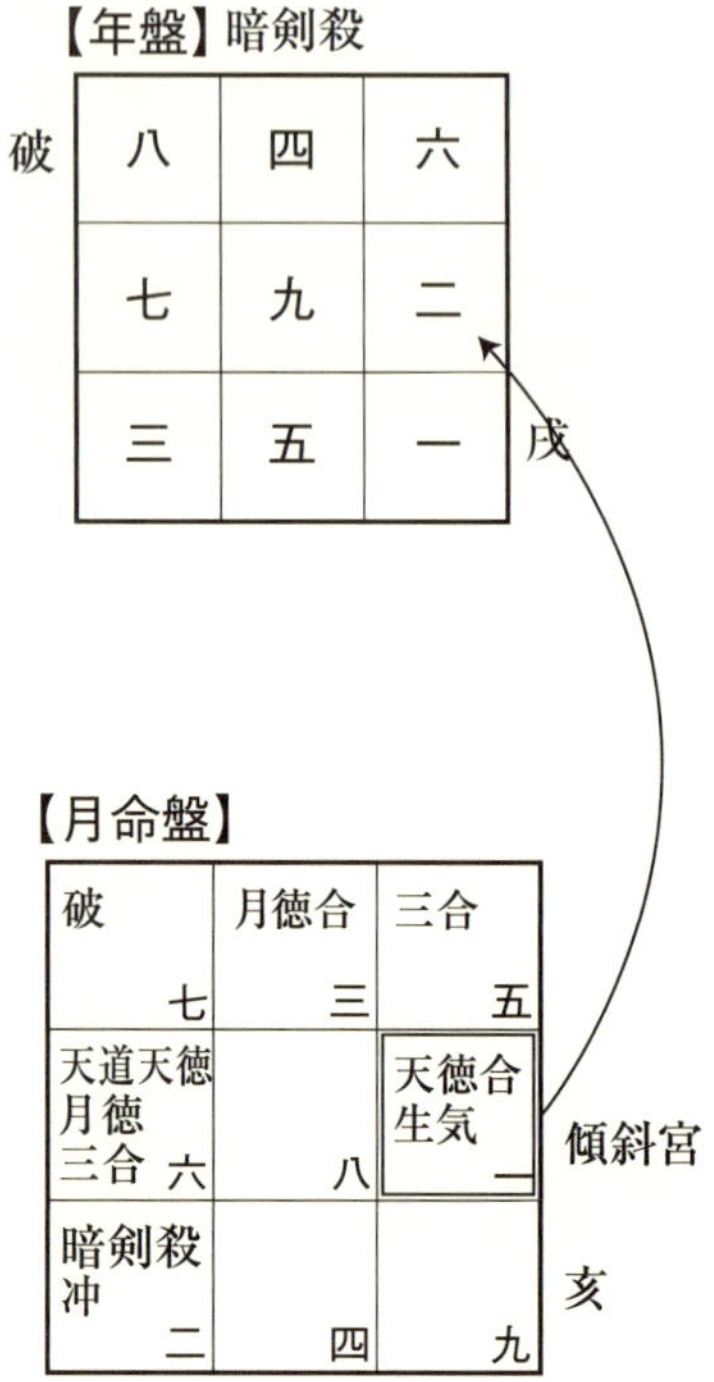

結婚運を示すもう一方の兌宮には、けっこういい星（大徳合、生気）が入っているのに……　そして御主人けっこうなイケメンらしいです（乾宮に九紫！）。

なのにかなり残念な結末、訪れそうです。

このように最悪な事態を予期することが占星術の役割ですが、また、そうなった際に活路を見出すことも占星術の役割なのです。

この女性は職場ではかなり責任のある立場らしく（本人の弁）、そのリーダーシップたるや見事なもの、震宮に六白なので、さらに天道・天徳のほかに三合、月徳合がはたらいてくれるので、部下への指示などは的確でタイムリーなのでしょう。これぞ震宮のなせるワザ！

きっとその際の話し方はスムーズで水が流れるが如し、なんせ兌宮に一白が入ってますから……

これらの能力を活用して職場で生き生きと輝いていれば、離婚後も声をかけてくる男性少なくないハズです。

今年（当時）傾斜宮に二黒が入っている（家庭問題が起きやすい）ので、翌年には一白となります。再スタートするには、いい時期のようです。

例題3　平凡な主婦の健康運

竹ノ内徳子さん（仮名）七赤酉年　一白酉月生まれ

「最近どうも体調が優れない」と訴える竹ノ内さんが鑑定所に見えたのは、夕暮れ時でした。

家事をひと通り終え、迷った末に来られたようです。

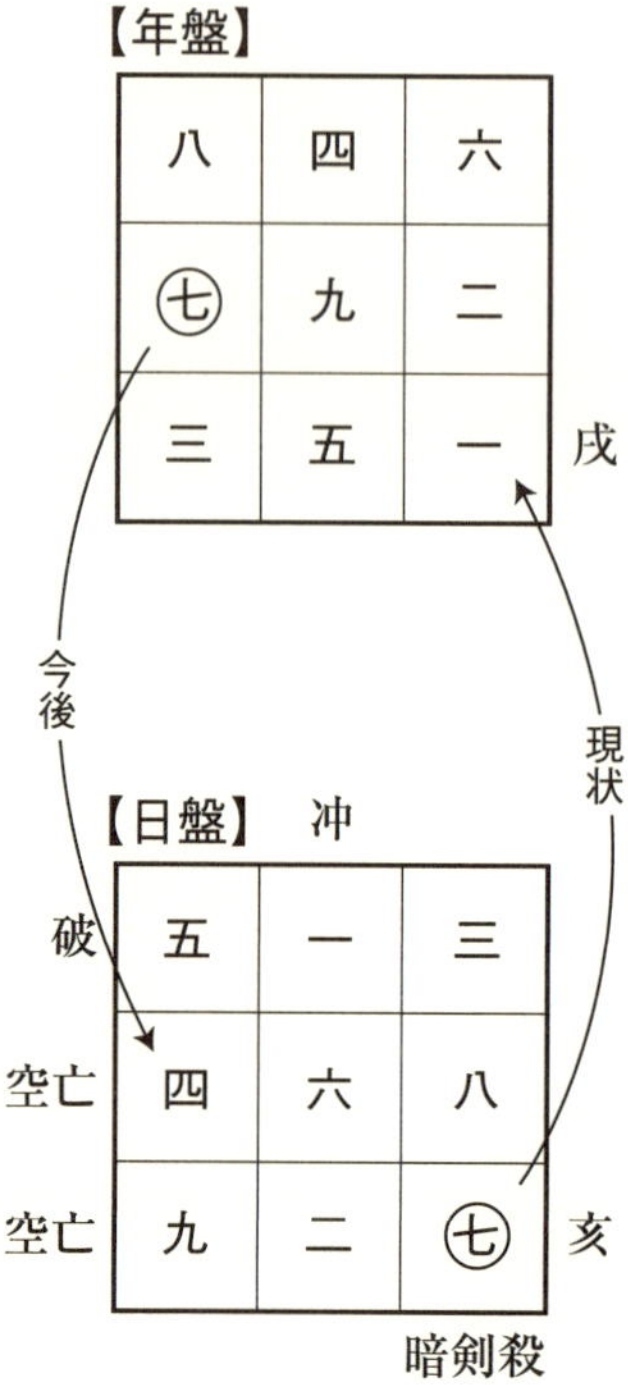

まずは日盤で見て私は驚く。現状は乾宮座宮で一白掛かる。
病占で依頼者が乾宮にいるのは病の進行は早いし、病気の勢いけっこうあります。

乾は周易では、☰と表記されますが、全部陽なので勢い強いと解釈します。

掛かる一白の象意は、まさに病気です。

今後の展開は、震宮座宮で四緑が掛かります。震宮とは現われる、露見するです。

四緑とは、風でものを運びます。では何を運ぶのでしょうか？　先祖からの遺伝です。私の所へお見えになるクライアントさんの病占の場合、四緑はこの解釈となること多いです。

本当は、震宮のもう一つの象意〝声あって形なし〟を採りたいのですが、日盤の一白は、対沖となっていてこれがこの鑑定の要なのです。そう一白は病気という意です。

しかも良くないことに医療・医薬を示す九紫には空亡が付いています。

これでは治療の効果はあまり期待できないのでは？（注1）

竹ノ内さんは、かなり高度な治療法を受けられるはずです。なぜなら日盤乾宮座宮の人は、だいたい総合病院、大学病院へ行かれることが多いです。

【年盤】暗剣殺

破	八	四	六	
	七	九	二	
	三	五	一	戌

【月命盤】　傾斜宮

三合 九	五	生気 七	
月徳合 月破 八	一	月徳 三	酉
天道天徳 三合 四	暗剣殺 六	二	

竹ノ内さんが運命的に病気の患部となりやすい箇所は、月命盤に傷のある宮、暗剣殺と破が付くところが有力です。

次に五黄殺の宮です。

これらの宮に関連する箇所が必ず病気になるということではなく、もし病を患ったら危険だと考えるのです。

竹ノ内さんの身内、親戚の方々がかかった病気を聞きながら、震宮（破）、坎宮（暗剣殺）、入ってる九星（八白、六白）の象意、先天盤を照らし合わせながら患部となりそうな箇所を特定していきます。

でも私は医師のライセンスを持っていないので、診断はできません。

明日は必ず病院へ行って頂くことを約束しました。

病院の候補を挙げてもらい、その中から少しでも医療の効果が期待できるか？　または、医師との相生も鑑定していきます。

このようなケースでは、〝断易〟が有効です。

【先天盤】

兌	乾	巽
離		坎
震	坤	艮

鑑定はまだまだ続きそうだ……

竹ノ内さん、God Bless You……

（注1）筆者は、決して現代の医学、医薬を否定していません。かなり肯定的です。病気になったら、第一には病院。

例題4　ある新米役員の受難

河原陽介さん（仮名）七赤卯年　四緑午月生まれ

これはちょっと大きい会社の役員さんを鑑定した件です。

彼が役員になった頃から会社の業績が落ち始めて他の役員ともウマクいってないのが悩みらしいです。

こんな時、経営コンサルタントなら「営業努力が足りない！」と指摘するに違いない。会計士ならきっとコストダウンの断行を主張するでしょう。弁護士ならば法廷で決着をつけようとするハズ、でも私のクライアントはそこまでは望んでいないかも……

では占術家である私はどうアプローチするのでしょうか？　鑑定やいかに！

【年盤】

八	四	六
七	九	二
三	五	一

戌

【月命盤】午

暗剣殺 生気 三	月徳 八	一
二	四	月徳合 六
三合 七	対冲 月破 九	天道天徳 三合 五

傾斜宮

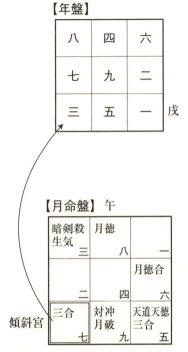

まず河原さんと話していて気になることは、異常に会話力というか、プレゼン能力が高いこと、話す内容が理路整然としています。

これならきっとアラスカでも冷房が販売できることでしょう！　本人も営業、自信あると。しかし営業を示す巽宮には暗剣殺がついていて、本来は営業、不得手なハズなのに？

働き始めた20代は全くなってなかった営業、それから営業関係の書籍を読み漁り、営業の講習もなるべく参加し、そこで習ったスキルを、失敗を重ねながらも体得したそうです。

それは並大抵の努力ではなかったハズ。そう、努力の反復によって運命上の欠陥を克服することもできるのです。河原さんにとってはこの経験、まさに財産！

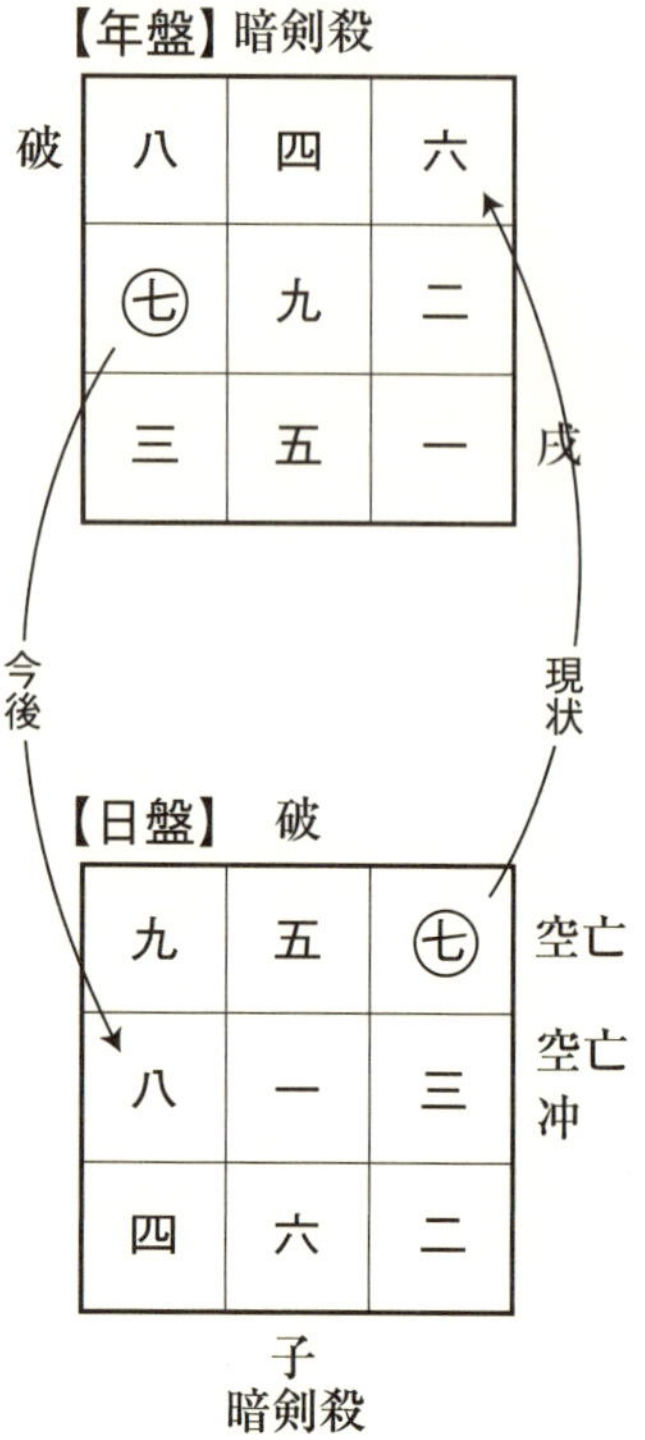

では、現状を看てみましょう。坤宮座宮で六白掛かる。河原さんが職場で目上の人たちとモメていることが

簡単に思い描けます。

次に今後の展開ですが、震宮座宮で八白掛かる、今回のケースに限り、震宮＝成長、八白＝改革という象意を生かして、社内の改革を押し進めていくのがいいと思われます。

月命盤の傾斜宮には今年（当時）三碧が入っています。この勢いも生かして……

その際は、主に部下の社員さん達を巻き込むような形で、なんせ日盤の六白（上司）には暗剣殺がついています。

恐らく会社の業績不振もきっと彼らが原因では……？

なのに河原さんは、目上の役員への愚痴、不満は一切、鑑定中話すことはありませんでした。そう才能、能力を発揮する人物は決して不平、不満を述べないことが大前提です。

常に自己に原因を求め、イノベーションを試みます。

どうやら私は、河原さんの男気がかなり気に入ったらしく、気がつくと九星術の極秘伝を駆使していました。

私の使う九星術がナインスペシャルと呼ばれる所以となっております！

		風天小畜
	一白	

子

巳(日)亥(日)→上爻
辰戌→五爻
卯酉→四爻
寅申→三爻
丑未→二爻
子午→初爻

風天小畜　初爻

※当方の極秘伝につき詳しい記述は控えさせて頂きます。

日盤より、周易の風天小畜初爻を得ました。会社にはもう少しとどまって、小さな事から改革を始めていい運気です。

河原さんが実践で得た営業のノウハウを部下に親切丁寧に教えるのもいいでしょう。目上の役員からのやっかみの中、社内の改革を始める経験は河原さんの財産になることは確かです。

改革がかなりの効果を上げても、役員達との確執が消えない場合は、会社を去ることも選択の一つです。

2年後あたりからは、会社との決別もありえるので……

リーダーとしての資質を示す月命盤、乾宮に入っている五黄殺、これはこれからも幾度となく河原さんを苦しめるかも知れません。

でも大丈夫ですよ。そのために占術家、沢井龍醒がいますから……

例題5　占術家の憂鬱

加藤真知子さん（仮名）三碧丑年　一白午月生まれ、夫は九紫未年　八白申月生まれ

職業人として顧客にはクオリティーの高いモノを提供しようとすれば、する程 motivation は湧き出てくる。

しかしその半面このままでいいのか？　と不安が尽きないこともあります。

その気持ち、痛烈にわかるような気がします。そう、私も技術を提供するのが生業ですから……

でも不安と迷いがいっぱいになったら、鑑定所へというオチで……

その瞳には憂いがはっきりと写し出されていました。

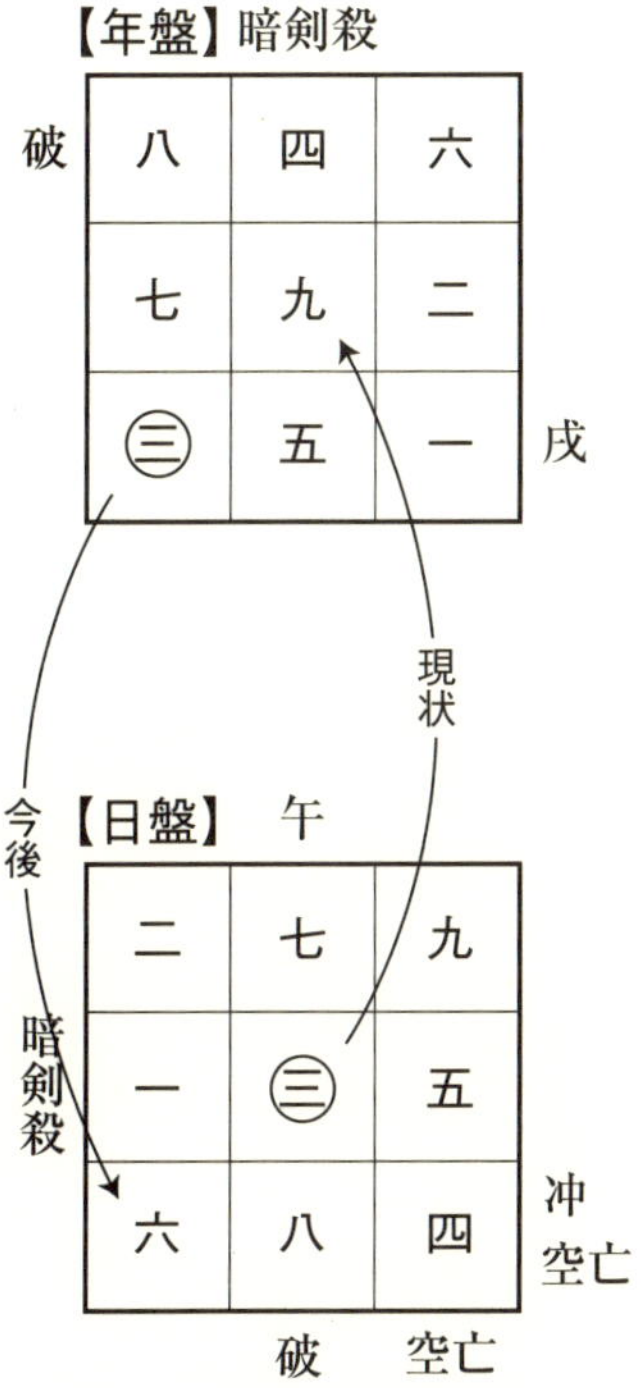

複数の教育機関で講師を勤める加藤さんは、最近もっとレベルアップしたくて、大学院へ通うことも視野に入れているとのことで、その鑑定とは別にもう一つ不安があるらしいです。

でも帰る頃には笑顔になってもらうから……

日盤中宮にいる加藤さんは、運気変動とても激しく、かなり苦戦しています。

学業を示す九紫が掛かるので、大学院へ通い勉学に励み、講師としての腕を磨くことはいいと思います。

今の運気を忍びながら……

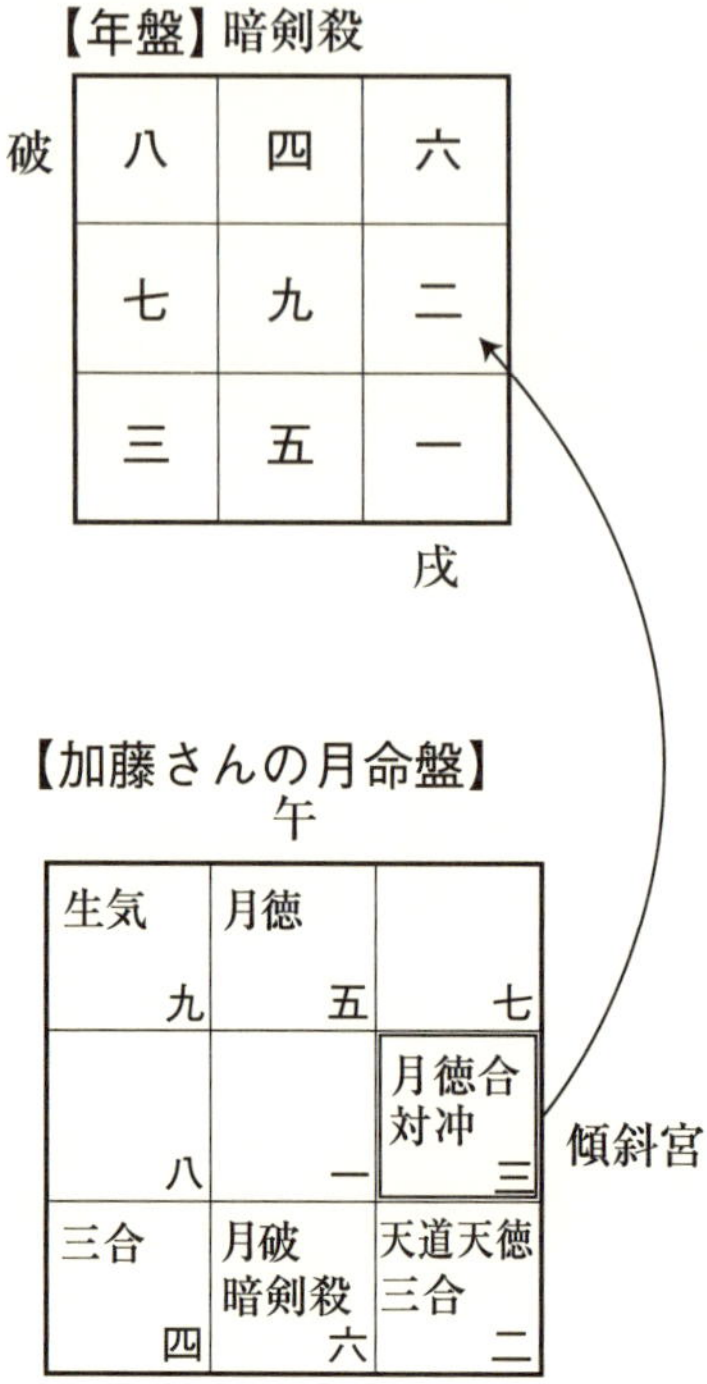

加藤さんの月命盤、天道・天徳の入っている乾宮、ここは学校という意があるので講師はきっと天職でしょう。
二黒が入っているので、女性をターゲットにした講義の内容にして更にいいと判断できます。傾斜宮にも二

黒が入っていますが、ここでの象意は家庭、そうなんです。今年（当時）は家庭問題が起きやすいのです。

これが先程述べたもう一つの不安材料です。最近加藤さんの御主人は、夕食が終わると夫の両親がかつて住んでいたマンションへと行き、再び朝になると自宅へ戻ってくるという半別居状態なのです。

加藤さんにとっては、これが納得いかない現実となって、日々不安が大きく増幅しているのです。

では何故こんな事態になったのでしょうか？

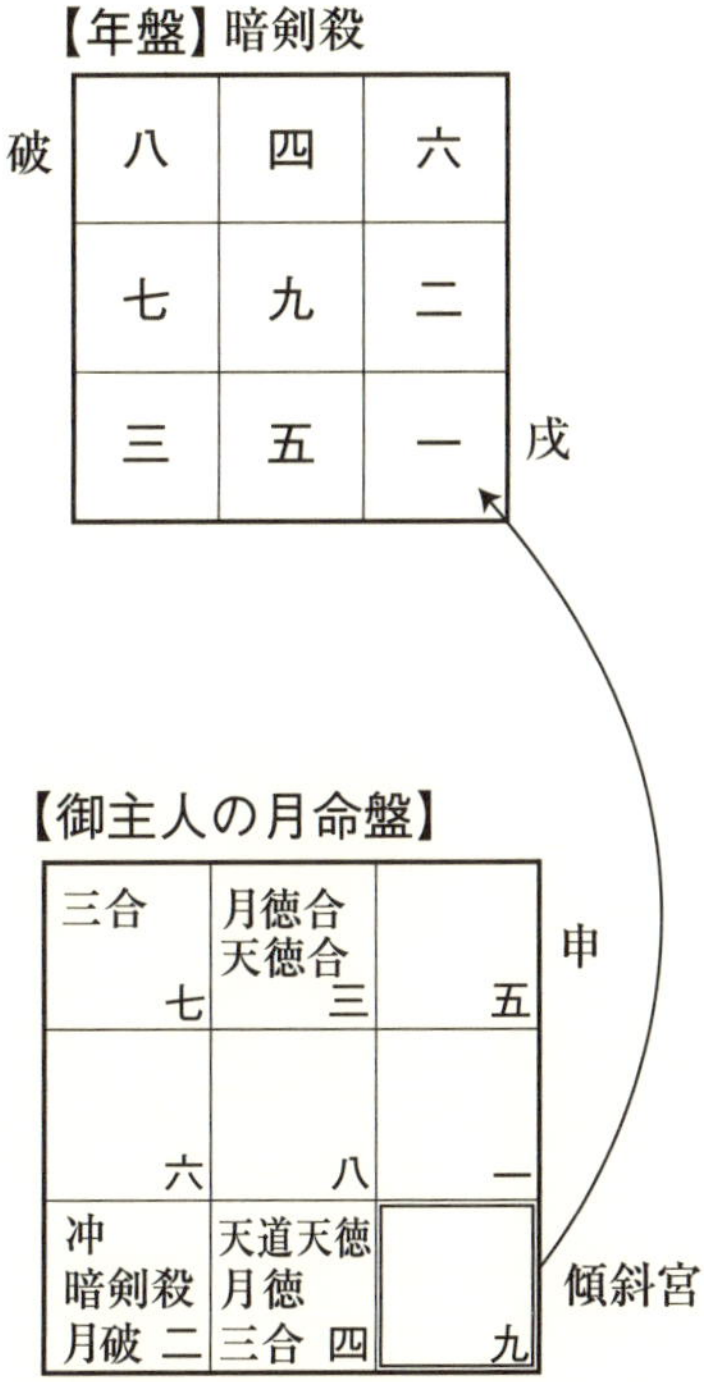

加藤さんの御主人の月命盤、傾斜宮には一白が入っています。

そうなんです一白とは、この場合、秘密の……や裏事情のある……を示します。

そして日盤では御主人は坤宮座宮です。

恐らくこのまま半別居状態を繰り返しつつもいずれ別れることになりそうです。

こんなハズじゃなかったのに……

二人で見た夢は蜃気楼だったのでしょうか？

子供達はちゃんと成長してくれたのに……

歩む道はもう交わることがないのでしょうか？

私が鑑定をしなければこんな結果にならなかったのでは？　という錯覚に時々陥ってしまいます。

こんなに悪い運勢を目の当たりにした後は特に……

人の運命とは、鑑定したからできたものではなく、既にもう決定しているもの。

占星術、運命学はただそれを導き出しただけなのです。

人の宿命、運命を決定する要素は他にあるのです。

でも予測することによって避けられるものもあることは強調したいです。

まあ、この点について詳しくは別の機会に書いてみたいと思います。

一瞬感傷的な気持ちになってしまいましたが、切り換えて鑑定を続けます。

加藤さんの傾斜宮には、来年（当時）には一白が入るので、再出発にはきっといいタイミングのようです。

大学院にも通われて専門の知識を蓄えることは、講師の仕事にも反映されます。

知識とは、Power なのです。

例えば有能な心理カウンセラーは、患者との問診を経験で得た豊富な知識でもって分析して適切な療法を確立します。

新米の心理カウンセラーは、どうでもいい患者の話に気を取られて効果ある療法、確立できません。知識を持つことによって可能性は広がるのです。

また、月命盤の兌宮には三碧。これは話すことによって成長すると解釈しました。まさに講師は天職なのでは……


鑑定はもう少し続きそうです。そう帰る頃には、笑顔になってもらいたいから……

おっとイケナイ忘れるところでした。先述したはっきりとした時期を出せない九星術の弱点を補う技法を記したいと思います。

応期といって、運気の動く、だいたいの時期を出す方法です。

日盤を使って、

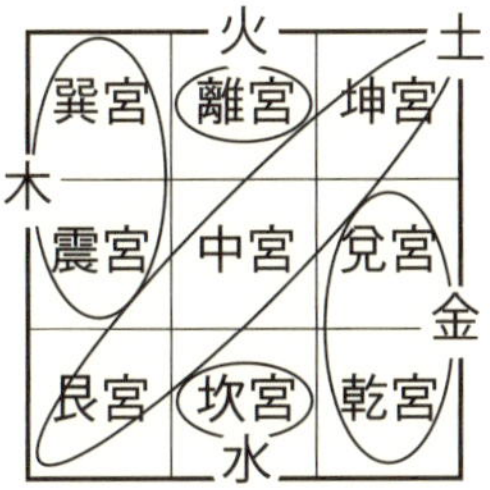

木：3～8
火：2～7
土：5～9
金：4～9
水：1～6
単位日　日・週・月・年など

依頼者がどの宮にいるか？　で判断し、運気が動くまでの期間は、何日か？　何カ月か？　という具合に。この推理は卜占の醍醐味でもあります。

加藤さんは、中宮座宮だったのであと8カ月ぐらいは辛抱することになりそうです。
傷ついても明日を掴もうとする貴方はとても素敵ですよ。

例題6　運送業者の長く曲がりくねった道

水井京介さん（仮名）六白丑年　八白申月生まれ

【年命盤】

	五	一	三	破
	四	六	八	
丑	九	二	七	
			暗剣殺	

【月命盤】

三合 七	天徳合 月徳合 生気 三	五黄殺 五	申
六	八	一	
月破 暗剣殺 対冲 二	天道天徳 月徳 三合 四	九	

都内在住の水井さんは、ひっそりと個人経営の運送業を営んでいらっしゃいます。

月命盤の坤宮には、五黄殺が入っていて、この人の場合は仕事運あまり芳しくないのです（五黄殺は最高か最悪のどちらかで、大体最悪の場合が多く、中間がないのが特徴です）。

年命盤の乾宮には暗剣殺が付いていますが、これは月命盤の独立運にも影響が少し及んでいます。

本来傾斜法は、年命盤、日命盤も看ることがコツです。

本書では省略致しましたが……

サラリーマン時代の仕事運、独立する際の運勢を本人に聞いてみると、やはり全く芳しくなかったそうです。

更に月命盤の艮宮には、破と暗剣殺が付いているので、肉親からの援助もなかったことが予想できます。

案の定この人、若い頃から苦労の連続だったようで……

このように会社員としての仕事運悪く、独立運にも恵まれていない方は、小さな規模での個人経営をされるのが賢明な選択です。

また自身が組織の事実上トップでも会社の登記はパートナーを社長にすることをオススメします。

多くの職業を経て、運送業に這りつき、小さな個人経営というスタイルをそれまでの経験で掴んだ水井さん。

持って生まれた宿命への対処するセンス、抜群です。長年の苦労は決して無駄ではなかったようです。

読者の皆様は、もうご存知ですよね。何故、水井さんが運送業にむいているのかを?

例題7　戦場ジャーナリストのジャーナリズムの行方

七赤卯年　八白寅月生まれ

【年盤】（暗剣殺：八、申／破：五）

一	六	八（暗剣殺・申）
九	二	四
五（破）	七	三

【月命盤】

傾斜宮 七	天道天徳 月徳 三合 三	五黄殺 月破 五
六	八	月徳合 一
寅 暗剣殺 対冲 二	天徳合 生気 四	三合 九

孤高の某戦場ジャーナリスト、翌月から中東あたりに取材に行くとのこと。それについての鑑定です。

月命盤、離宮に天道・天徳が入っていますが、ここがこの人の最大の才能となります。

離宮とは、文章、記述、知識などの意があり、三碧は顕現、表面化、露見、伝言、爆発音などを示すので、まさに戦場ジャーナリストは、天職といえます。

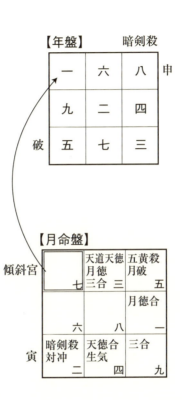

でも彼の傾斜宮、巽宮には年盤では一白が入っているということは、海外で危険な目に遭うとも解釈できるので、今回の取材は要注意です。

暗剣殺、破が付かないので最悪の事態には至らないと思うが、何が起きるか？　わからないのが戦場、まあ当分の間この地上から戦乱、紛争はなくなりそうもないので、彼が失業することはないでも戦地で命を落としてしまえばすべてがThe End.

私は心の中で「必ず生きて帰ってこいよ――」と叫ぶ。

やはり戦場に行った際の運勢が気になるので私は特製の神蓍《しんし》を振って、周易の卦辞と爻辞を出す（傾斜法と周易のこんな使い方アリです！）。

出たのは、水天需四爻、なんてこの鑑定にぴったりの易でございます。

卦は前方には危険があるので待てと警告を発しています。

四爻は、〝血に需《ま》つ。穴より出ず〟と易経は語る、つまりすぐ隣りでは殺傷の場であり血溜まりに足を踏み込んでしまった、こんな場合、おとなしく待っていて、進まないことが賢明という意です。

だから現地では安全を優先し、危険な箇所とは距離をおくようにとアドバイスする。

ちょっと不満げなジャーナリストが私を睨む。多少安全を優先したとしても、そこは戦場の一部には変わりはないし、そのあたりに住む人々にとってはリアルな現実なのだから……貴方が生きて戻ってくることが最優先。

そして、「最激戦地帯より12～13㎞離れてしまえば、…………………なので、あまりハメをハズさないように！　健康運も観とこうか？」と私は少しおどけてみせる。そうだ！　現地で地雷を踏んだら大変だ。

「この場所での取材は安全か？」を本人に占ってもらいましょう、現地で！

私は簡単に周易の手ほどきを彼に伝える。

鑑定も終わり、彼を送り出す際も私は心の中で叫ばずにはいられなかった。「必ず戻ってこいよー」と……

例題8「弱者の戦略」の有効性

長岡洋子さん（仮名）七赤酉年　二黒申月生まれ

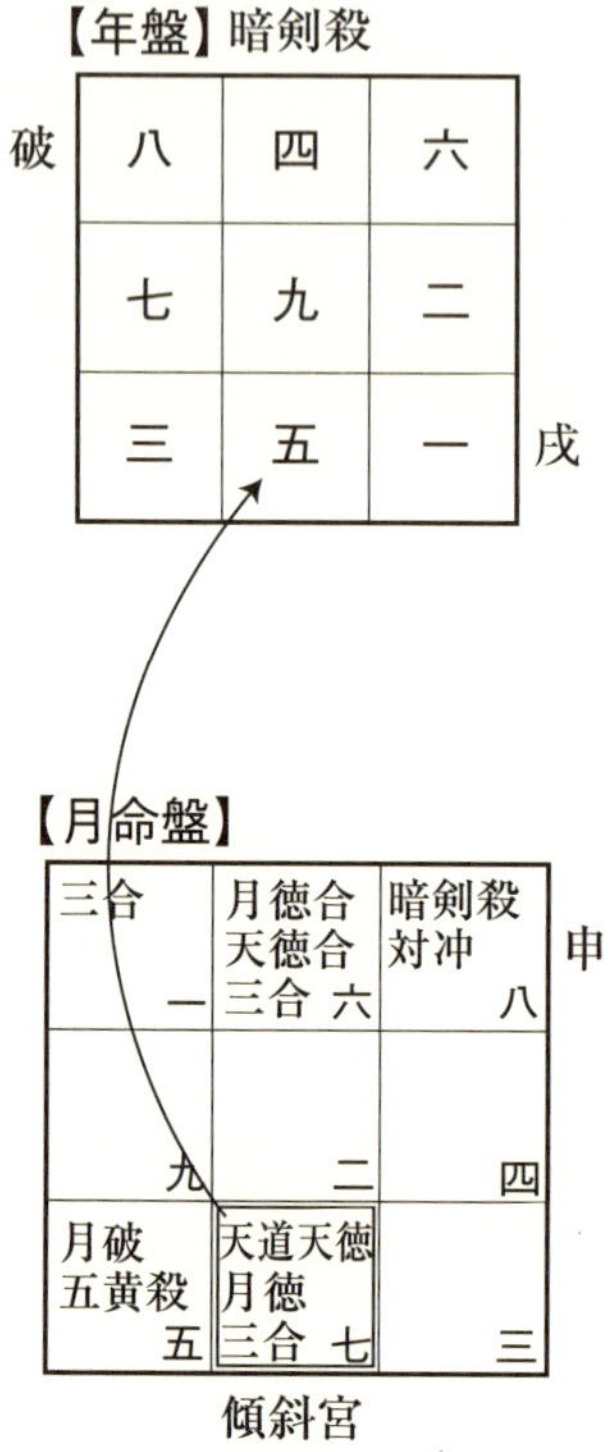

「今年に入ってから会社の上司からひどく誤解を受けるようになった！」と訴えてきた長岡さんは少しやつれて見えました。

今年（当時）、傾斜宮には五黄が入っているので、そのような現象が出てもおかしくはありません。

そして日盤では日乾宮座宮、暗剣殺が付いて一白が掛かる。まさに上司との争い（乾宮）で悩む（一白）。現状と占的にぴったりです。

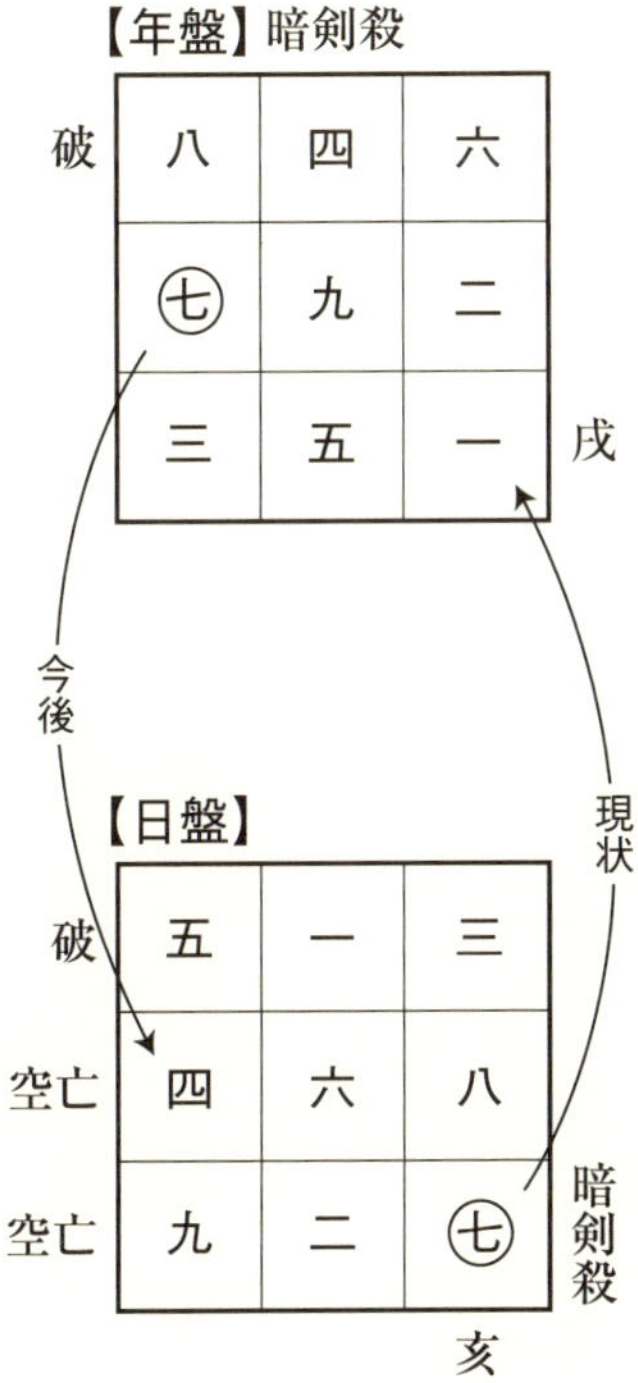

　今後の展開は、震宮座宮で四緑掛かる。これでは長岡さんが職場を離れる可能性も出てきます。

　本人はそれを望んでいません。ではどうすればいいのでしょうか？

その前に大秘伝を一つ公開させて頂きます。月命盤には、坤宮に暗剣殺、艮宮には破が付いています。

それらを今年（当時）の盤に当てはめます。

　そうすると、六白に暗剣殺、三碧に破となります。上司側に落度アリ（六白、暗剣殺）、焦りは禁物！（三碧、破）と解釈します。

　上司側の落度は、けっこう納得いく判断です。彼らは、長岡さんの能力、裏

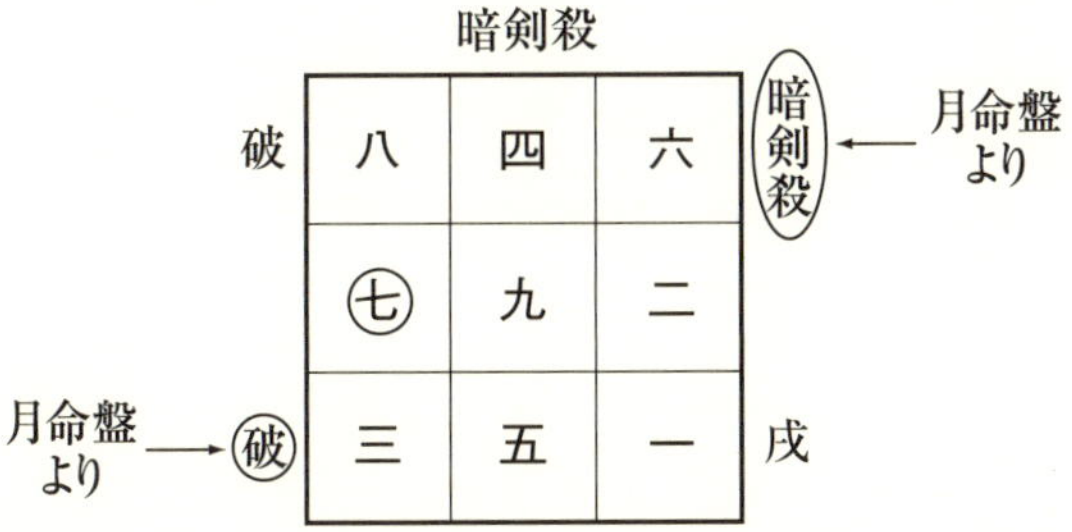

で商談をまとめるスキル（月命盤坎宮、七赤、天道、天徳）を妬んでいるのですよ！

だから今年は、焦らないで長岡さんのスキルを更に高め、社内での業績を上げていきましょう。

そういう長岡さんの姿を社内の誰かが見ていてくれて、高く評価するハズです。

それに連れて上司達の態度も変わっていくのでは……？

上司から虐げられている弱者の長岡さんですが、弱者がとる戦略はゆっくりと洗練されていきます。

失敗や惜敗を繰り返しながらも……　弱者はいつまでも弱者ではないのです。

例えば陸での生活がキツくなってきたイルカは何度目かの敗者復活戦で海へと活路を見出します。キリンは長い首を得ることによって樹木の高いエリアの葉をほぼ独占状態です。蝶はひらひらと不規則に舞うことによって、空の覇者である鳥からの攻撃をかわします。暴れん坊のトラや狼が来られない砂漠は、ラクダにとってはパラダイスです。決して強者でない彼ら、彼女ら……

独自の戦略をもって強者達に挑み、居場所を得たハズ……

だから長岡さん、我々も、もっと具体的な戦略、戦術を練りましょう！　更に成長するために……

例題9　占術家の昼下がり

九星術を使い始めた頃、タイムマシーンを得たような気分になっていました。何故って？

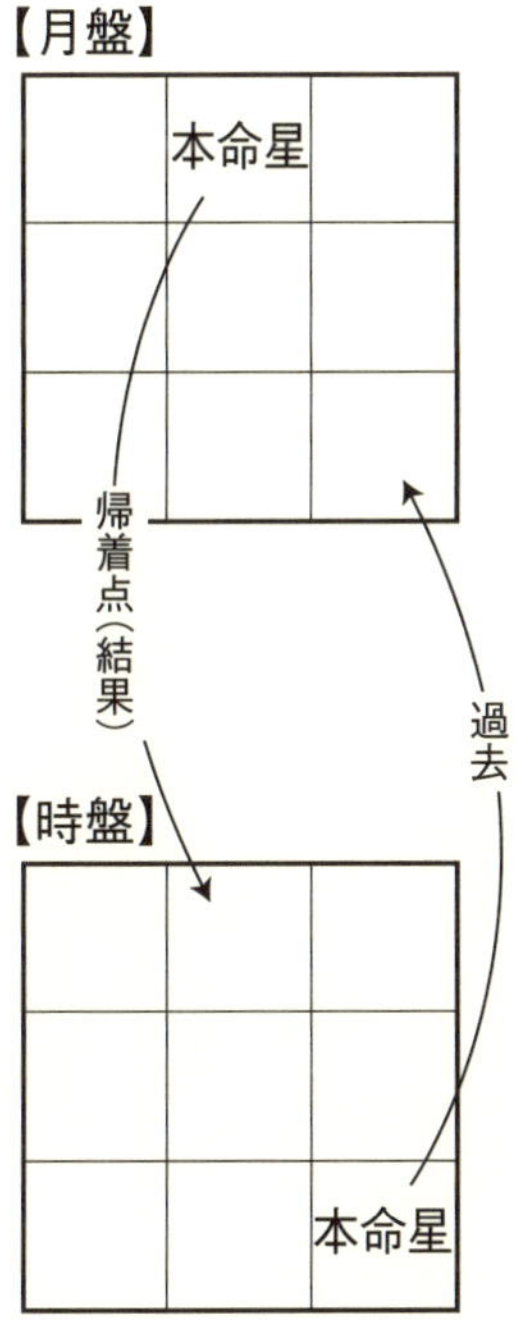

時盤と月盤を使用して鑑定することによって、〝過去〟と〝帰着点（未来）〟つまり未来がわかってしまうからです。

でも過去と未来といってもすべてが把握できるわけではなく、あくまでも占的に関することだけでありまして、かなり限定的なタイムマシーンなのです。

だけどこの技法を駆使して悩める人々の諸問題の解決に役立つことは明白です。

とても素敵なことだと思われてなりません。まあ、この技法をあえて取り上げませんが……

本書は、あくまでも傾斜法がメインなので、こちらをもってフィーチャーしなくては！

そうなんです、九星術（卜占）と傾斜法（命理占）が合わさると鑑定できるエリアが格段と広がっていくのです。


では次は転職についての鑑定です。

「話しかけてもいいですか？」とかなり控え目な声がした。

そんな事、気にすることないですよ。

不覚にも遅いランチの後、私は読書に熱中していたようだ。

もう既に貴方は私のクライアントだから……

私の鑑定が貴方の飛躍のキッカケになれば、そんな嬉しいことはありません。


瀬川英子さん（仮名）二黒亥年　一白子年生まれ
瀬川さんの現状をズームアップで看たかったので、日盤と時盤を採用いたしました。

〈日盤→時盤〉〈離宮座宮で七赤掛かる〉。

日盤で離宮にいるので、離職を考えていてもおかしくないです。

そして起きる現象は、嘆く（七赤）ことになるでしょう。

〈時盤→日盤〉〈巽宮座宮で六白掛かる〉は、かなり以前から瀬川さんは仕事について悩んでいた意にとれます。

けっこう本気で転職についてお悩みのようです。

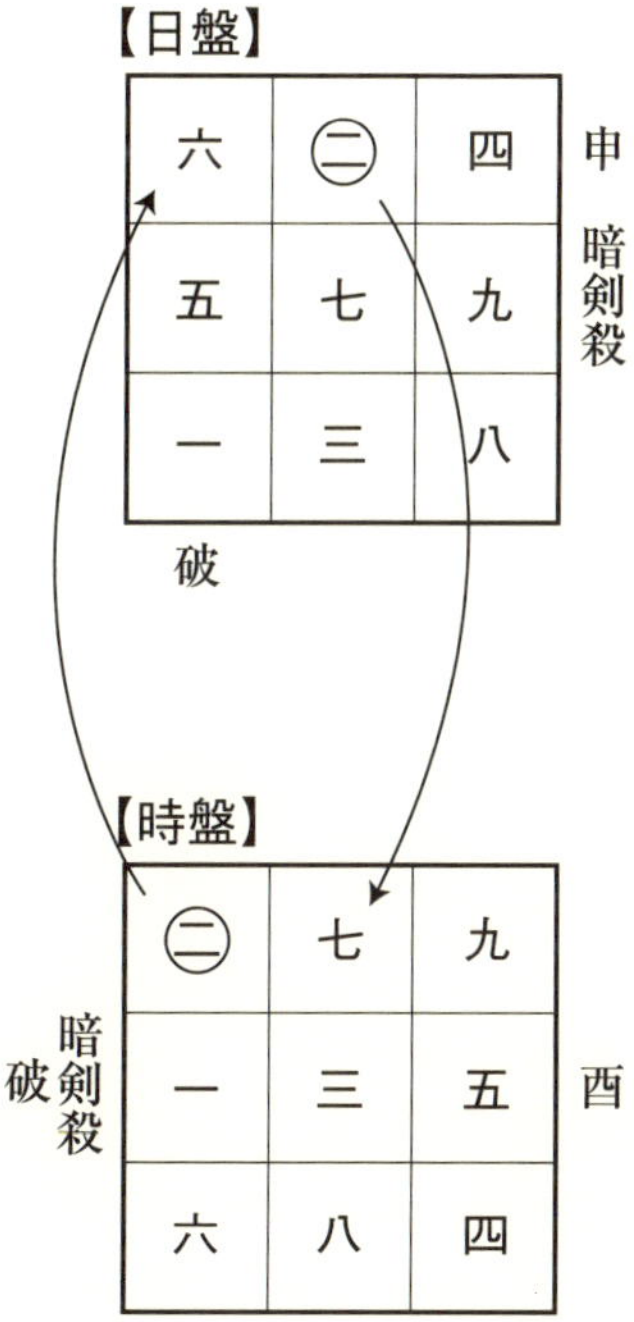

しかしアドバイス（日盤、時盤それぞれの中宮で易卦、日支の申より）は、雷沢帰妹三爻となります。

とかく今は目の前にあるあるものに飛びついてまで得ようとしています。

なりふりかまわない。

こんなんじゃ欲しいものは手に入りません。

無理にでも得ようとすれば失敗すると周易は警告しています。

しっかりと計画を立てて、出直すことが必要とも……

そう、今は転職には不向きなのです。

では、傾斜法でも看てゆきましょう。

結婚運を示す箇所で良くないのは、兌宮に対冲が入るくらいで、これはかなり軽い傷です。

ほんの小さな心使いで消せるものなので、本人が述べる夫婦仲はいいということを裏付けているようです。

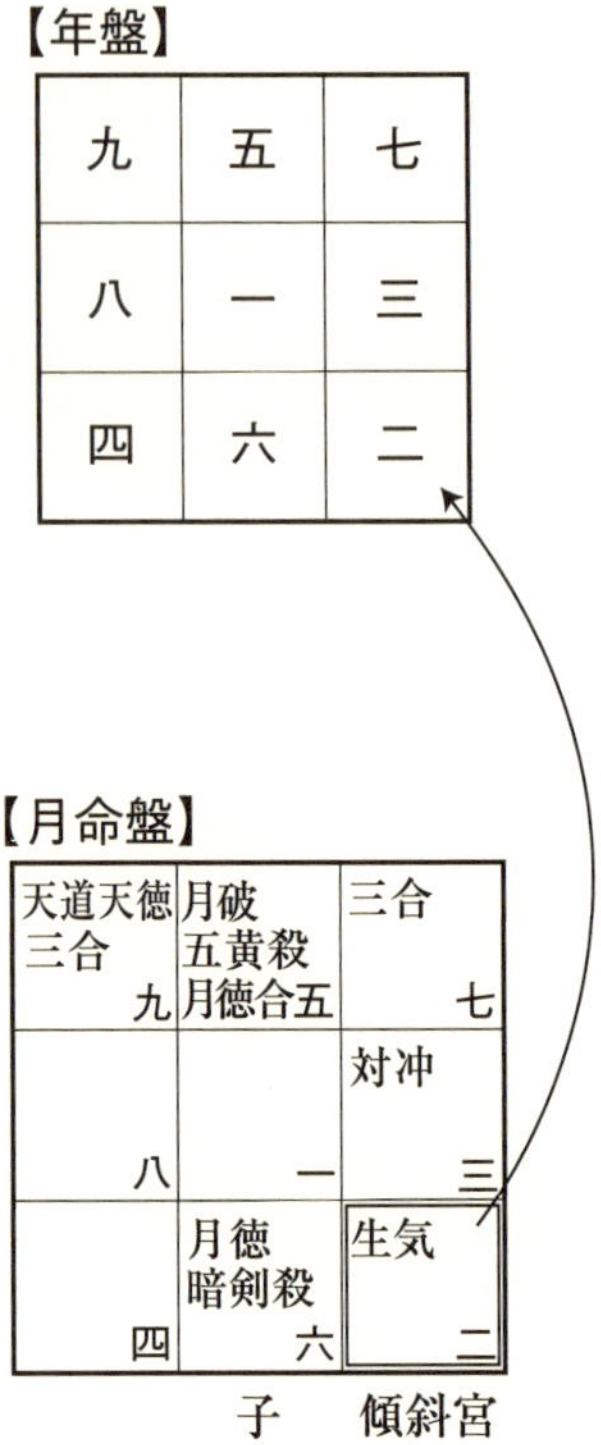

だから傾斜宮には今年（当時）二黒が入っていますが、これは二黒のいくつもの象意の一つである。〝開運の始まり〟を期待できるのではないでしょうか？

しかし、じっくりと時間をかける、転職先の上司には素直に従うといった条件は必要となります。なんせ二黒ですから……

あと瀬川さんの事務処理能力はかなりのものなので（九紫に天道・天徳）。

そして更に開運を加勢させる方法があるのです。

ここでちょっとした秘伝を披露させて頂きます。

それは月命盤で傷の付いている宮を使用します。

このケースでは、離宮（南）に破、坎宮（北）に暗剣殺があります。

この方位南と北に参拝しやすい神社・仏閣を見つけて頂き、そこを頻繁に参拝に行ってもらいます。

この行為によって月命盤の傷の影響が薄れていき、徐々に開運していくのです。

瀬川さんは、今どうしても転職したい事情があるようなので、しばらくはこれで様子をみようと思います。

1862年、家族と共にピクニックに出かけたルイス・キャロルはそこで、「不思議の国のアリス」のストーリーを思いつき、妹達に話し始めます。

御伽噺は突然出先で始ったのです。

そう、読者の皆様と私とで一緒に紡いできた御伽噺もどうやらエンディングに近づいてきたようです……

◎日本のビジネスパーソンへのエール
皆様の日本風ビジネススタイル、けっこうイケてますよ！

ただ、世界相手にはもう少しだけエゴイストになってていいのでは？

ブラック企業を育てたのは、貴方がたです！

この粘り強さは世界有数のはずです。

このアドバンテージを有効に活用すれば、きっと世界でも渡り合えるに違いない！

傾斜法の大家である富久先生はおっしゃっていました。

「自分が一番有利な分野で勝負しろ！」と。

イノベーションは数々の失敗の先にある！　チャレンジした者だけに訪れます。

だいたい真理を掴むのは、最悪の時期か底辺にいる時だから……

皆様の健闘を祈ります！

以上、占術家・沢井龍醒からの業務連絡でした。

例題10　離婚の後遺症

代替産業の脅威は常に身近にある。例えば女性からモテたいと願う人物が占術家にアドバイスを求める。結果の出ない返答だったら、鑑定には見切りをつけて、美容関係者の元へ駆けつけて外見だけを良くするとか、スタイリストを雇うかもしれない。

こうならないように占術家、ガンバらないと！ということで次の鑑定にいこうと思います。

佐藤怜子さん（仮名）四緑午年　六白辰月生まれ

【年盤】暗剣殺

破	八	四	六
	七	九	二
	三	五	一
			亥

【月命盤】

辰	五黄殺 五	月徳合 天徳合 生気・冲一	三合 三
傾斜宮	四	六	八
	九	天道天徳 三合 二	月破 暗剣殺 七

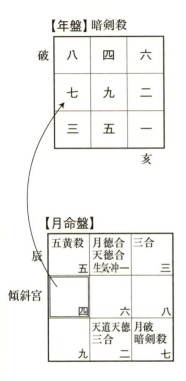

「バツイチだけどもう一度恋愛がしたい！」と嘆きに近い口調で話しかけてきた佐藤さん、恋愛の先の結婚まで視野に入っていることはいうまでもありません。

私がきちんと答えを出さないと、佐藤さんは結婚相談所に登録するだろうし、合コンの常連さんになるかも……

離婚の原因は、結婚運を示す巽宮に五黄殺、夫を示す乾宮には破と暗剣殺が付いてます。七赤が入るので、元夫はかなりの遊び人である場合、多いです。

佐藤さんはかなりポジティブな気持ちで来られているので、イヤな過去を思い出させるような指摘は控えようと思います。

でも一度結婚を失敗した方は、後年になるほど結婚運の悪さは薄れていくことだけは伝えましょう。

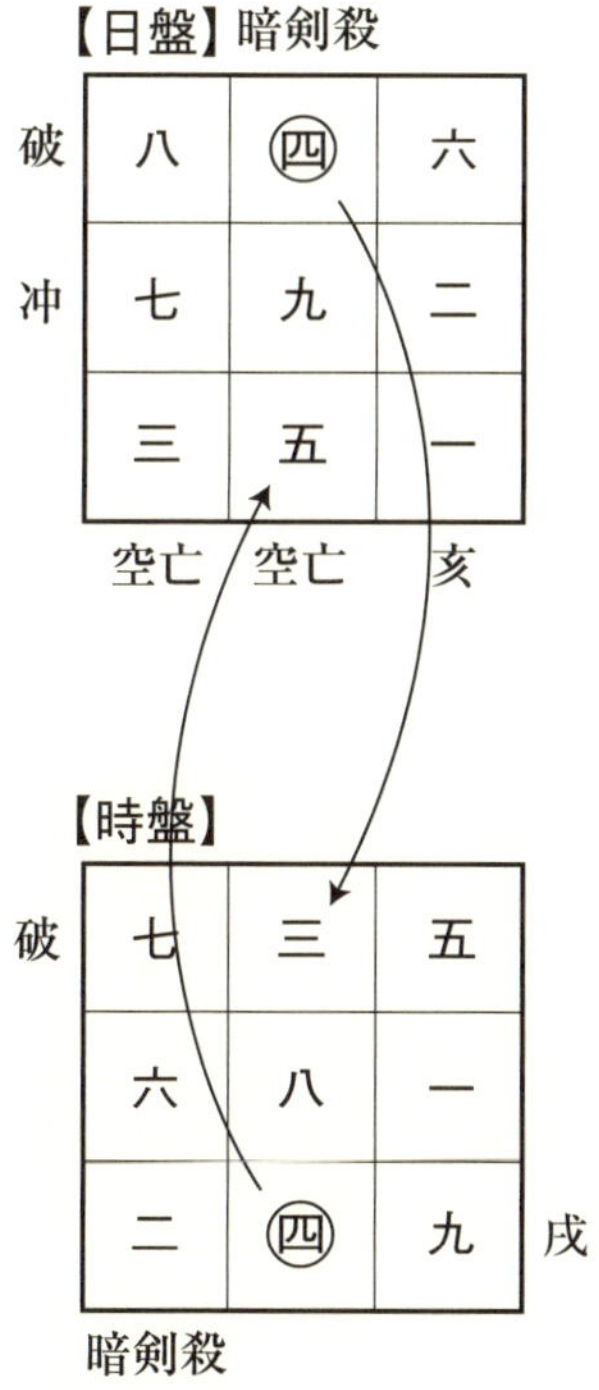

日盤では離宮座宮で三碧が掛かります。

虚勢を張ったスタンス〈離宮＋暗剣殺〉で焦り〈三碧〉は禁物と九星術は警告しているように思えてなりません。

なぜなら、〈時盤→日盤〉では、裏の恋愛つまり、家庭を持つ男性との恋愛に陥れば〈坎宮〉、更に悪化していく〈五黄〉傾向が高まるのです。

現状を至近距離で看たかったので、日盤と時盤を使用しました。

するとこんな技法も使えます。日盤、時盤それぞれの中宮、日の十二支より周易を出せるのです。これが鑑定のアドバイスになります。

時盤の中宮八白で艮〈山〉が上卦、日盤の中宮九紫で離〈火〉、亥は上爻で〝山火賁上爻〟となります。

判断は、堅実なマイペースを守れば、望んだものは手に入ります。ファッションもシンプルに白色を基調にと。

傷ついたのは、もう過ぎた事と考えて。自身の可能性を信じようとしている佐藤さん、貴方はとても魅力的ですよ。

でも、日盤と時盤で何故易卦ができるのでしょうか？

賢明な読者の方は、もうお気づきですよね。

気学、傾斜法、九星術などの盤の宮の象意は、周易の八卦をそのまま採用していることを……

例えば、傾斜法の乾宮では、資本・努力・父親・活動などをみますが、これは周易の八卦の乾と一致しています。

乾＝天〈八卦〉乾は完全で不足がない、夾雑物がない、高い、尊い、関いなどの意から父、夫、目上、勤労など。人体では昔から上の頭部、骨、右足。

乾宮〈月命盤〉活動、援助者、父親、努力、権威、資本、主人など。


坤宮（二黒）と艮宮（八白）の中間で中宮（五黄）がつくられて、宮は八個から九個へとなりましたが、これは漢時代の京房氏の作業らしいです（注２）。

中国では周易から奇門遁甲が創られたと知るやいなや、周易の八卦を使って九星術、気学（傾斜法）へとアレンジしたり、遁甲の要素を取り入れたものと思われます。

あくまでも、筆者の見解ではありますが……

一白、二黒、三碧、四緑などを九星と呼ぶこと自体が日本的でありまして、本場の中国では、九宮《くぐう》と称せられています。

中国とアメリカの貿易がちょっとややこしくなりつつある今日この頃、日本は中国からの輸入品（?）の周易をとても有効に活用しています。

日本のイノベーションに乾杯！

あれから数カ月が経ち再び佐藤さんがやって来られました。

意中の彼ができて、その相生を看て欲しいとの依頼です。

今年（当時）の傾斜宮には七赤が入っているので、こういうことも当然起きてしかりです。私は気学の秘技〝天禄〟を駆使して二人の相生を鑑定しますが、こちらも私の極伝となりますので、詳しい記述は控えさせて頂きます。

こんなにつれない私でも貴方と、つまり読者の皆様とお会いできることをずっと待っていました。

お会いできた今、女神から祝福されたような気分でございます。

もし夢だとしても覚めないでほしい、あと少し……

私の師である東海林氏の論文は、気学の方々にとっては、まさに寝耳に水、青天の霹靂《へきれき》だったことでしょう。

もしくは劇薬だったのでは？

そのような文章の後、私のいくつかの鑑定例、お楽しみ頂けましたでしょうか？

ここまでお読み頂き、どうもありがとうございます。

でも劇薬って、適量の使用で最大限の効果が得られるハズですから……
（注2）このあたり、奇門遁門の研究をお勧めします。

バック・ステージにて
原稿を書き上げた後、筆者である私と沢井龍醒は、まさに戦いを終えた戦士のようでした。全力を出し尽くしたので、お互いの健闘を一瞬だけ称え合う。
「おい龍醒、今回のことで占星術の新しい可能性、見えてきたよな！　次何する？」と声をかけるが、龍醒の奴、天井をずっと見上げたままで、黙っている。
客席では、まだ拍手が鳴り止まないようです。私は再びステージに向かう！

アンコール

ここで最後の秘伝です。本書にも収録されている「気学即断要覧」、この内容を理解されたなら占術のプロとして十分にやっていけるでしょう。

また、今回このような機会を与えてくださった東洋書院さん、師である東海林秀樹先生、どうもありがとうございます。

忘れてはならないのは、習得の遅かった私をいつもあたたかく迎えて、この世界に誘ってくれた故堀内様です。感謝しております。

そして占術界の諸先輩方、及び御同輩の皆様、改めて自己紹介させて頂きます。

私が占術家の沢井龍醒です。宜しくお願い致します。

各種表

月盤表

子・卯・午・酉の年
（一白・四緑・七赤の年）

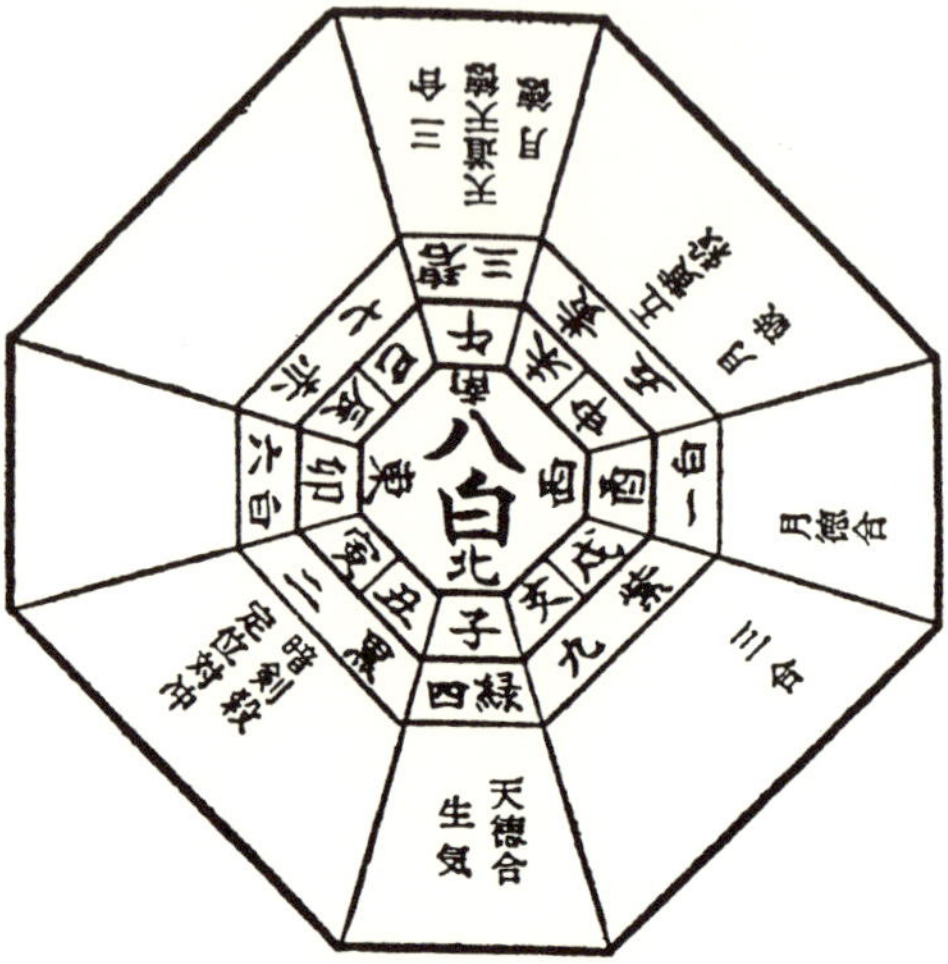

二月（寅）

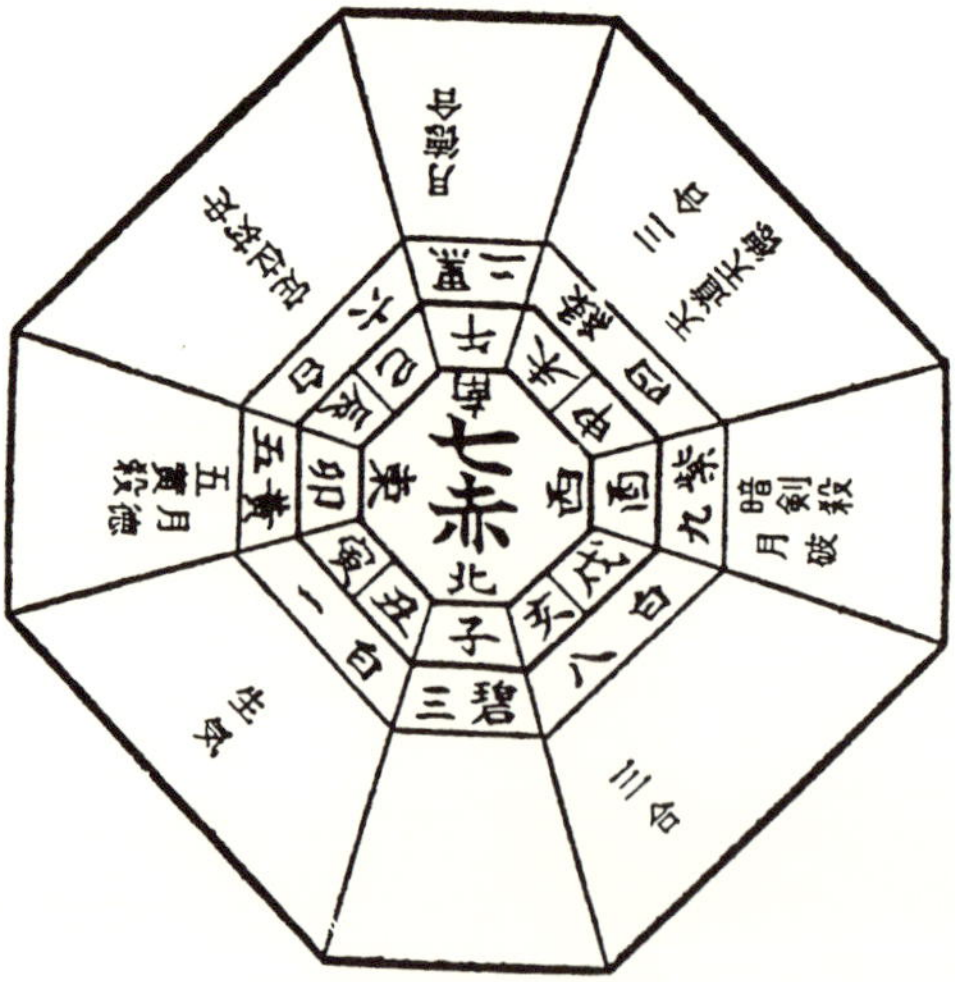

三月（卯）

四月(辰)

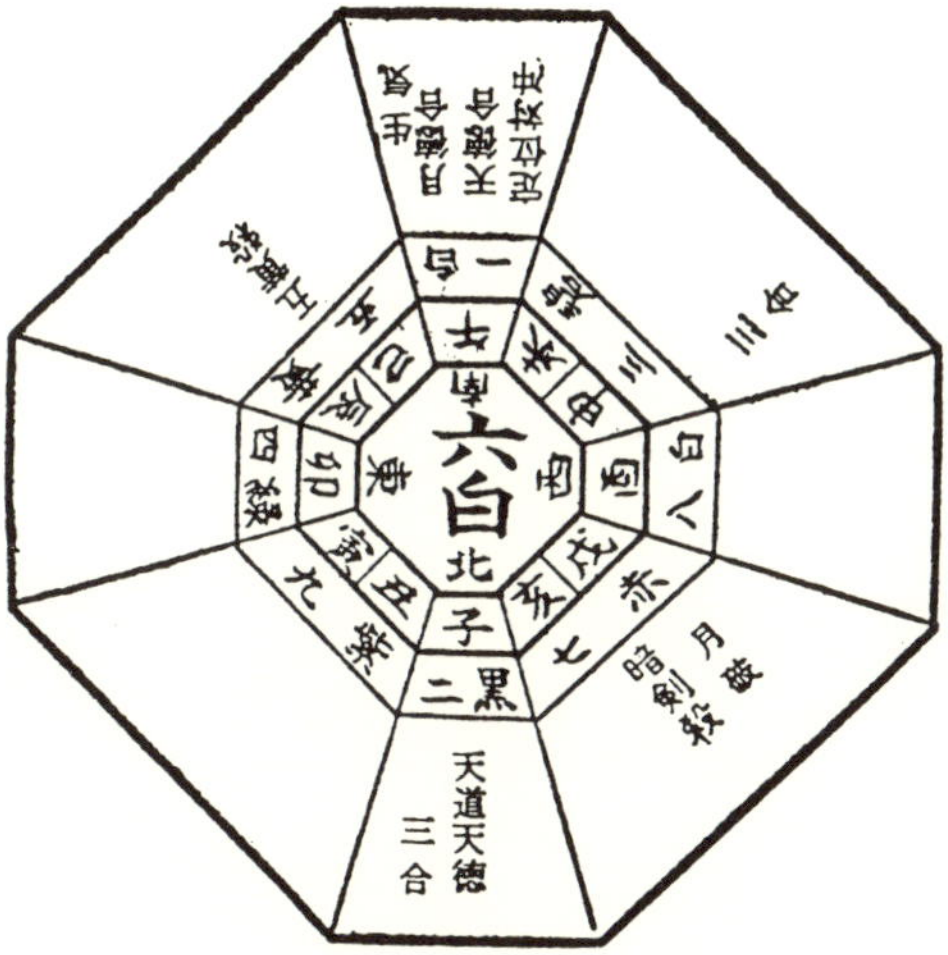

六白
一白
二黒
七赤
八白
九紫
四緑
子
北
東
西
天道天徳
三合
暗剣殺
月破

五月(巳)

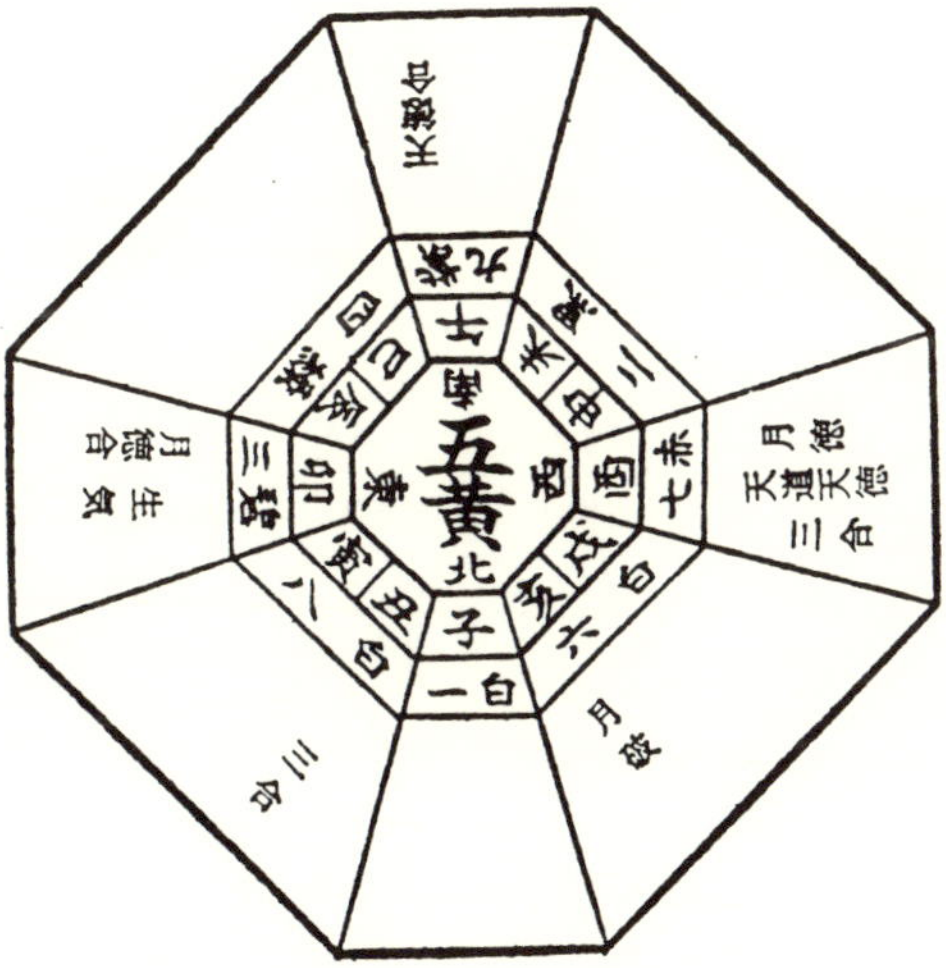

五黄
一白
二黒
三碧
四緑
六白
七赤
八白
九紫
子
北
東
西
月徳
天道天徳
三合
月徳合
生気
月破
三合

六月（午）

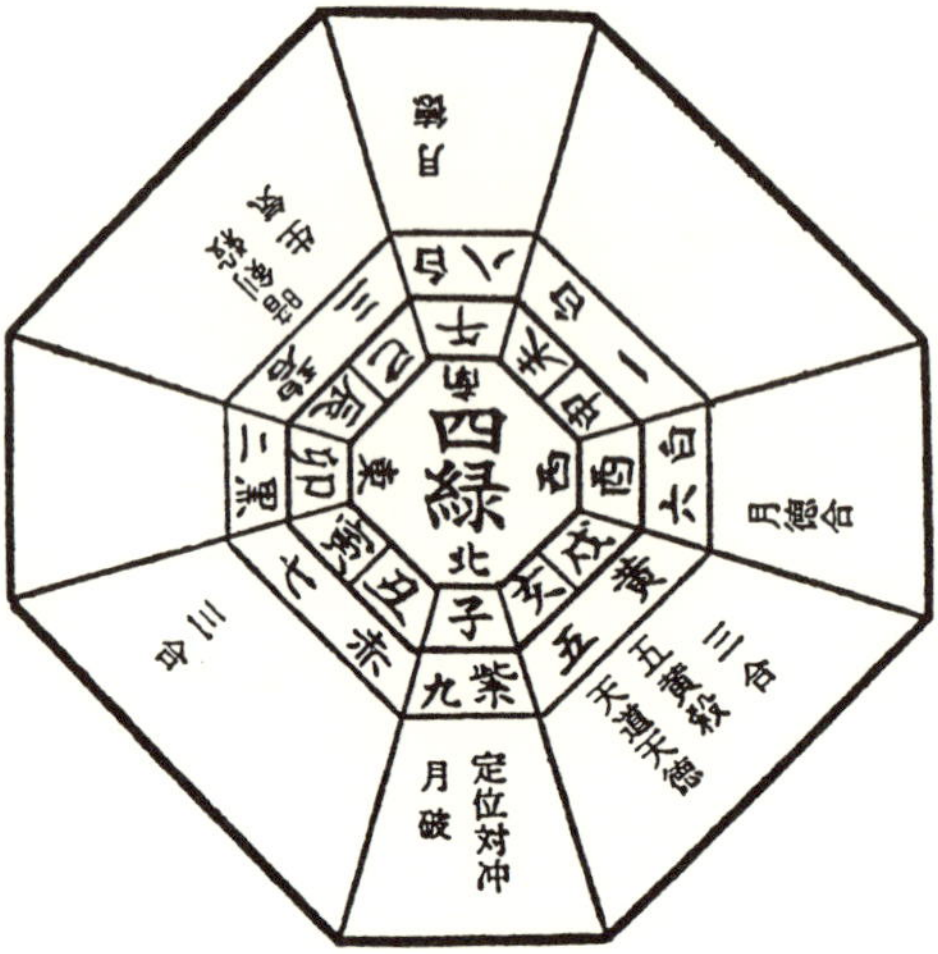

四緑
南
北
東
西
子
丑
寅
卯
辰
巳
午
未
申
酉
戌
亥
九紫
一白
六白
五黄
八白
二黒
三碧
七赤
歳破
暗剣殺
生気
月徳合
三合
五黄殺
天道天徳
定位対冲
月破
三合

七月（未）

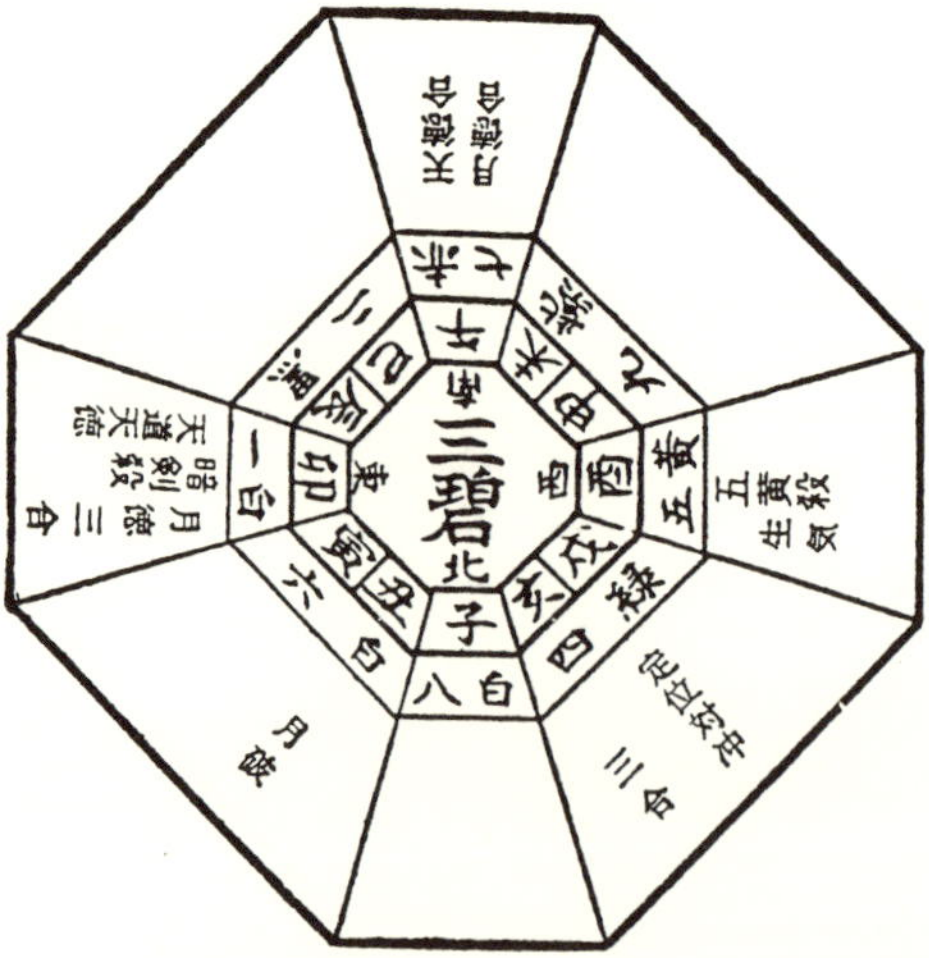

三碧
南
北
東
西
子
丑
寅
卯
辰
巳
午
未
申
酉
戌
亥
八白
四緑
五黄
九紫
七赤
一白
二黒
六白
五黄殺
生気
定位対冲
三合
月破
暗剣殺
天道天徳
月徳三合

八月（申）

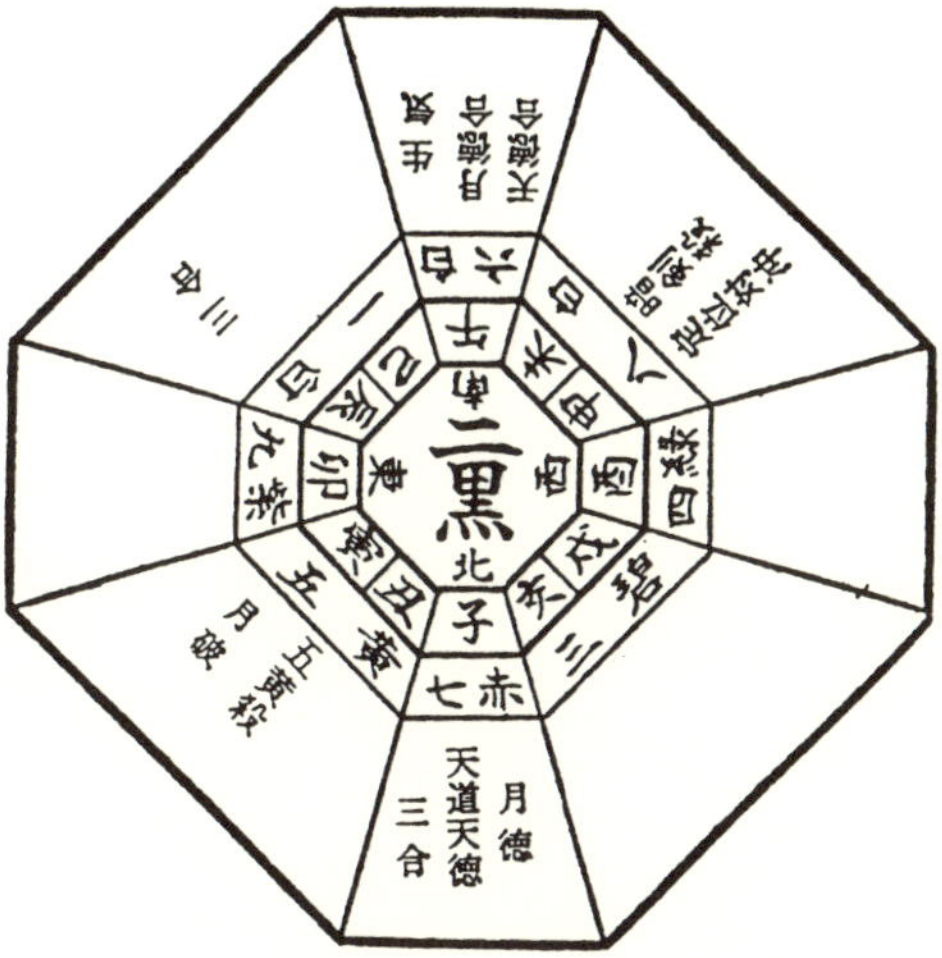

九月（酉）

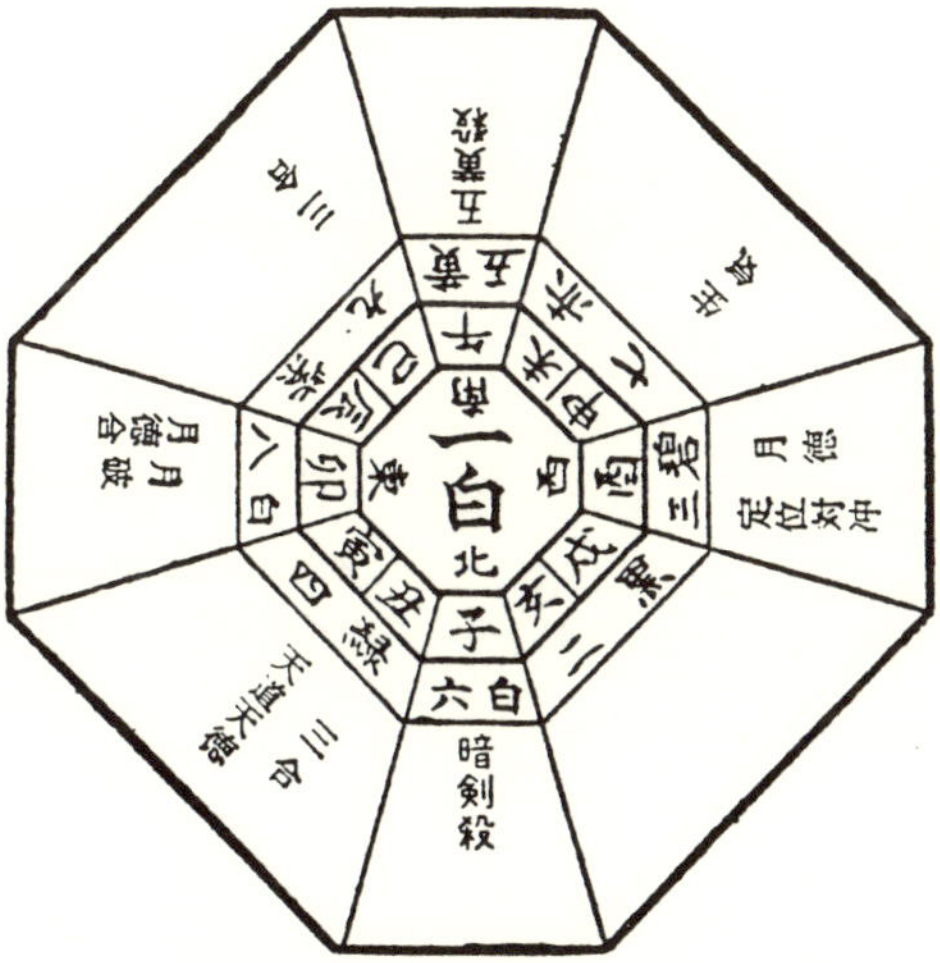

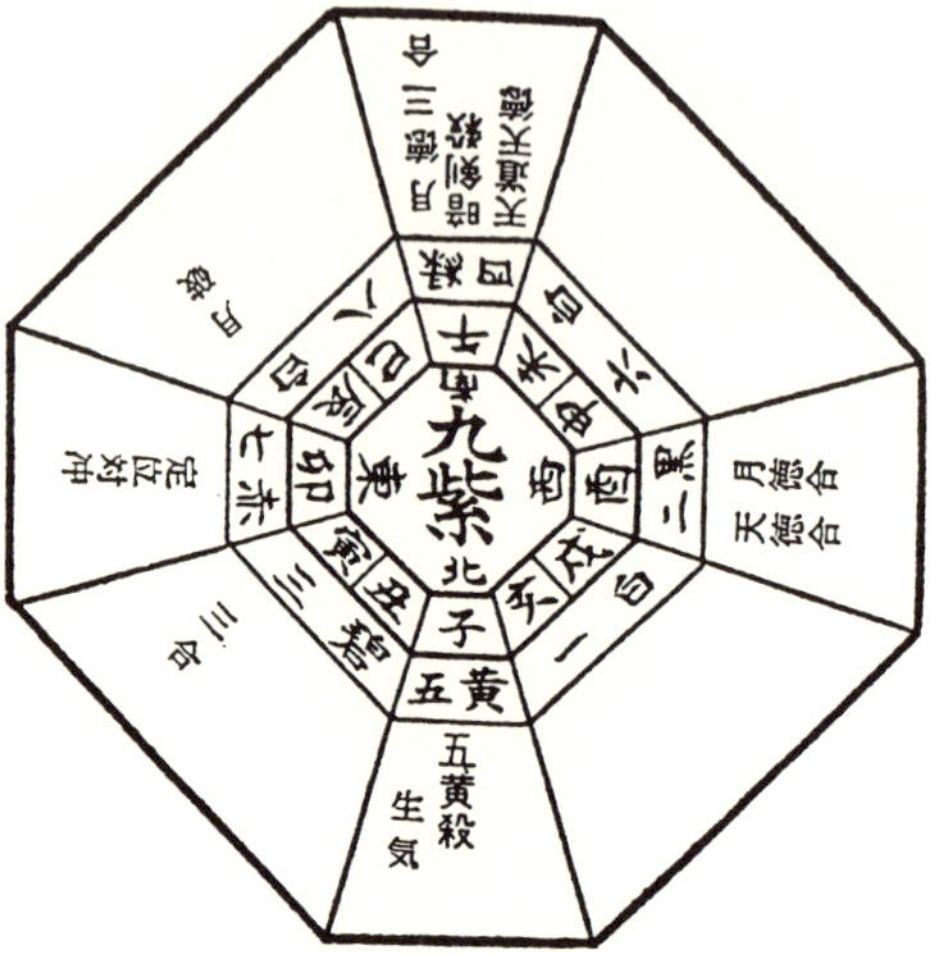

十月（戌）

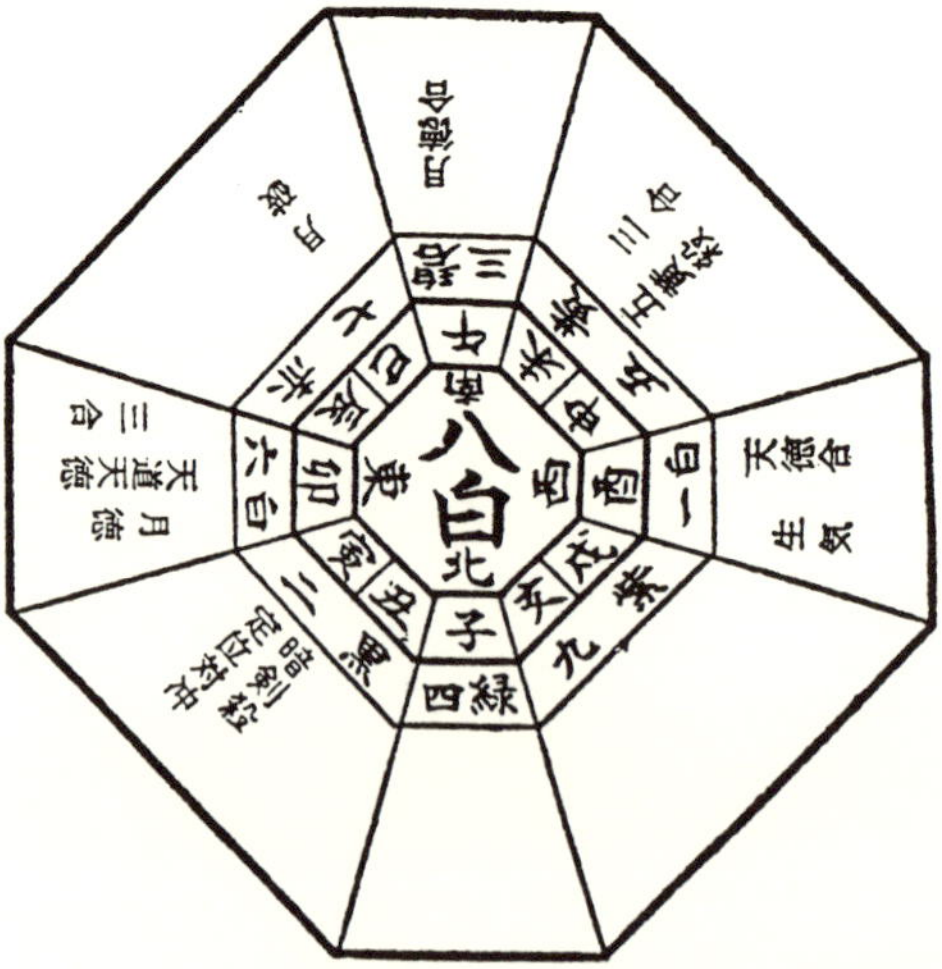

十一月（亥）

十二月（子）

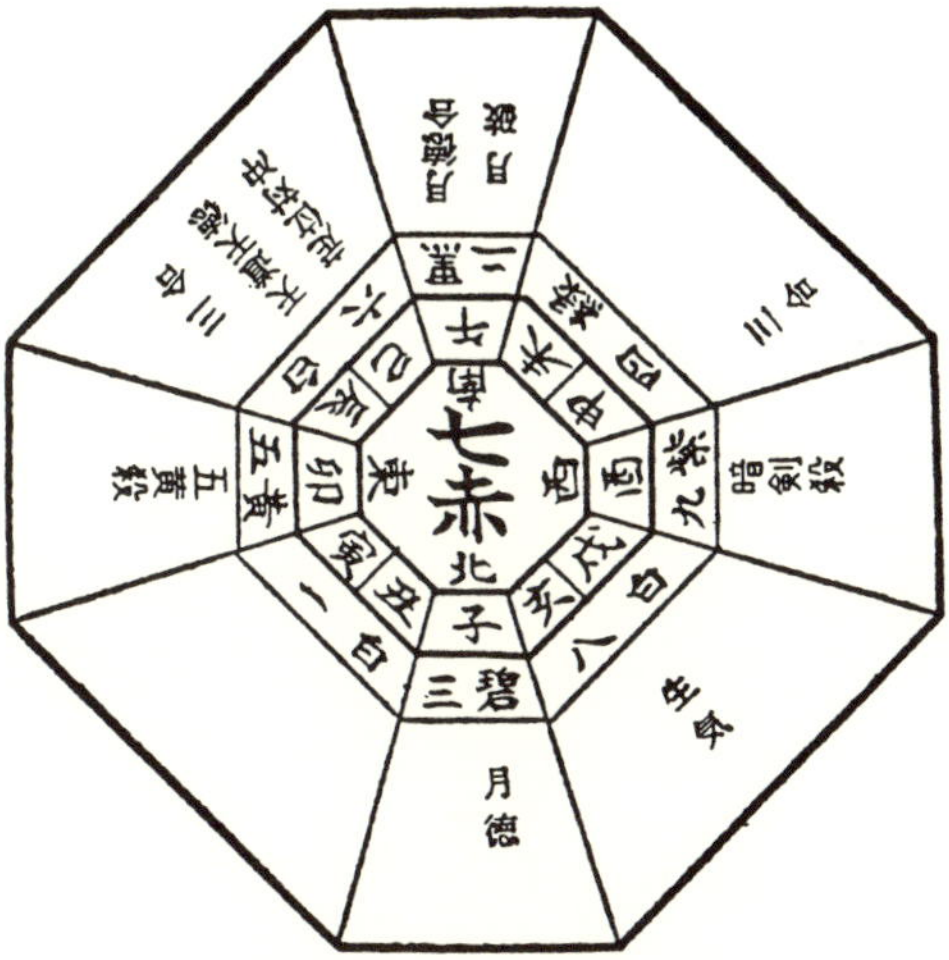
七赤
南
北
東
西
子
丑
寅
卯
酉
戌
亥
三碧
八白
九紫
五黄
五黄殺
暗剣殺
生気
月徳
三合

一月（丑）

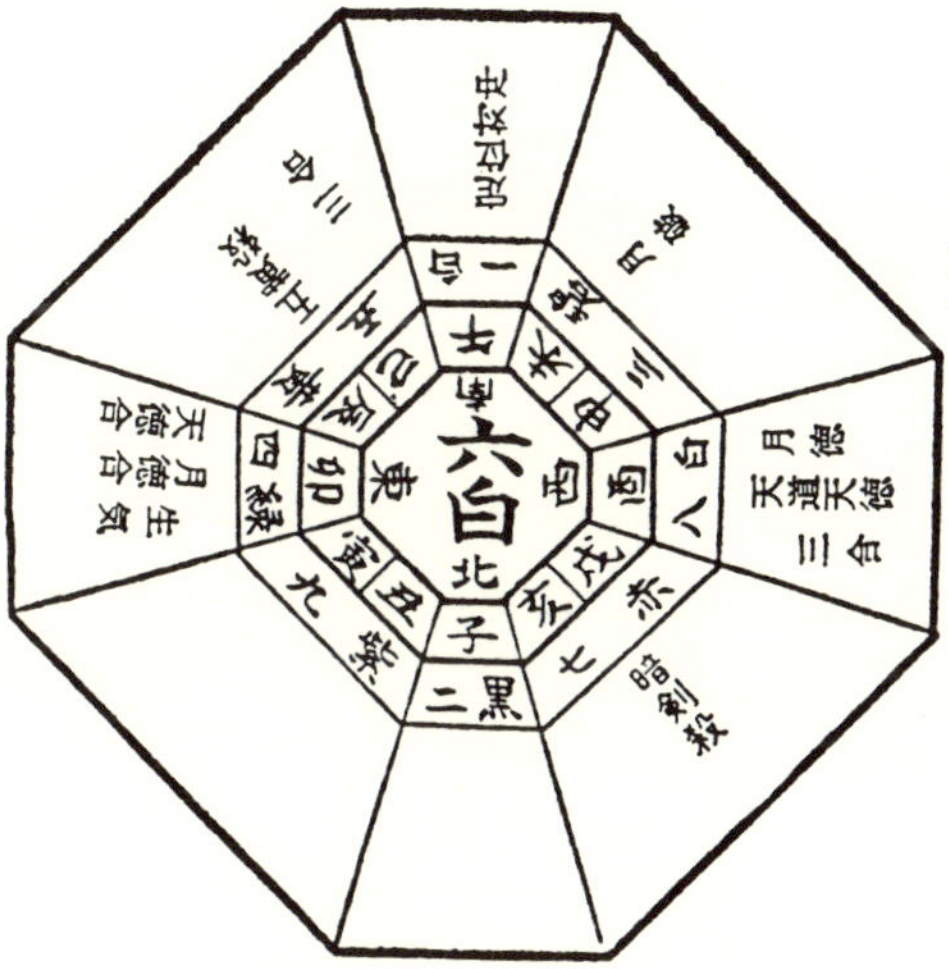
六白
南
北
東
西
子
丑
寅
卯
酉
戌
亥
二黒
七赤
八白
四緑
暗剣殺
月德
天道天德
三合
天德合
月德合
月生気

辰・戌・丑・未の年
（三碧・六白・九紫の年）

二月（寅）

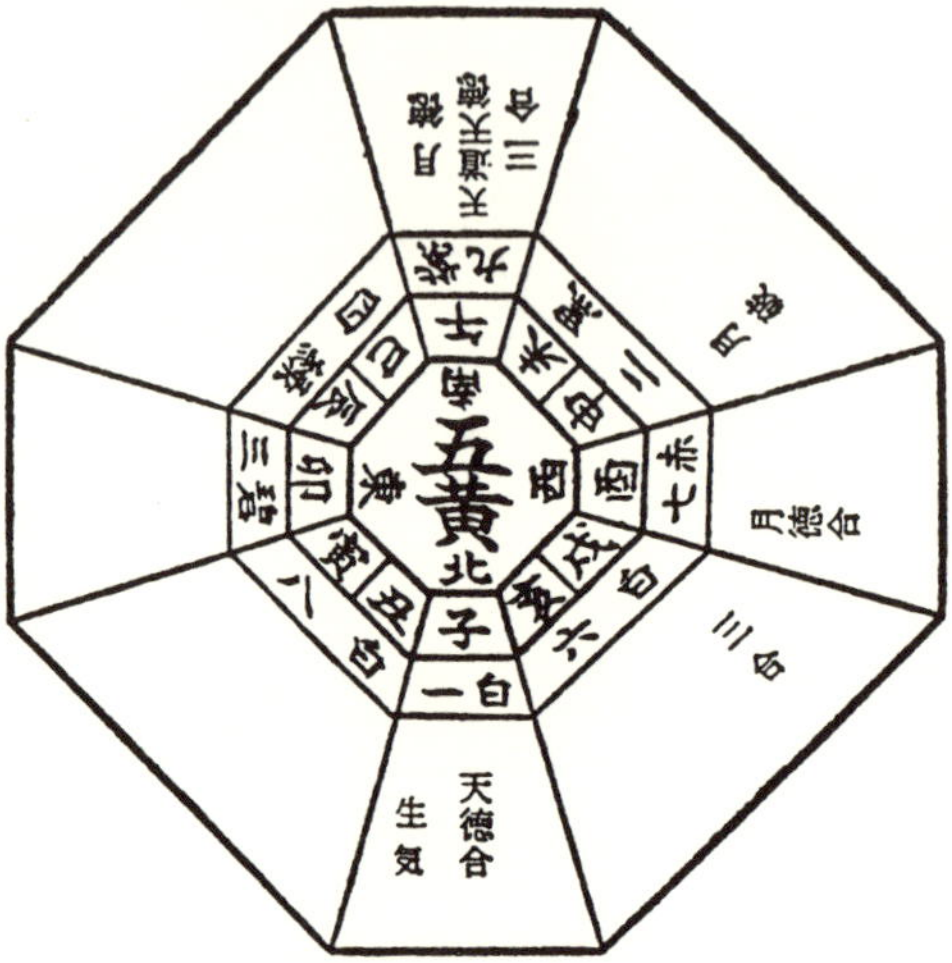

三月（卯）

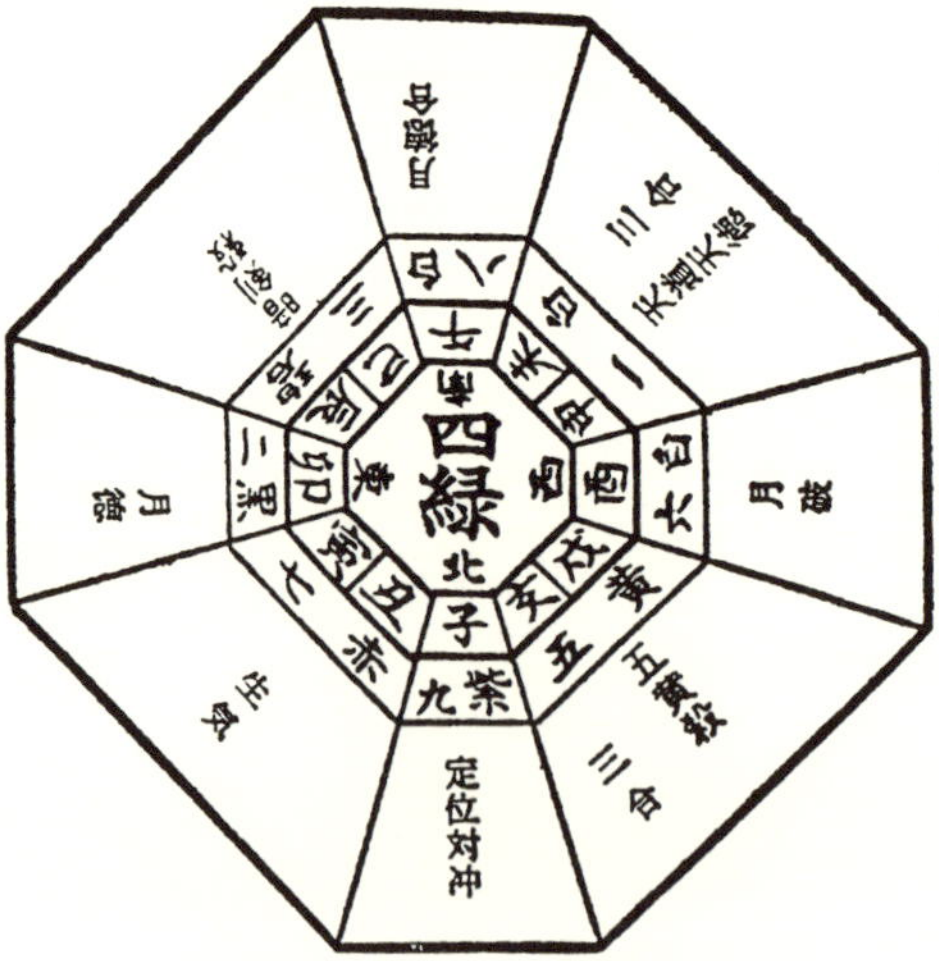

四月（辰）

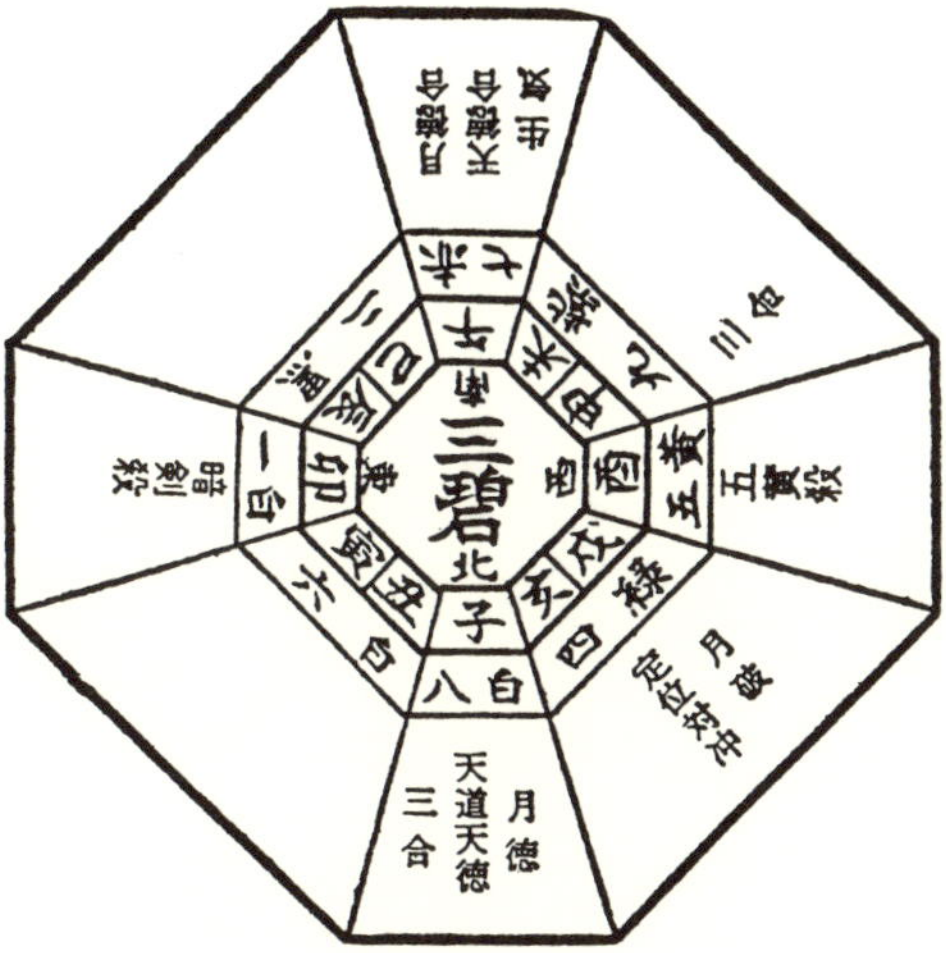

五月（巳）

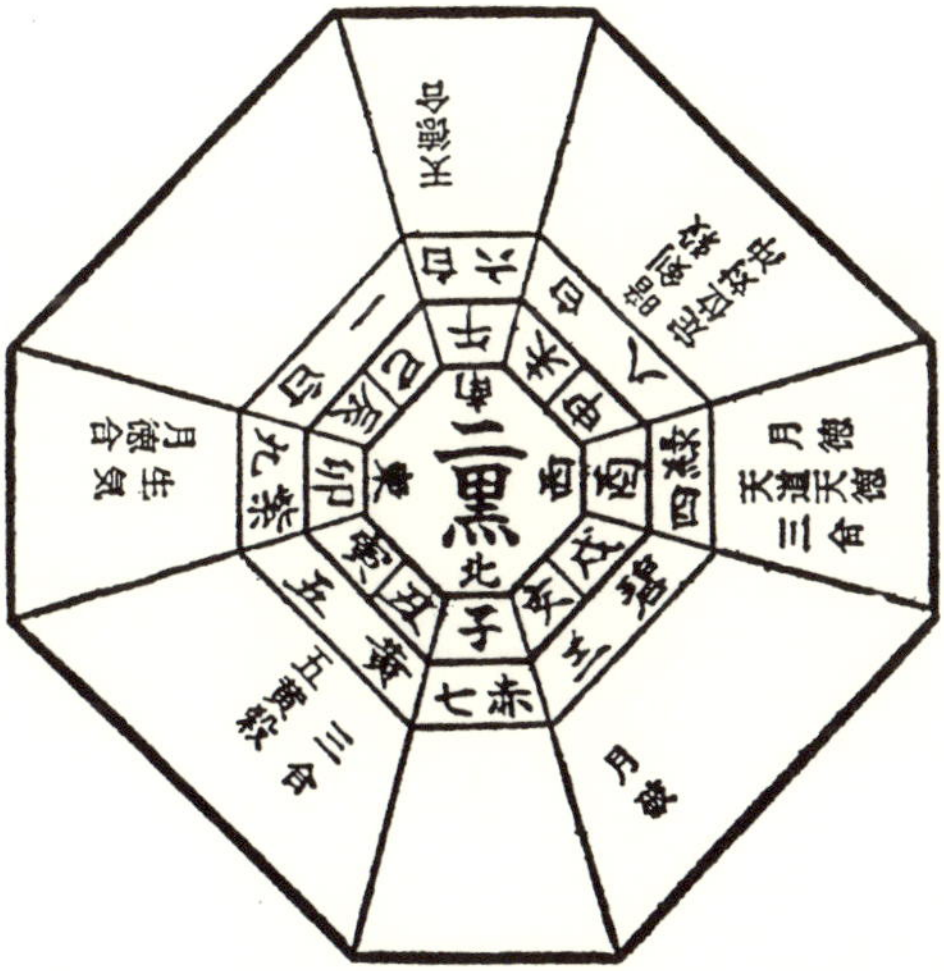

六月（午）

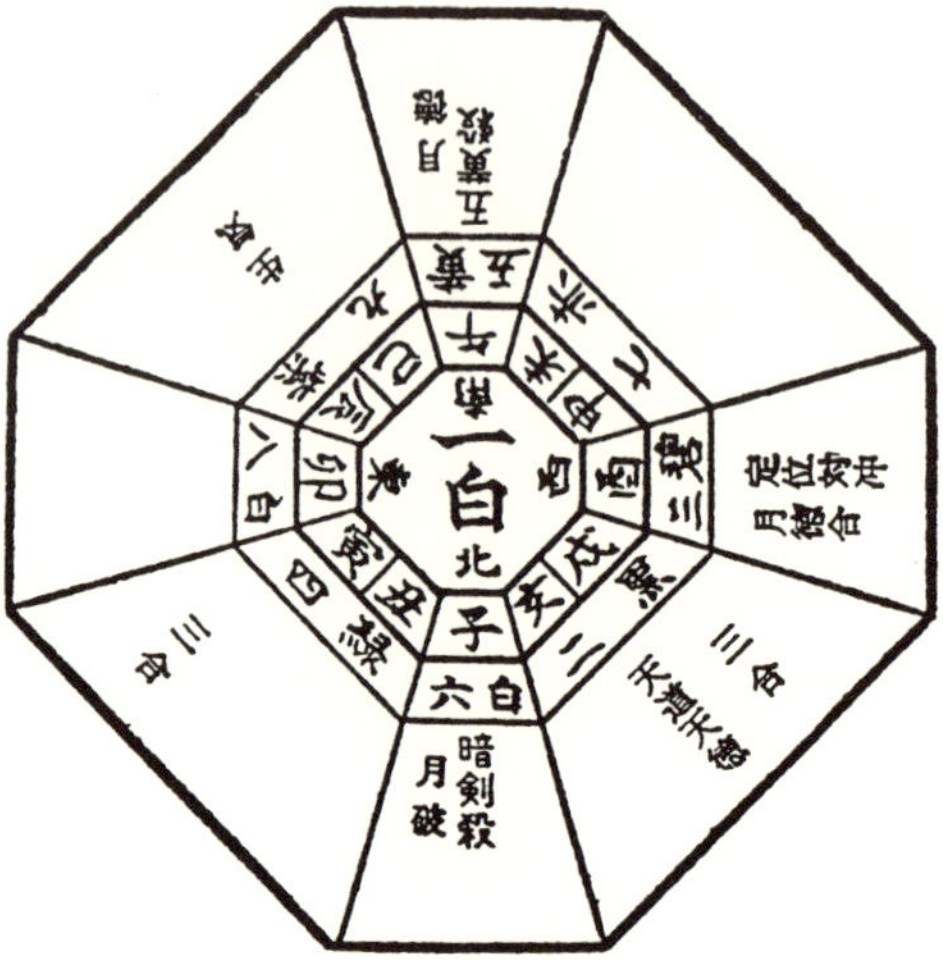

七月（未）

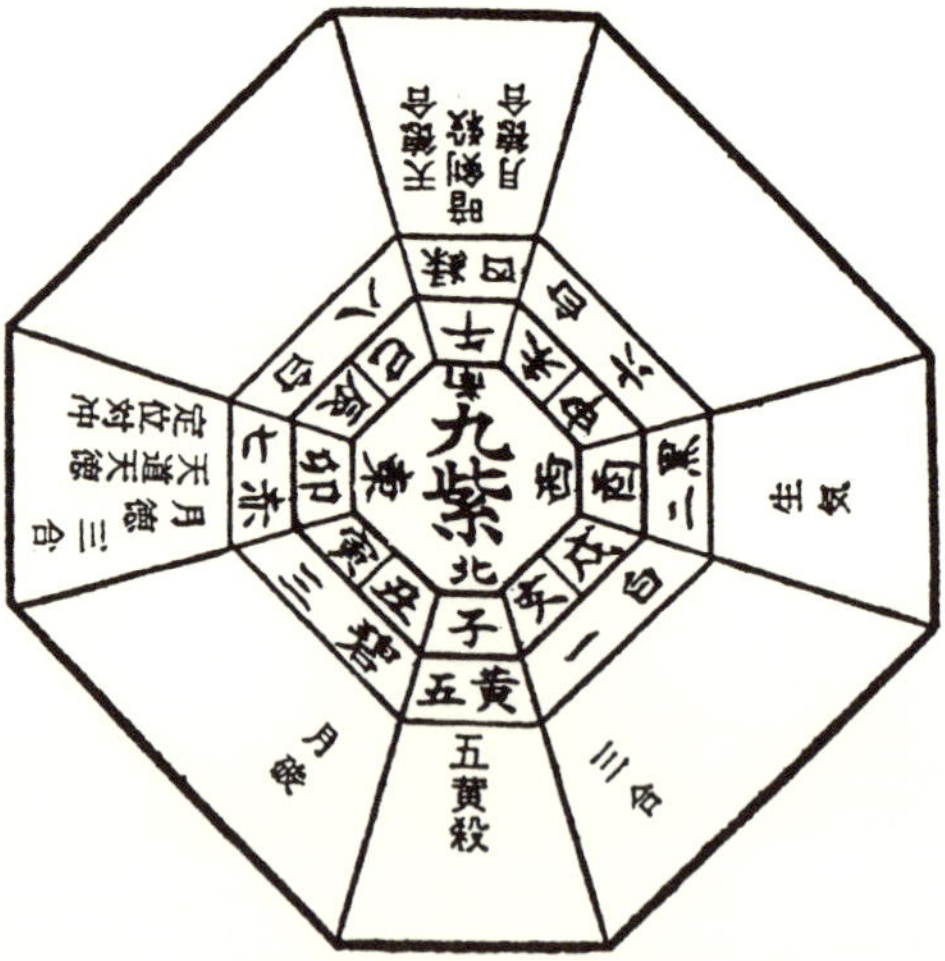

八月（申）

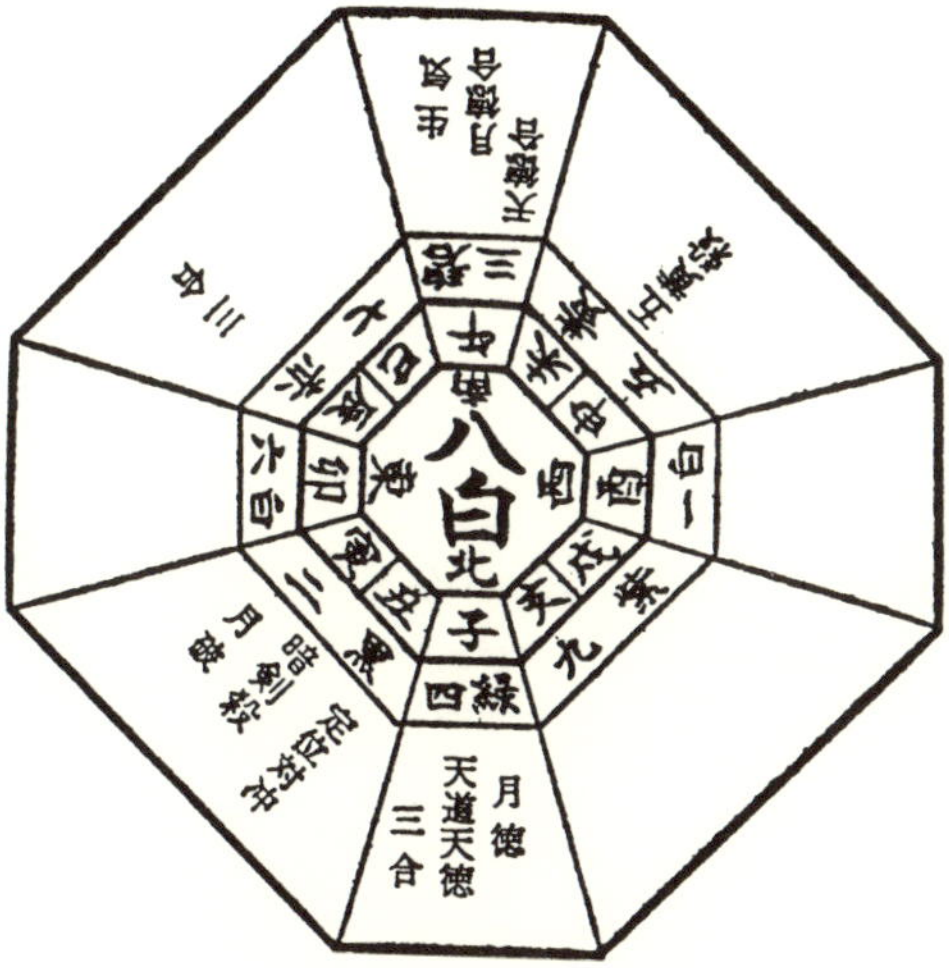
八白
東
西
北
卯
酉
子
月徳
天道天徳
三合
定位対冲
暗剣殺
月破
四緑
一白
六白

九月（酉）

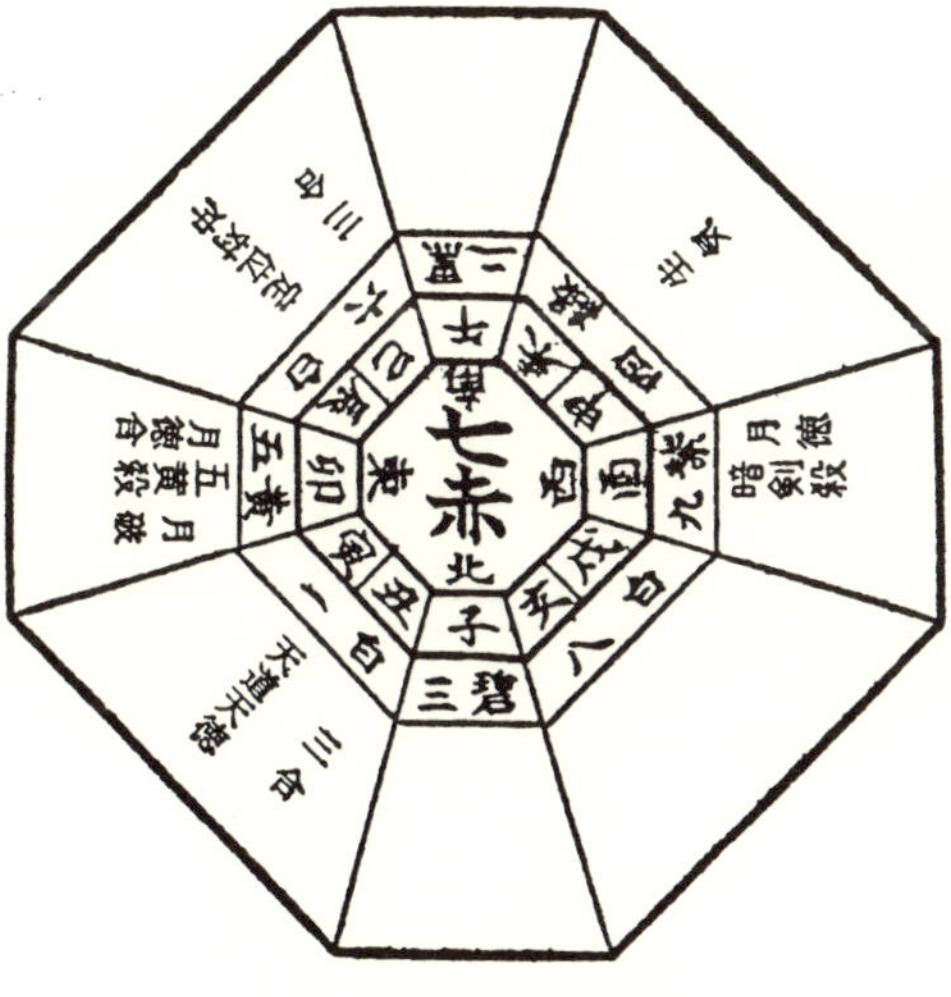
七赤
東
西
北
卯
酉
子
月徳
暗剣殺
月徳合
五黄殺
月破
五黄
三碧
三合
天道天徳

十月（戌）

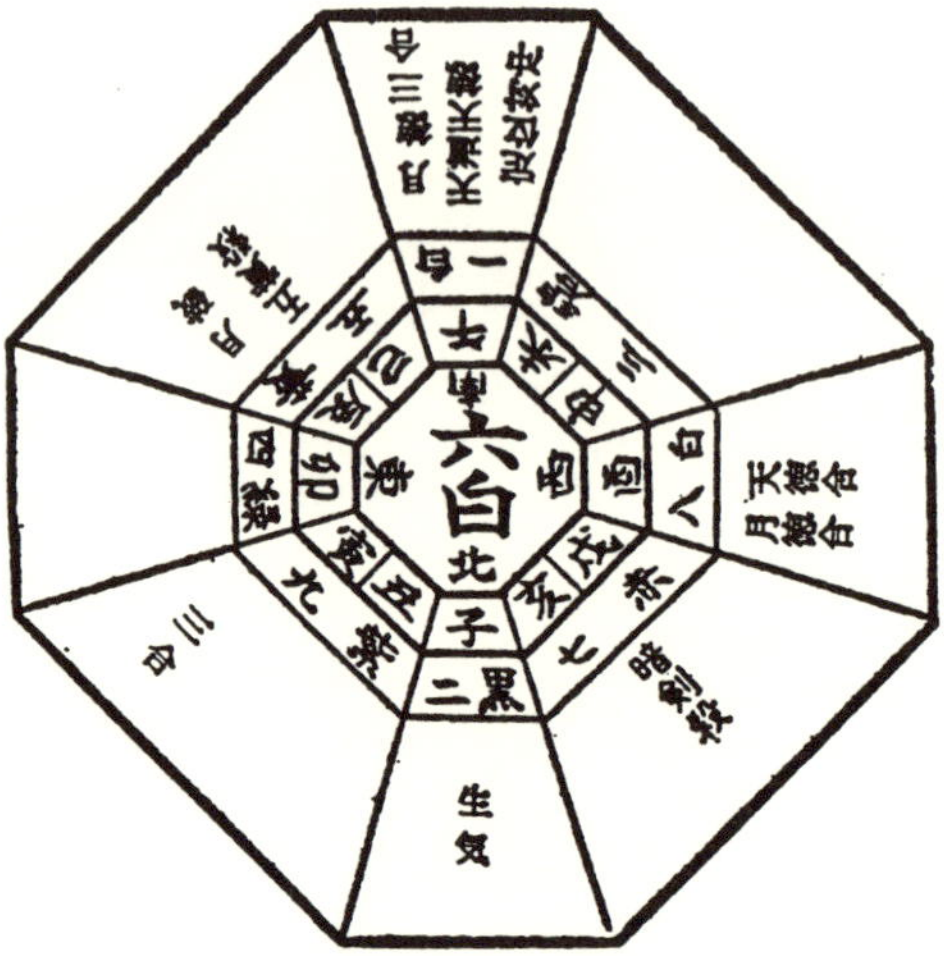

十一月（亥）

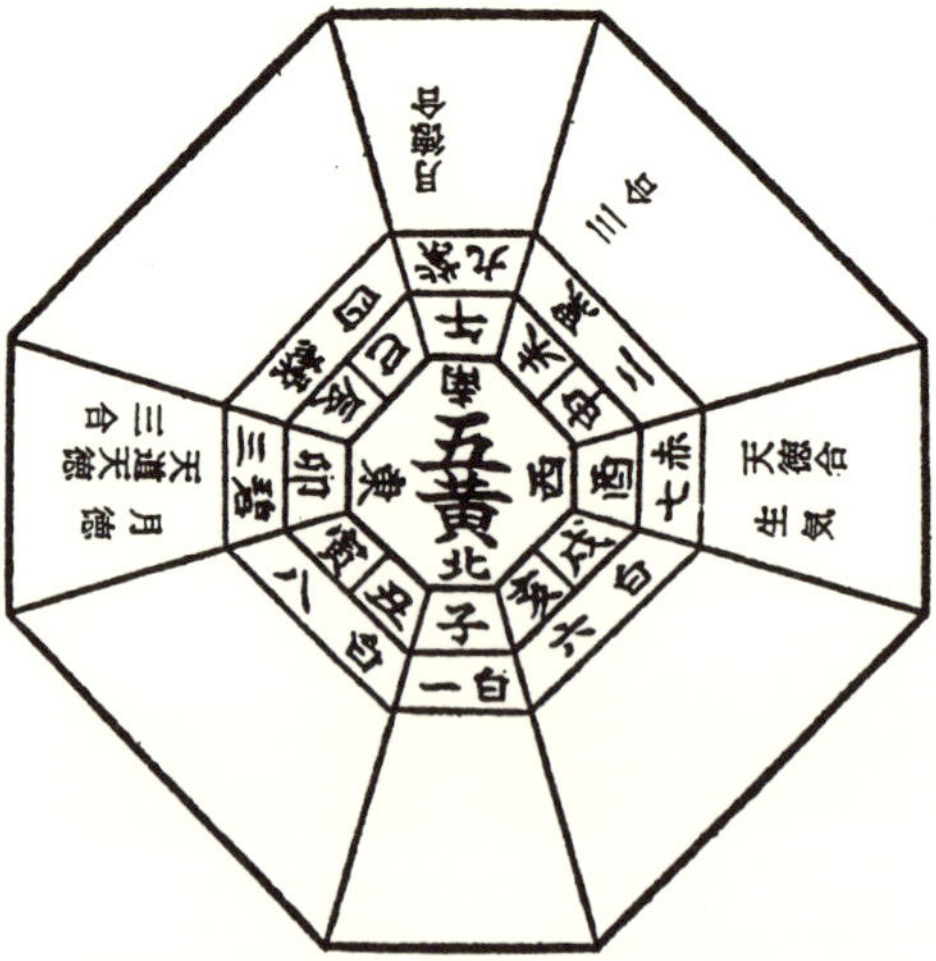

十二月（子）

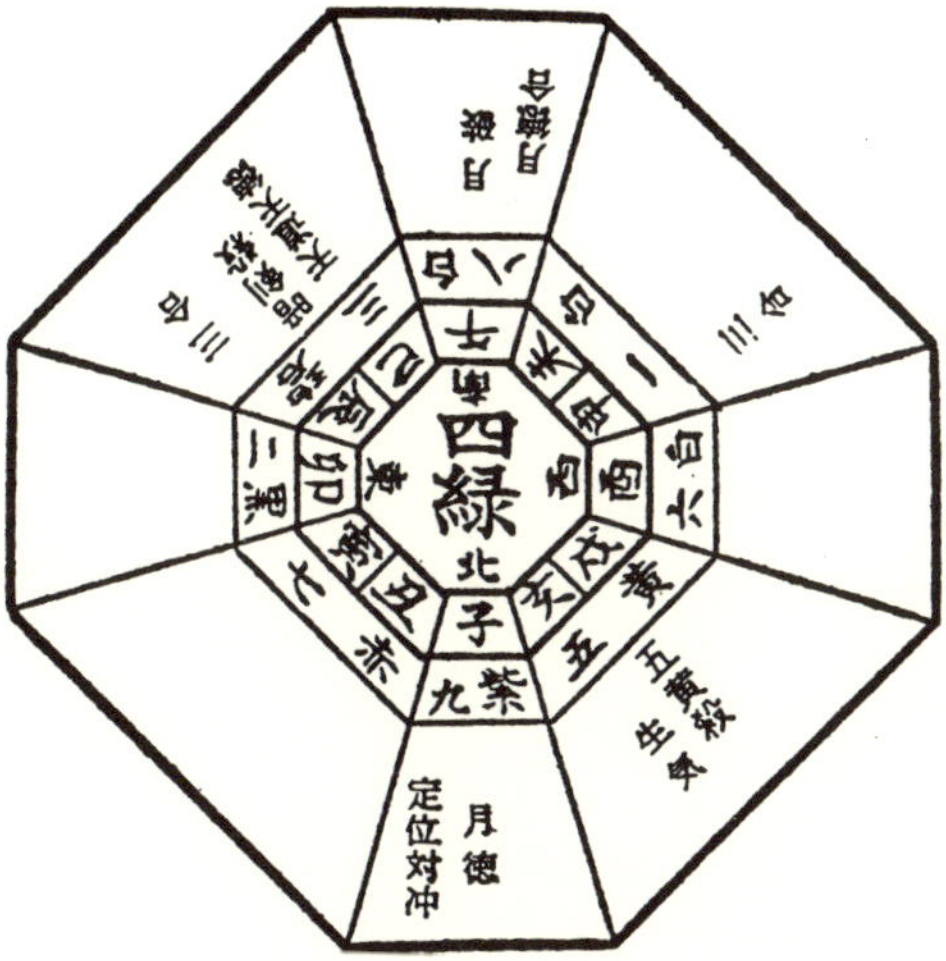
四緑
北
東
西
子
卯
酉
九紫
七赤
二黒
六白
五黄
月徳
定位対冲
五黄殺
生気
三合

一月（丑）

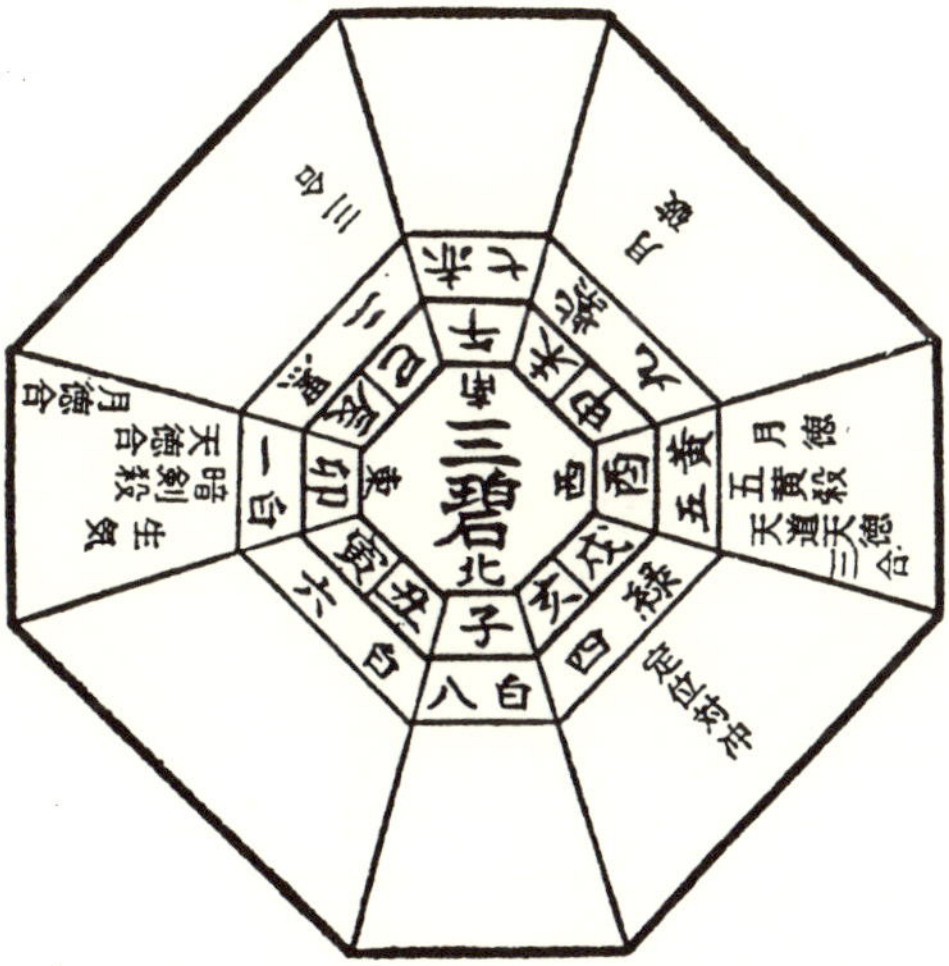
三碧
北
東
西
子
卯
酉
八白
六白
一白
四緑
五黄
月徳
天徳合
暗剣殺
月徳合
生気
五黄殺
天道
天徳
三合
定位対冲

寅・申・巳・亥の年
(二黒・五黄・八白の年)

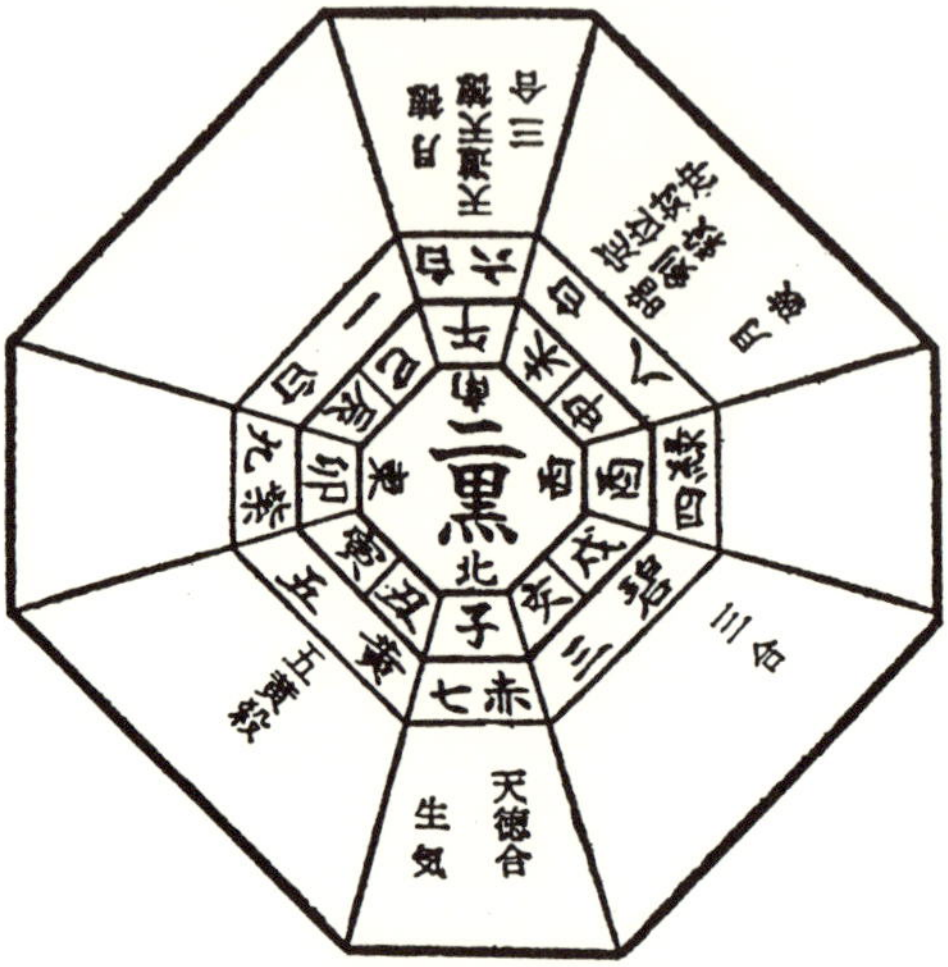

二月（寅）

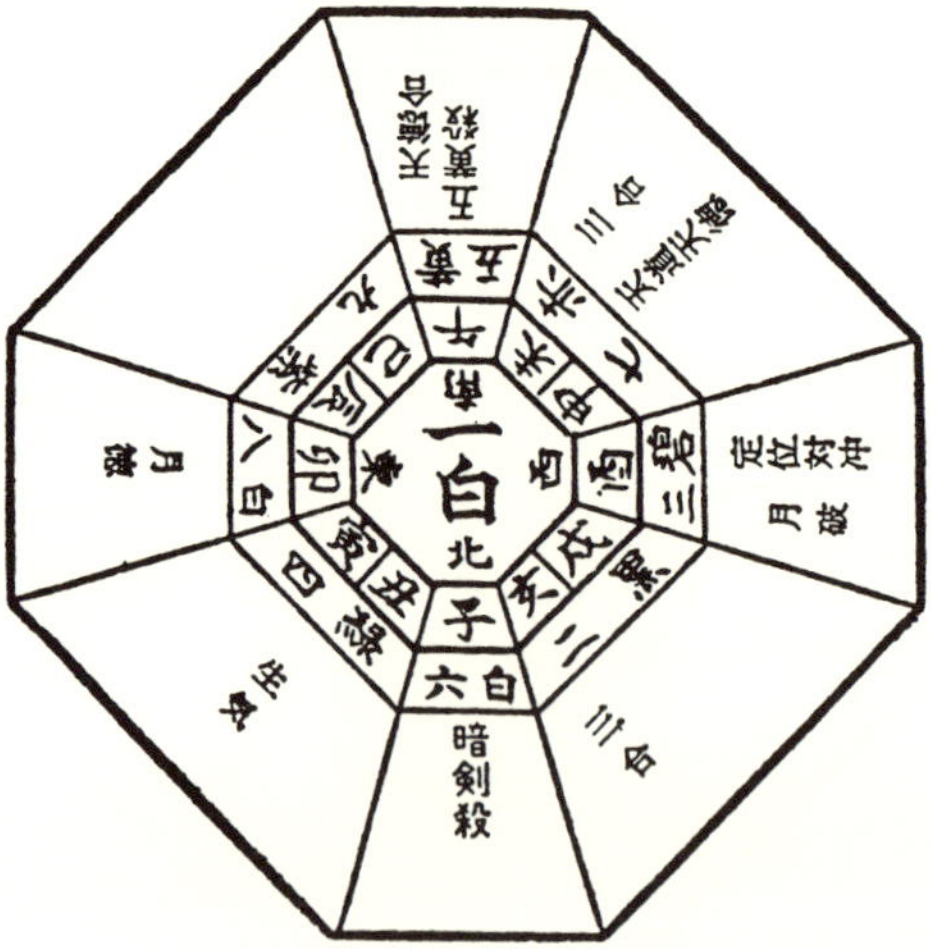

三月（卯）

四月（辰）

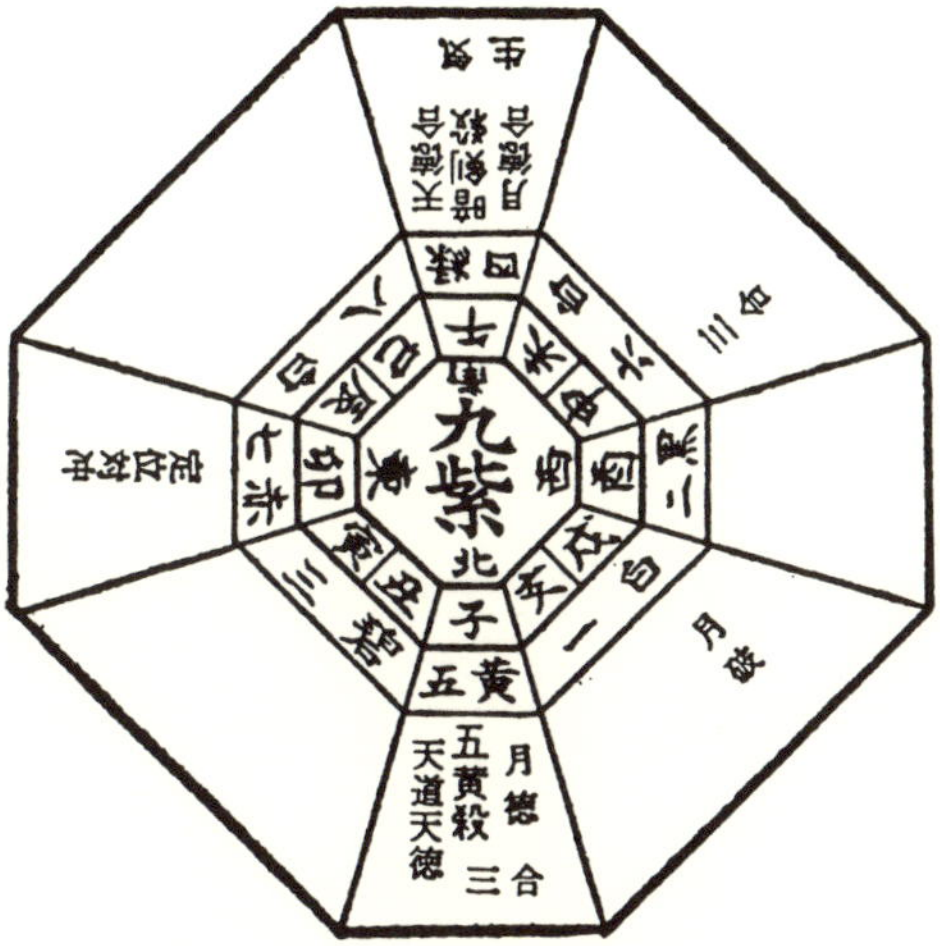
九紫
南
北
東
西
子
午
卯
酉
五黄
一白
二黒
三碧
四緑
六白
七赤
八白
月徳合
五黄殺
天道天徳
三合
月破
定位対冲
三合

五月（巳）

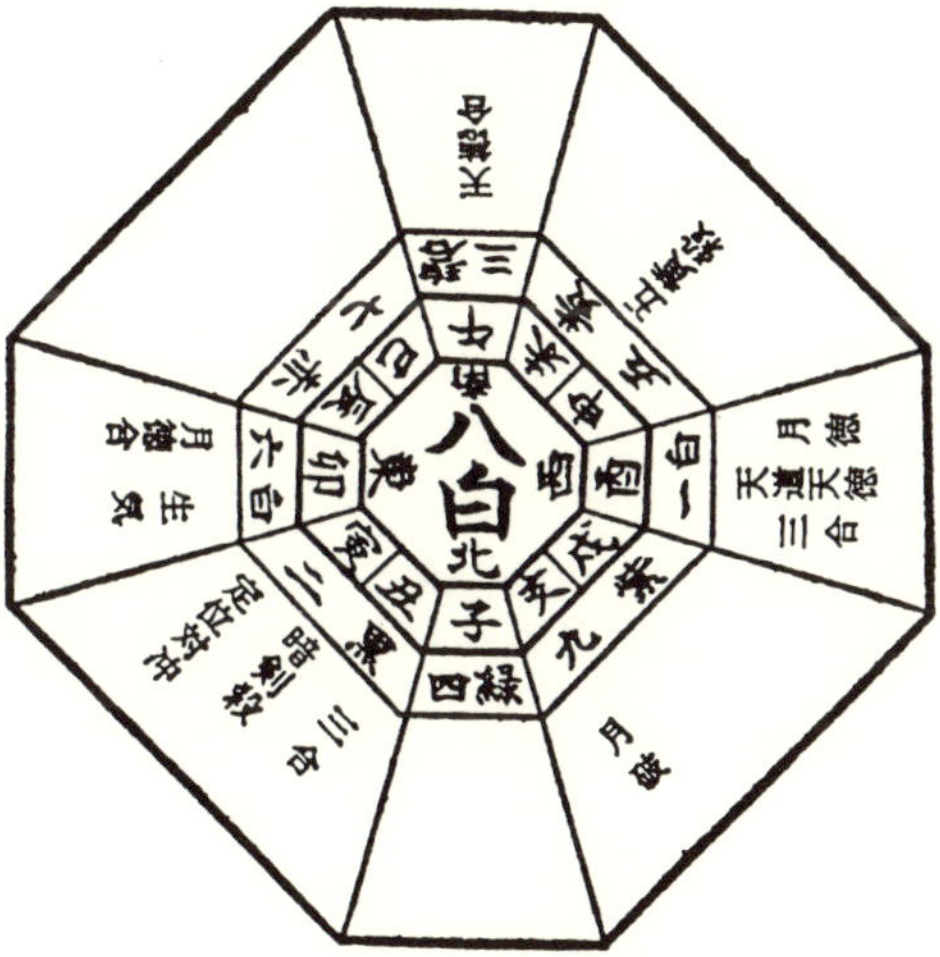
八白
南
北
東
西
子
午
卯
酉
一白
二黒
三碧
四緑
六白
七赤
九紫
天徳合
月徳合
生気
天道天徳
三合
月破
暗剣殺
定位対冲
三合

六月（午）

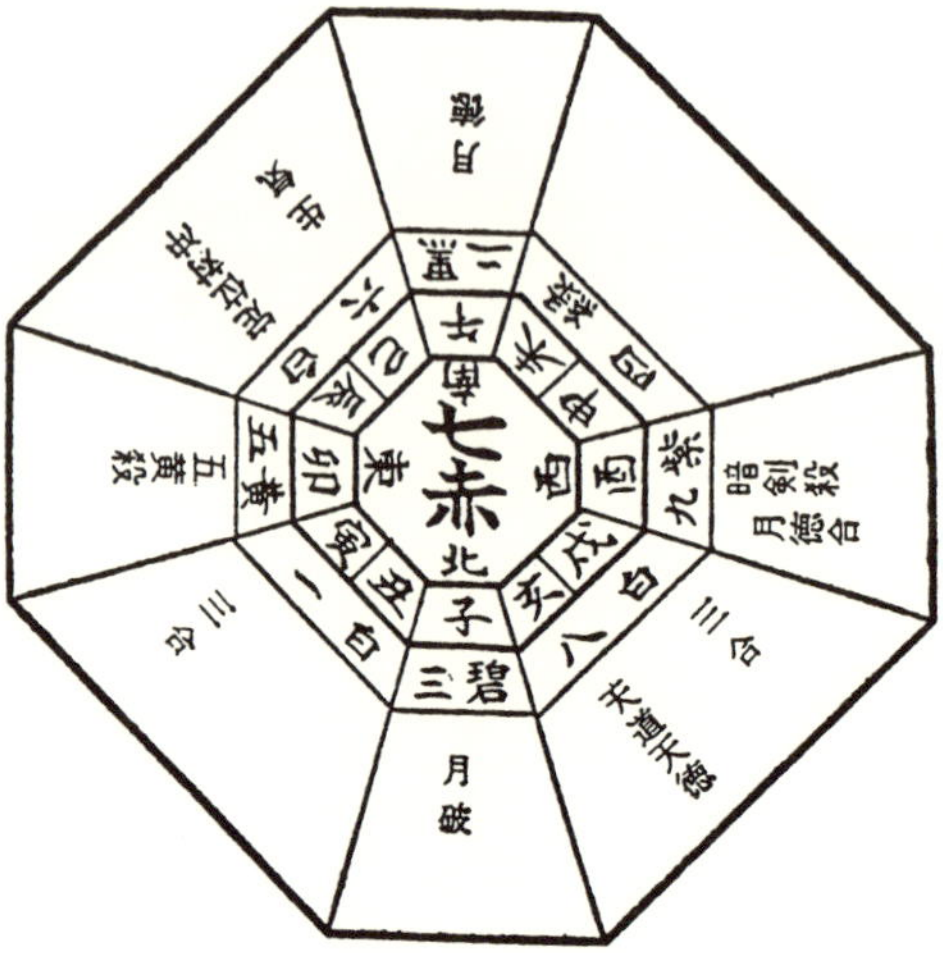

七月（未）

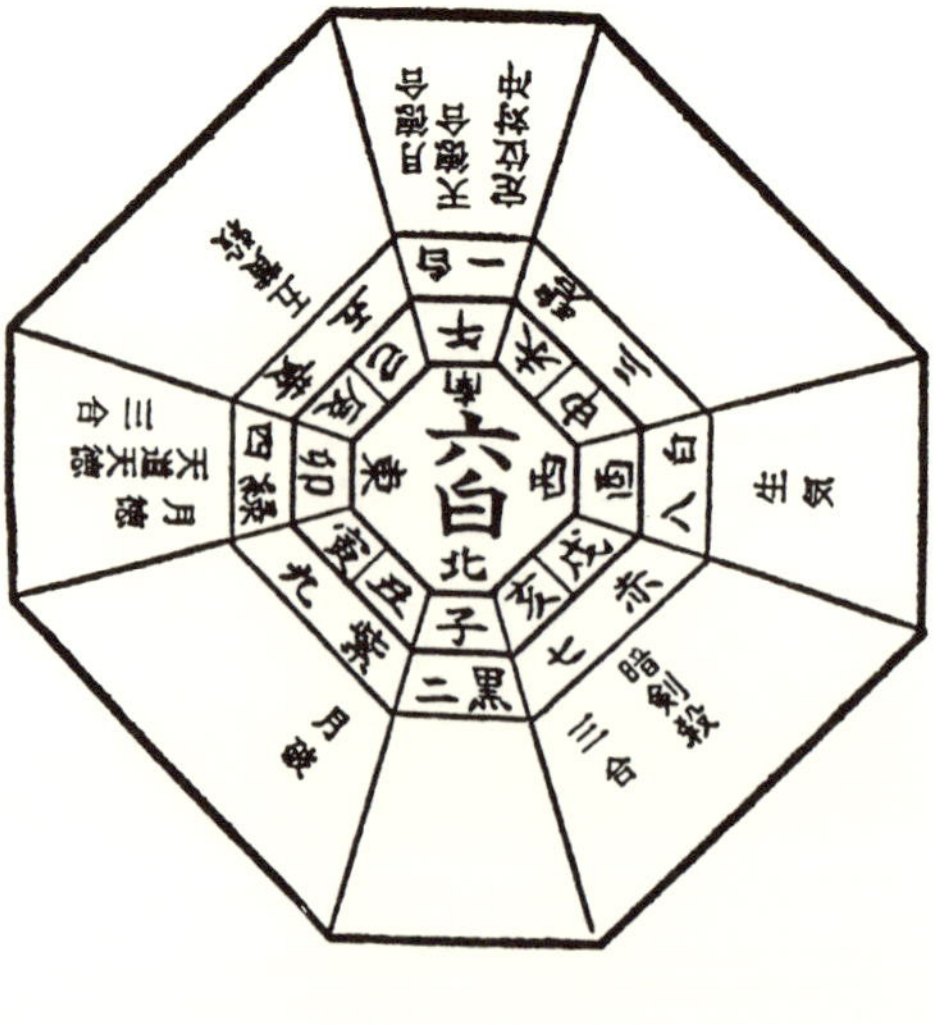

八月(申)

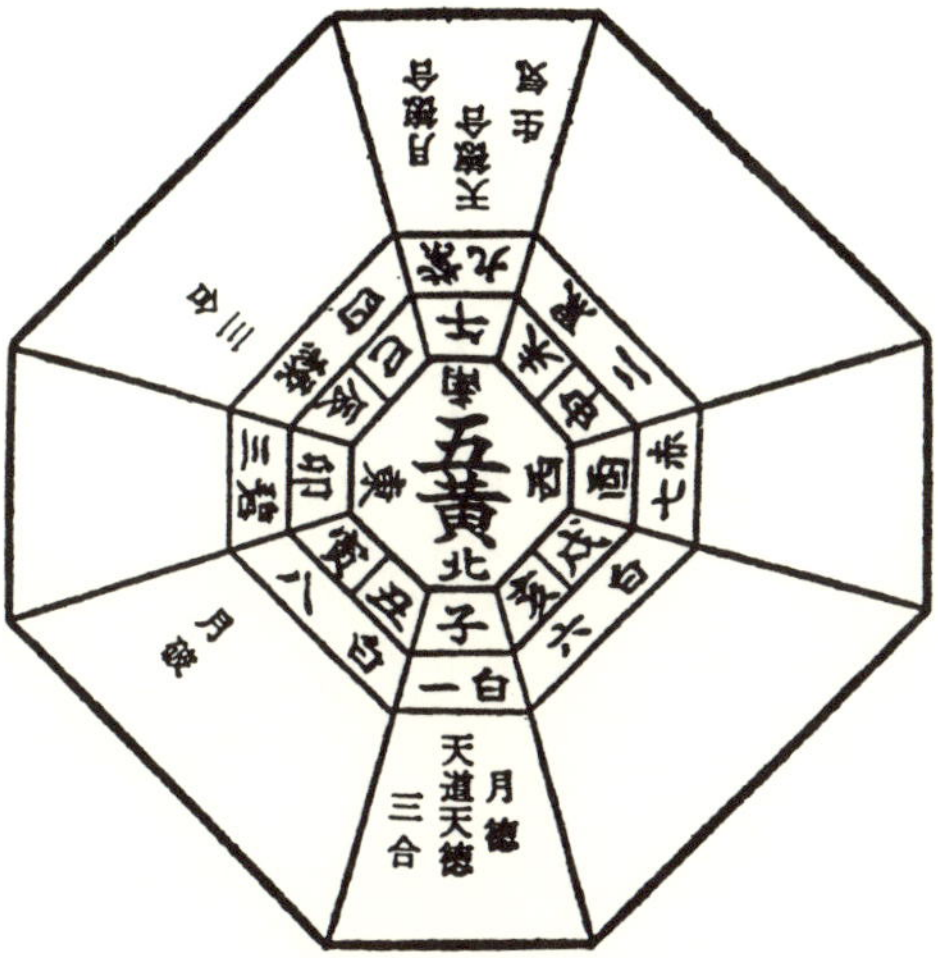

五黄
北
東
西
南
子
丑
寅
卯
巳
午
未
申
酉
戌
亥
一白
六白
七赤
二黒
九紫
四緑
三碧
八白
月徳
天道天徳
三合
月破
三合

九月(酉)

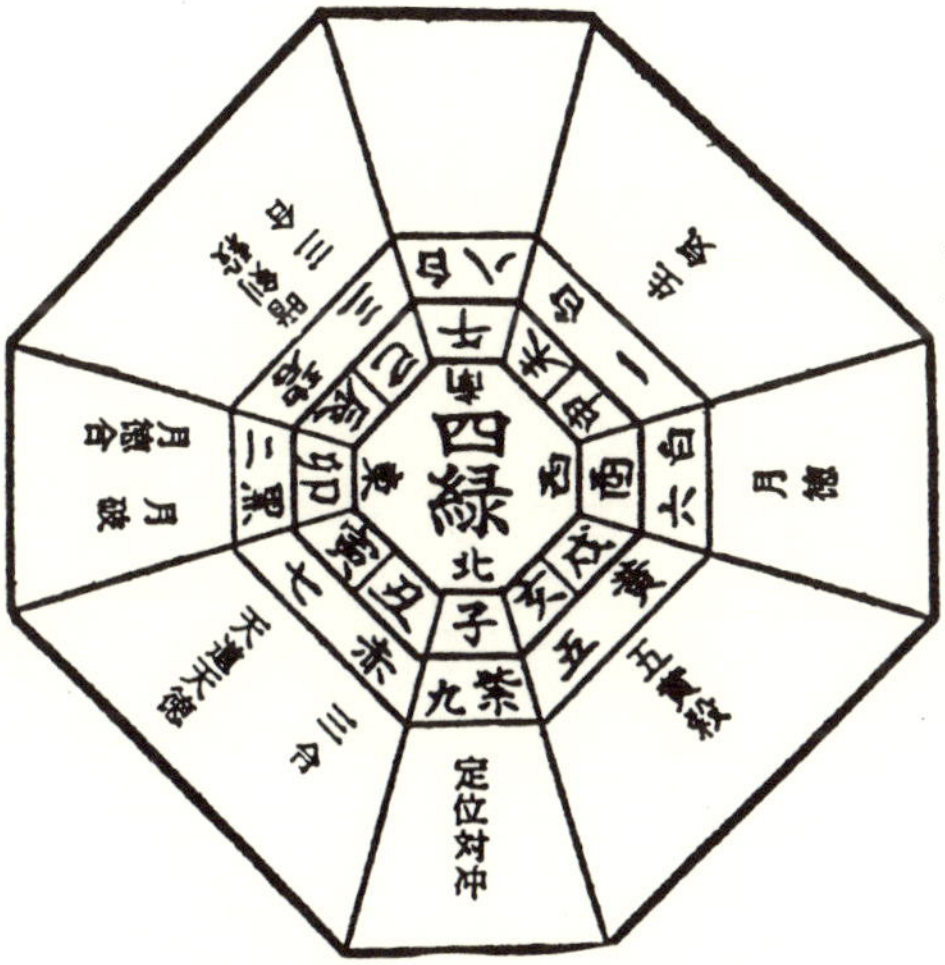

四緑
北
東
西
南
子
丑
寅
卯
巳
午
未
申
酉
戌
亥
九紫
五黄
六白
一白
八白
三碧
二黒
七赤
定位対冲
三合
天道天徳
月破
月徳合
三合
暗剣殺
月徳
五黄殺

十月(戌)

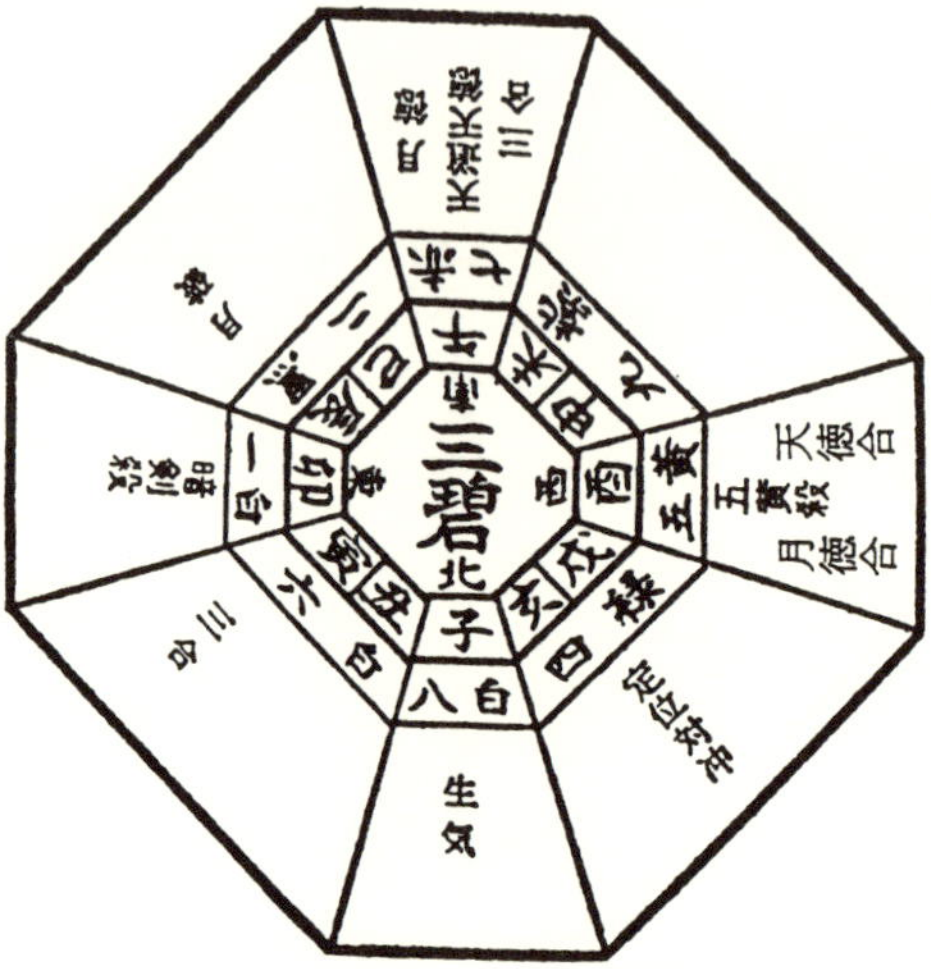

十一月(亥)

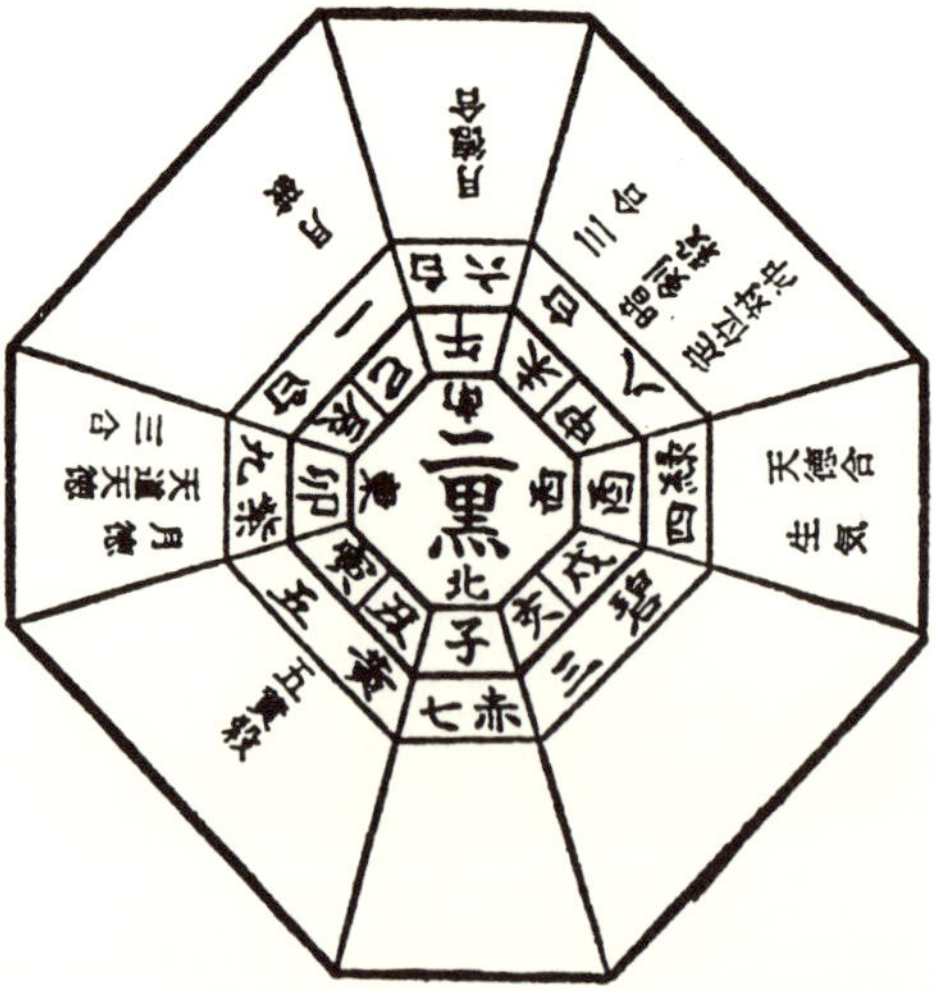

十二月（子）

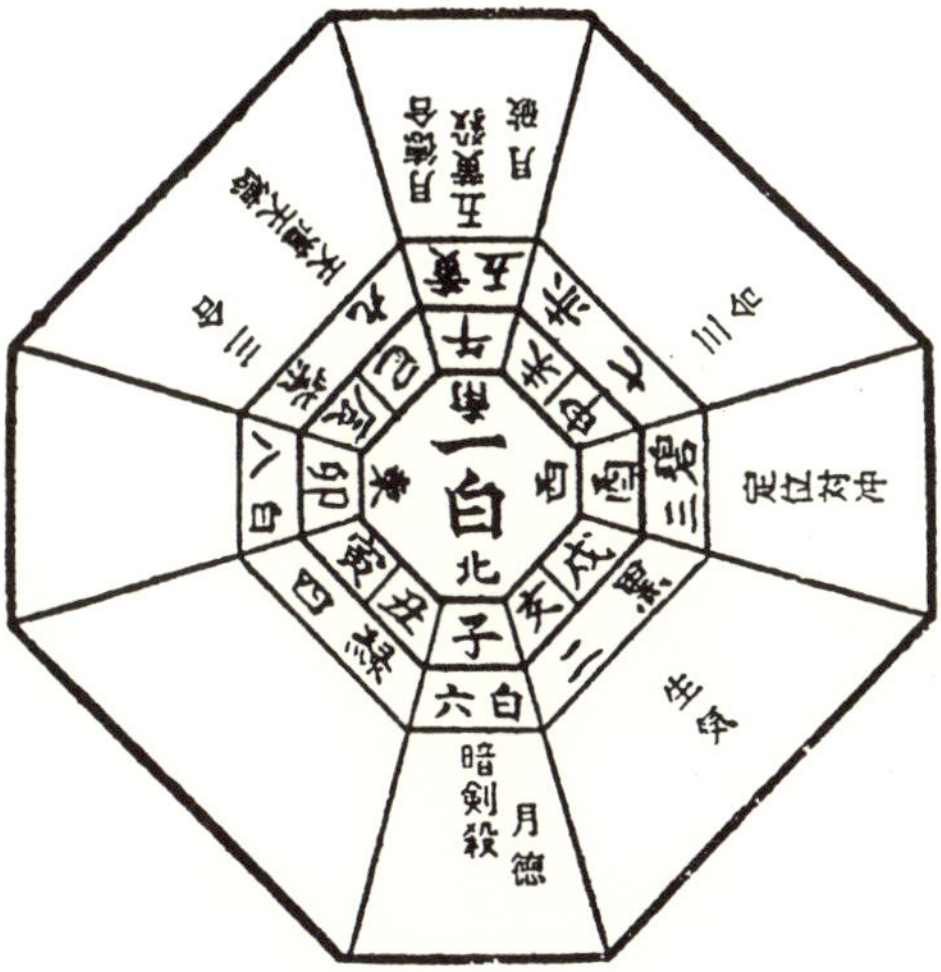
一白
北
子
六白
暗剣殺
月徳
生気
定位対冲
三合

一月（丑）

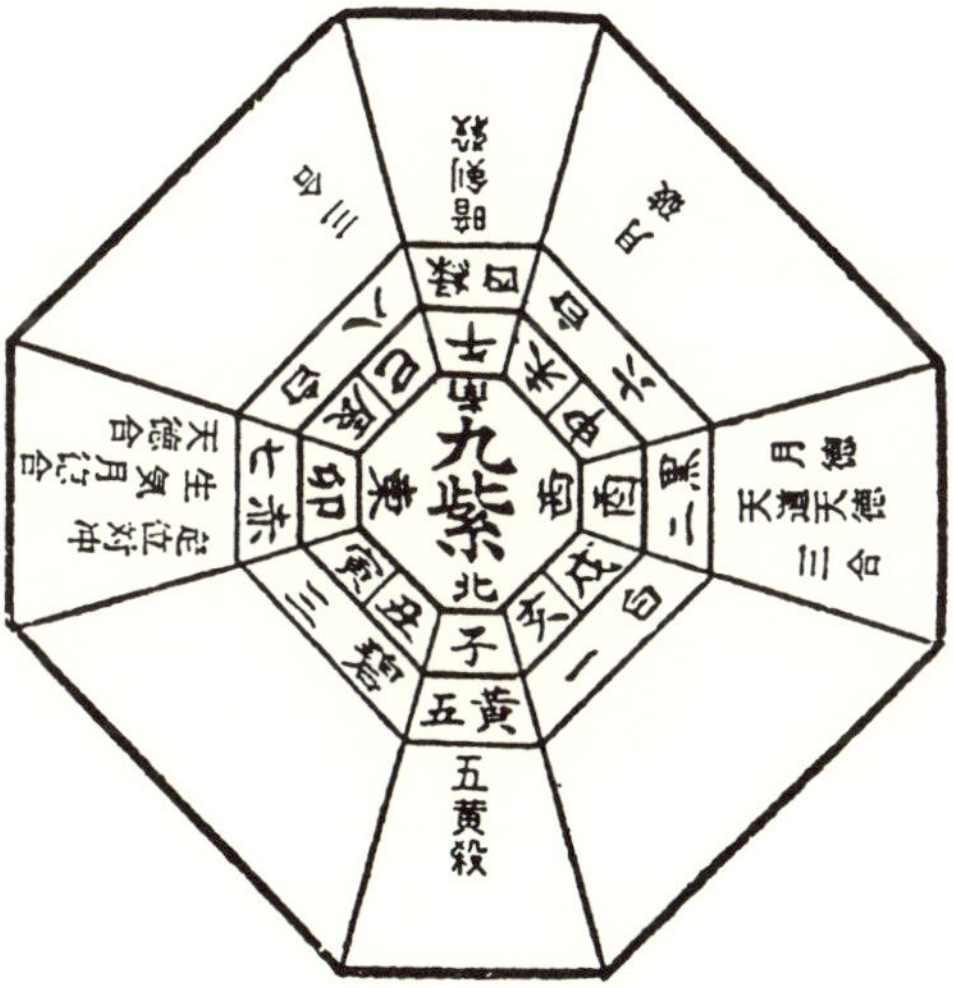
九紫
北
子
五黄
五黄殺
月徳
天道
天徳
三合
生気
定位対冲
天徳合
月徳合
暗剣殺

生まれ月九星早見表

九紫 六白 三碧 生まれ	八白 五黄 二黒 生まれ	七赤 四緑 一白 生まれ	年月九星／生まれ月
五黄	二黒	八白	二月寅
四緑	一白	七赤	三月卯
三碧	九紫	六白	四月辰
二黒	八白	五黄	五月巳
一白	七赤	四緑	六月午
九紫	六白	三碧	七月未
八白	五黄	二黒	八月申
七赤	四緑	一白	九月酉
六白	三碧	九紫	十月戌
五黄	二黒	八白	十一月亥
四緑	一白	七赤	十二月子
三碧	九紫	六白	一月丑

小児殺の方位

年		月 新暦
未 丑 酉 卯 亥 巳	午 子 申 寅 戌 辰	
南	中　央	2月
北	北　西	3月
西　南	西	4月
東	東　北	5月
東　南	南	6月
中　央	北	7月
北　西	南　西	8月
西	東	9月
東　北	東　南	10月
南	中　央	11月
北	北　西	12月
南　西	西	1月

小児殺傷の方位は、小児の本命月命に関わらず絶対に用いてはならない。
これを用いた場合には、病気に罹り、時には死亡する。
男子は八才、女子は七才までを小児と見なす。

時の九星早見表

陰遁日の時家	日の十二支			時間割			日の十二支			陽遁日の時家
	寅巳申亥	丑辰未戌	子卯午酉	子の刻は 自午后十一時 至午前一時			寅巳申亥	丑辰未戌	子卯午酉	
子	三	六	九	一	十二	十一	七	四	一	子
丑	二	五	八	三	二	一	八	五	二	丑
寅	一	四	七	五	四	三	九	六	三	寅
卯	九	三	六	七	六	五	一	七	四	卯
辰	八	二	五	九	八	七	二	八	五	辰
巳	七	一	四	十一	十	九	三	九	六	巳
午	六	九	三	一	十二	十一	四	一	七	午
未	五	八	二	三	二	一	五	二	八	未
申	四	七	一	五	四	三	六	三	九	申
酉	三	六	九	七	六	五	七	四	一	酉
戌	二	五	八	九	八	七	八	五	二	戌
亥	一	四	七	十一	十	九	九	六	三	亥

先天定位

七赤金星	六白金星	四緑木星
九紫火星		一白水星
三碧木星	二黒土星	八白土星

後天定位

四緑木星	九紫火星	二黒土星
三碧木星	五黄土星	七赤金星
八白土星	一白水星	六白金星

月盤表

生年九星	二月寅	三月卯	四月辰	五月巳	六月午	七月未	八月申	九月酉	十月戌	十一月亥	十二月子	一月丑
一白・四緑・七赤生	八白	七赤	六白	五黄	四緑	三碧	二黒	一白	九紫	八白	七赤	六白
二黒・五黄・八白生	二黒	一白	九紫	八白	七赤	六白	五黄	四緑	三碧	二黒	一白	九紫
三碧・六白・九紫生	五黄	四緑	三碧	二黒	一白	九紫	八白	七赤	六白	五黄	四緑	三碧

日の九星早見表

陽遁	冬至	上元	一白	二黒	三碧	四緑	五黄	六白	七赤	八白	九紫
	啓蟄	中元	七赤	八白	九紫	一白	二黒	三碧	四緑	五黄	六白
	立夏	下元	四緑	五黄	六白	七赤	八白	九紫	一白	二黒	三碧
			甲子	乙丑	丙寅	丁卯	戊辰	己巳	庚午	辛未	壬申
			癸酉	甲戌	乙亥	丙子	丁丑	戊寅	己卯	庚辰	辛巳
			壬午	癸未	甲申	乙酉	丙戌	丁亥	戊子	己丑	庚寅
			辛卯	壬辰	癸巳	甲午	乙未	丙申	丁酉	戊戌	己亥
			庚子	辛丑	壬寅	癸卯	甲辰	乙巳	丙午	丁未	戊申
			己酉	庚戌	辛亥	壬子	癸丑	甲寅	乙卯	丙辰	丁巳
			戊午	己未	庚申	辛酉	壬戌	癸亥			
陰遁	夏至	上元	九紫	八白	七赤	六白	五黄	四緑	三碧	二黒	一白
	白露	中元	三碧	二黒	一白	九紫	八白	七赤	六白	五黄	四緑
	立冬	下元	六白	五黄	四緑	三碧	二黒	一白	九紫	八白	七赤

陽遁
冬至に近い甲子の日より一白を起こす(上元)
啓蟄に近い甲子の日より七赤を起こす(中元)
立夏に近い甲子の日より四緑を起こす(下元)

陰遁
夏至に近い甲子の日より九紫を起こす(上元)
白露に近い甲子の日より三碧を起こす(中元)
立冬に近い甲子の日より六白を起こす(下元)

十二支四時旺衰表

四季／十二支	春 寅卯 辰月	夏 巳午 未月	秋 申酉 戌月	冬 亥子 丑月	土用 丑辰 未戌
子	休	囚	相	旺	死
丑	死	相	休	旺	旺
寅	旺	休	死	相	囚
卯	旺	休	死	相	囚
辰	旺	相	休	囚	旺
巳	相	旺	囚	死	休
午	相	旺	囚	死	休
未	死	旺	休	囚	旺
申	囚	死	旺	休	相
酉	囚	死	旺	休	相
戌	死	相	旺	囚	旺
亥	休	囚	相	旺	死

十干四時旺衰表

土用	冬	秋	夏	春	四季／十二支
丑辰未戌	亥子丑月	申酉戌月	巳午未月	寅卯辰月	
囚	相	死	休	旺	甲
囚	相	死	休	旺	乙
休	死	囚	旺	相	丙
休	死	囚	旺	相	丁
旺	囚	休	相	死	戊
旺	囚	休	相	死	己
相	休	旺	死	囚	庚
相	休	旺	死	囚	辛
死	旺	相	囚	休	壬
死	旺	相	囚	休	癸

九星相生・相剋表

吉凶＼九星		一白水星	二黒土星	三碧木星	四緑木星	五黄土星	六白金星	七赤金星	八白土星	九紫火星
大吉・生気	相生	六白・七赤	九紫	一白	一白	九紫	二黒・五黄・八白	二黒・五黄・八白	九紫	三碧・四緑
中吉・比和	相生	一白	二黒・五黄・八白	三碧・四緑	三碧・四緑	二黒・五黄・八白	六白・七赤	六白・七赤	二黒・五黄・八白	九紫
吉・退気	相生	三碧・四緑	六白・七赤	九紫	九紫	六白・七赤	一白	一白	六白・七赤	二黒・五黄・八白
凶・死気	相剋	九紫	一白	二黒・五黄・八白	二黒・五黄・八白	一白	三碧・四緑	三碧・四緑	一白	六白・七赤
大凶・殺気	相剋	二黒・五黄・八白	三碧・四緑	六白・七赤	六白・七赤	三碧・四緑	九紫	九紫	三碧・四緑	一白

九星吉方・傾斜早見表

本命	月命	傾斜	方位	生れ月	最大吉方・相性
一白本命生れ	一白	離	南	9	6・7・3・4
	二黒	巽	東南	8	6・7
	三碧	震	東	7	4
	四緑	坤	南西	6	3
	五黄	坎	北	5	6・7
	六白	離	南	4・1	7
	七赤	艮	東北	3・12	6
	八白	兌	西	2・11	6・7
	九紫	乾	北西	10	3・4

本命	月命	傾斜	方位	生れ月	最大吉方・相性
二黒本命生れ	一白	乾	北西	12・3	6・7
	二黒	乾	北西	11・2	6・7・8・9
	三碧	巽	東南	10	9
	四緑	震	東	9	9
	五黄	坤	南西	8	6・7・8・9
	六白	坎	北	7	7・8
	七赤	離	南	6	6・8
	八白	艮	東北	5	6・7・9
	九紫	兌	西	4・1	8

本命	月命	傾斜	方位	生れ月	最大吉方・相性
三碧本命生れ	一白	兌	西	6	4
	二黒	乾	北西	5	9
	三碧	巽	東南	4・1	1・4・9
	四緑	巽	東南	3・12	1・9
	五黄	震	東	2・11	9
	六白	坤	南西	10	1
	七赤	坎	北	9	1
	八白	離	南	8	9
	九紫	艮	東北	7	4

本命	月命	傾斜	方位	生れ月	最大吉方・相性
四緑本命生れ	一白	艮	東北	9	3
	二黒	兌	西	8	9
	三碧	乾	北西	7	1・9
	四緑	震	東	6	1・3・9
	五黄	巽	東南	5	9
	六白	震	東	4・1	1
	七赤	坤	南西	3・12	1
	八白	坎	北	2・11	9
	九紫	離	南	10	3

本命	月命	傾斜	方位	生れ月	最大吉方・相性
五黄本命生れ	一白	離	南	12・3	6・7
	二黒	艮	東北	11・2	6・7・8・9
	三碧	兌	西	10	9
	四緑	乾	北西	9	9
	五黄	男(兌) 女(乾)	西 北西	8	2・6・7・8・9
	六白	巽	東南	7	2・7・8・9
	七赤	震	東	6	2・6・8・9
	八白	坤	南西	5	2・6・7・9
	九紫	坎	北	4・1	2・8

本命	月命	傾斜	方位	生れ月	最大吉方・相性
六白本命生れ	一白	坎	北	6	7
	二黒	離	南	5	7・8
	三碧	艮	東北	1・4	1
	四緑	兌	西	3・12	1
	五黄	乾	北西	2・11	2・7・8
	六白	坤	南西	10	1・2・7・8
	七赤	巽	東南	9	1・2・8
	八白	震	東	8	2・7
	九紫	坤	南西	7	2・8

本命	月命	傾斜	方位	生れ月	最大吉方・相性
七赤本命生れ	一白	坤	南西	9	6
	二黒	坎	北	8	6・8
	三碧	離	南	7	1
	四緑	艮	東北	6	1
	五黄	兌	西	5	2・6・8
	六白	乾	北西	4・1	1・2・8
	七赤	艮	東北	3・12	1・2・6・8
	八白	巽	東南	2・11	2・6
	九紫	震	東	10	2・8

本命	月命	傾斜	方位	生れ月	最大吉方・相性
八白本命生れ	一白	震	東	12・3	6・7
	二黒	坤	南西	11・2	6・7・9
	三碧	坎	北	10	9
	四緑	離	南	9	9
	五黄	艮	東北	8	2・6・7・9
	六白	兌	西	7	2・7
	七赤	乾	北西	6	2・6
	八白	兌	西	5	2・6・7・9
	九紫	巽	東南	4・1	2

本命	月命	傾斜	方位	生れ月	最大吉方・相性
九紫本命生れ	一白	巽	東南	6	3・4
	二黒	震	東	5	8
	三碧	坤	南西	4・1	4
	四緑	坎	北	3・12	3
	五黄	離	南	2・11	2・8
	六白	艮	東北	10	2・8
	七赤	兌	西	9	2・8
	八白	乾	北西	8	2
	九紫	坎	北	7	2・3・4・8

刑冲破害表

亥	戌	酉	申	未	午	巳	辰	卯	寅	丑	子	
		破	三合	害	冲		三合	刑		合		子
	刑	三合		刑冲	害	三合	破				合	丑
破合	三合		刑冲		三合	刑害						寅
三合	合	冲		三合	破		害				刑	卯
	冲	合	三合				自刑	害		破	三合	辰
冲		三合	刑合破						刑害	三合		巳
	三合			合	自刑			破	三合	害	冲	午
三合	刑破				合			三合		刑冲	害	未
害						刑合破	三合		刑冲		三合	申
	害	自刑				三合	合	冲		三合	破	酉
		害		刑破	三合		冲	合	三合	刑		戌
自刑			害	三合		冲		三合	破合			亥

東京を中心とした主要都市分布

北		子	宇都宮・米沢・山形・青森・札幌
艮	東北	丑	仙台・盛岡・釧路・網走
		寅	松戸・水戸・筑波
東		卯	船橋・習志野・成田・銚子
巽	東南	辰	市原・千葉・茂原
		巳	木更津・勝浦・鴨川
南		午	館山・横須賀・小笠原諸島
坤	南西	未	横浜・鎌倉・逗子・藤沢
		申	伊豆・静岡・奈良・大阪・熊本
西		酉	甲府・名古屋・京都・広島・福岡
坤	北西	戌	秩父・松本・長野・黒部・富山
		亥	熊谷・前橋・足利・直江津

六十干支・空亡表

甲寅 51	甲辰 41	甲午 31	甲申 21	甲戌 11	甲子 1	六十干支
乙卯 52	乙巳 42	乙未 32	乙酉 22	乙亥 12	乙丑 2	
丙辰 53	丙午 43	丙申 33	丙戌 23	丙子 13	丙寅 3	
丁巳 54	丁未 44	丁酉 34	丁亥 24	丁丑 14	丁卯 4	
戊午 55	戊申 45	戊戌 35	戊子 25	戊寅 15	戊辰 5	
己未 56	己酉 46	己亥 36	己丑 26	己卯 16	己巳 6	
庚申 57	庚戌 47	庚子 37	庚寅 27	庚辰 17	庚午 7	
辛酉 58	辛亥 48	辛丑 38	辛卯 28	辛巳 18	辛未 8	
壬戌 59	壬子 49	壬寅 39	壬辰 29	壬午 19	壬申 9	
癸亥 60	癸丑 50	癸卯 40	癸巳 30	癸未 20	癸酉 10	
子丑	寅卯	辰巳	午未	申酉	戌亥	空亡

生時の干支表

癸戊ノ日	壬丁ノ日	辛丙ノ日	庚乙ノ日	己甲ノ日	日干／時間
壬子	庚子	戊子	丙子	甲子	0~1
癸丑	辛丑	己丑	丁丑	乙丑	1~3
甲寅	壬寅	庚寅	戊寅	丙寅	3~5
乙卯	癸卯	辛卯	己卯	丁卯	5~7
丙辰	甲辰	壬辰	庚辰	戊辰	7~9
丁巳	乙巳	癸巳	辛巳	己巳	9~11
戊午	丙午	甲午	壬午	庚午	11~13
己未	丁未	乙未	癸未	辛未	13~15
庚申	戊申	丙申	甲申	壬申	15~17
辛酉	己酉	丁酉	乙酉	癸酉	17~19
壬戌	庚戌	戊戌	丙戌	甲戌	19~21
癸亥	辛亥	己亥	丁亥	乙亥	21~23
甲子	壬子	庚子	戊子	丙子	23~24

生まれ年本命表

一白水星《いっぱくすいせい》

昭和２年(1927)　丁卯
昭和11年(1936)　丙子
昭和20年(1945)　乙酉
昭和29年(1954)　甲午
昭和38年(1963)　癸卯

二黒土星《じこくどせい》

大正15年(1926)　丙寅
昭和10年(1935)　乙亥
昭和19年(1944)　甲申
昭和28年(1953)　癸巳
昭和37年(1962)　壬寅

三碧木星《さんぺきもくせい》

大正14年(1925)　乙丑
昭和９年(1934)　甲戌
昭和18年(1943)　癸未
昭和27年(1952)　壬辰
昭和36年(1961)　辛丑

四緑木星《しろくもくせい》

大正13年(1924)　甲子
昭和８年(1933)　癸酉
昭和17年(1942)　壬午
昭和26年(1951)　辛卯
昭和35年(1960)　庚子

五黄土星《ごおうどせい》

大正12年(1923)　癸亥
昭和７年(1932)　壬申
昭和16年(1941)　辛巳
昭和25年(1950)　庚寅
昭和31年(1959)　己亥

六白金星《ろっぱくきんせい》

大正11年(1922)　壬戌
昭和６年(1931)　辛未
昭和15年(1940)　庚辰
昭和24年(1949)　己丑
昭和33年(1958)　戊戌

七赤金星《しちせききんせい》

大正10年(1921)　辛酉
昭和５年(1930)　庚午
昭和14年(1939)　己卯
昭和23年(1948)　戊子
昭和32年(1957)　丁酉

八白土星《はっぱくどせい》

大正９年(1920)　庚申
昭和４年(1929)　己巳
昭和13年(1938)　戊寅
昭和22年(1947)　丁亥
昭和31年(1956)　丙申

九紫火星《きゅうしかせい》

昭和３年(1928)　戊辰
昭和12年(1937)　丁丑
昭和21年(1946)　丙戌
昭和30年(1955)　乙未
昭和39年(1964)　甲辰

年の変わり目は立春２月４日前後です。
次の年の２月４日前後までが１年間となります。

万年暦

万年暦の見方

年の干支・九星

月の干支・節入

令和元年 2019年 己亥年 八白土星																		
	12月丙子			11月乙亥			10月甲戌			9月癸酉			8月壬申			7月辛未		
	7日 19：18			8日 02：23			8日 23：05			8日 07：17			8日 04：13			7日 18：20		
	22日 13：19			22日 23：58			24日 02：19			23日 16：50			23日 19：02			23日 11：50		
	一白水星			二黒土星			三碧木星			四緑木星			五黄土星			六白金星		
1	11月5日	一白	壬申	10月5日	四緑	壬寅	9月3日	八白	辛未	8月3日	二黒	辛丑	7月1日	六白	庚午	5月29日	一白	己亥
2	11月6日	九紫	癸酉	10月6日	三碧	癸卯	9月4日	七赤	壬申	8月4日	一白	壬寅	7月2日	五黄	辛未	5月30日	九紫	庚子
3	11月7日	八白	甲戌	10月7日	二黒	甲辰	9月5日	六白	癸酉	8月5日	九紫	癸卯	7月3日	四緑	壬申	6月1日	八白	辛丑
4	11月8日	七赤	乙亥	10月8日	一白	乙巳	9月6日	五黄	甲戌	8月6日	八白	甲辰	7月4日	三碧	癸酉	6月2日	七赤	壬寅
5	11月9日	六白	丙子	10月9日	九紫	丙午	9月7日	四緑	乙亥	8月7日	七赤	乙巳	7月5日	二黒	甲戌	6月3日	六白	癸卯
6	11月10日	五黄	丁丑	10月10日	八白	丁未	9月8日	三碧	丙子	8月8日	六白	丙午	7月6日	一白	乙亥	6月4日	五黄	甲辰
7	11月11日	四緑	戊寅	10月11日	七赤	戊申	9月9日	二黒	丁丑	8月9日	五黄	丁未	7月7日	九紫	丙子	6月5日	四緑	乙巳
8	11月12日	三碧	己卯	10月12日	六白	己酉	9月10日	一白	戊寅	8月10日	四緑	戊申	7月8日	八白	丁丑	6月6日	三碧	丙午
9	11月13日	二黒	庚辰	10月13日	五黄	庚戌	9月11日	九紫	己卯	8月11日	三碧	己酉	7月9日	七赤	戊寅	6月7日	二黒	丁未
10	11月14日	一白	辛巳	10月14日	四緑	辛亥	9月12日	八白	庚辰	8月12日	二黒	庚戌	7月10日	六白	己卯	6月8日	一白	戊申
11	11月15日	九紫	壬午	10月15日	三碧	壬子	9月13日	七赤	辛巳	8月13日	一白	辛亥	7月11日	五黄	庚辰	6月9日	九紫	己酉
12	11月16日	八白	癸未	10月16日	二黒	癸丑	9月14日	六白	壬午	8月14日	九紫	壬子	7月12日	四緑	辛巳	6月10日	八白	庚戌
13	11月17日	七赤	甲申	10月17日	一白	甲寅	9月15日	五黄	癸未	8月15日	八白	癸丑	7月13日	三碧	壬午	6月11日	七赤	辛亥
14	11月18日	六白	乙酉	10月18日	九紫	乙卯	9月16日	四緑	甲申	8月16日	七赤	甲寅	7月14日	二黒	癸未	6月12日	六白	壬子
15	11月19日	五黄	丙戌	10月19日	八白	丙辰	9月17日	三碧	乙酉	8月17日	六白	乙卯	7月15日	一白	甲申	6月13日	五黄	癸丑
16	11月20日	四緑	丁亥	10月20日	七赤	丁巳	9月18日	二黒	丙戌	8月18日	五黄	丙辰	7月16日	九紫	乙酉	6月14日	四緑	甲寅
17	11月21日	三碧	戊子	10月21日	六白	戊午	9月19日	一白	丁亥	8月19日	四緑	丁巳	7月17日	八白	丙戌	6月15日	三碧	乙卯
18	11月22日	二黒	己丑	10月22日	五黄	己未	9月20日	九紫	戊子	8月20日	三碧	戊午	7月18日	七赤	丁亥	6月16日	二黒	丙辰
19	11月23日	一白	庚寅	10月23日	四緑	庚申	9月21日	八白	己丑	8月21日	二黒	己未	7月19日	六白	戊子	6月17日	一白	丁巳
20	11月24日	九紫	辛卯	10月24日	三碧	辛酉	9月22日	七赤	庚寅	8月22日	一白	庚申	7月20日	五黄	己丑	6月18日	九紫	戊午
21	11月25日	八白	壬辰	10月25日	二黒	壬戌	9月23日	六白	辛卯	8月23日	九紫	辛酉	7月21日	四緑	庚寅	6月19日	八白	己未
22	11月26日	七赤	癸巳	10月26日	一白	癸亥	9月24日	五黄	壬辰	8月24日	八白	壬戌	7月22日	三碧	辛卯	6月20日	七赤	庚申
23	11月27日	七赤	甲午	10月27日	九紫	甲子	9月25日	四緑	癸巳	8月25日	七赤	癸亥	7月23日	二黒	壬辰	6月21日	六白	辛酉
24	11月28日	八白	乙未	10月28日	八白	乙丑	9月26日	三碧	甲午	8月26日	六白	甲子	7月24日	一白	癸巳	6月22日	五黄	壬戌
25	11月29日	九紫	丙申	10月29日	七赤	丙寅	9月27日	二黒	乙未	8月27日	五黄	乙丑	7月25日	九紫	甲午	6月23日	四緑	癸亥
26	12月1日	一白	丁酉	10月30日	六白	丁卯	9月28日	一白	丙申	8月28日	四緑	丙寅	7月26日	八白	乙未	6月24日	三碧	甲子
27	12月2日	二黒	戊戌	11月1日	五黄	戊辰	9月29日	九紫	丁酉	8月29日	三碧	丁卯	7月27日	七赤	丙申	6月25日	二黒	乙丑
28	12月3日	三碧	己亥	11月2日	四緑	己巳	10月1日	八白	戊戌	8月30日	二黒	戊辰	7月28日	六白	丁酉	6月26日	一白	丙寅
29	12月4日	四緑	庚子	11月3日	三碧	庚午	10月2日	七赤	己亥	9月1日	一白	己巳	7月29日	五黄	戊戌	6月27日	九紫	丁卯
30	12月5日	五黄	辛丑	11月4日	二黒	辛未	10月3日	六白	庚子	9月2日	九紫	庚午	8月1日	四緑	己亥	6月28日	八白	戊辰
31	12月6日	六白	壬寅				10月4日	五黄	辛丑				8月2日	三碧	庚子	6月29日	七赤	己巳

現行のカレンダー

太陰暦（旧暦）

日の九星

日の干支

6月庚午			5月己巳			4月戊辰			3月丁卯			2月丙寅			1月乙丑			
6日 08：05			6日 04：01			5日 10：51			6日 06：10			4日 12：15			6日 00：39			
22日 00：53			21日 16：57			20日 17：54			21日 06：58			19日 08：04			20日 18：00			
七赤金星			八白土星			九紫火星			一白水星			二黒土星			三碧木星			
月28日	四緑	己巳	3月27日	二黒	戊戌	2月26日	八白	戊辰	1月25日	四緑	丁酉	12月27日	三碧	己巳	11月26日	八白	戊戌	1
月29日	三碧	庚午	3月28日	三碧	己亥	2月27日	九紫	己巳	1月26日	五黄	戊戌	12月28日	四緑	庚午	11月27日	九紫	己亥	2
月1日	二黒	辛未	3月29日	四緑	庚子	2月28日	一白	庚午	1月27日	六白	己亥	12月29日	五黄	辛未	11月28日	一白	庚子	3
月2日	一白	壬申	3月30日	五黄	辛丑	2月29日	二黒	辛未	1月28日	七赤	庚子	12月30日	六白	壬申	11月29日	二黒	辛丑	4
月3日	九紫	癸酉	4月1日	六白	壬寅	3月1日	三碧	壬申	1月29日	八白	辛丑	1月1日	七赤	癸酉	11月30日	三碧	壬寅	5
月4日	八白	甲戌	4月2日	七赤	癸卯	3月2日	四緑	癸酉	1月30日	九紫	壬寅	1月2日	八白	甲戌	12月1日	四緑	癸卯	6
月5日	七赤	乙亥	4月3日	八白	甲辰	3月3日	五黄	甲戌	2月1日	一白	癸卯	1月3日	九紫	乙亥	12月2日	五黄	甲辰	7
月6日	六白	丙子	4月4日	九紫	乙巳	3月4日	六白	乙亥	2月2日	二黒	甲辰	1月4日	一白	丙子	12月3日	六白	乙巳	8
月7日	五黄	丁丑	4月5日	一白	丙午	3月5日	七赤	丙子	2月3日	三碧	乙巳	1月5日	二黒	丁丑	12月4日	七赤	丙午	9
月8日	四緑	戊寅	4月6日	二黒	丁未	3月6日	八白	丁丑	2月4日	四緑	丙午	1月6日	三碧	戊寅	12月5日	八白	丁未	10
月9日	三碧	己卯	4月7日	三碧	戊申	3月7日	九紫	戊寅	2月5日	五黄	丁未	1月7日	四緑	己卯	12月6日	九紫	戊申	11
10日	二黒	庚辰	4月8日	四緑	己酉	3月8日	一白	己卯	2月6日	六白	戊申	1月8日	五黄	庚辰	12月7日	一白	己酉	12
11日	一白	辛巳	4月9日	五黄	庚戌	3月9日	二黒	庚辰	2月7日	七赤	己酉	1月9日	六白	辛巳	12月8日	二黒	庚戌	13
12日	九紫	壬午	4月10日	六白	辛亥	3月10日	三碧	辛巳	2月8日	八白	庚戌	1月10日	七赤	壬午	12月9日	三碧	辛亥	14
13日	八白	癸未	4月11日	七赤	壬子	3月11日	四緑	壬午	2月9日	九紫	辛亥	1月11日	八白	癸未	12月10日	四緑	壬子	15
14日	七赤	甲申	4月12日	八白	癸丑	3月12日	五黄	癸未	2月10日	一白	壬子	1月12日	九紫	甲申	12月11日	五黄	癸丑	16
15日	六白	乙酉	4月13日	九紫	甲寅	3月13日	六白	甲申	2月11日	二黒	癸丑	1月13日	一白	乙酉	12月12日	六白	甲寅	17
16日	五黄	丙戌	4月14日	一白	乙卯	3月14日	七赤	乙酉	2月12日	三碧	甲寅	1月14日	二黒	丙戌	12月13日	七赤	乙卯	18
17日	四緑	丁亥	4月15日	二黒	丙辰	3月15日	八白	丙戌	2月13日	四緑	乙卯	1月15日	三碧	丁亥	12月14日	八白	丙辰	19
18日	三碧	戊子	4月16日	三碧	丁巳	3月16日	九紫	丁亥	2月14日	五黄	丙辰	1月16日	四緑	戊子	12月15日	九紫	丁巳	20
19日	二黒	己丑	4月17日	四緑	戊午	3月17日	一白	戊子	2月15日	六白	丁巳	1月17日	五黄	己丑	12月16日	一白	戊午	21
20日	一白	庚寅	4月18日	五黄	己未	3月18日	二黒	己丑	2月16日	七赤	戊午	1月18日	六白	庚寅	12月17日	二黒	己未	22
21日	九紫	辛卯	4月19日	六白	庚申	3月19日	三碧	庚寅	2月17日	八白	己未	1月19日	七赤	辛卯	12月18日	三碧	庚申	23
22日	八白	壬辰	4月20日	七赤	辛酉	3月20日	四緑	辛卯	2月18日	九紫	庚申	1月20日	八白	壬辰	12月19日	四緑	辛酉	24
23日	七赤	癸巳	4月21日	八白	壬戌	3月21日	五黄	壬辰	2月19日	一白	辛酉	1月21日	九紫	癸巳	12月20日	五黄	壬戌	25
24日	六白	甲午	4月22日	九紫	癸亥	3月22日	六白	癸巳	2月20日	二黒	壬戌	1月22日	一白	甲午	12月21日	六白	癸亥	26
25日	五黄	乙未	4月23日	九紫	甲子	3月23日	七赤	甲午	2月21日	三碧	癸亥	1月23日	二黒	乙未	12月22日	七赤	甲子	27
26日	四緑	丙申	4月24日	八白	乙丑	3月24日	八白	乙未	2月22日	四緑	甲子	1月24日	三碧	丙申	12月23日	八白	乙丑	28
27日	三碧	丁酉	4月25日	七赤	丙寅	3月25日	九紫	丙申	2月23日	五黄	乙丑				12月24日	九紫	丙寅	29
28日	二黒	戊戌	4月26日	六白	丁卯	3月26日	一白	丁酉	2月24日	六白	丙寅				12月25日	一白	丁卯	30
			4月27日	五黄	戊辰				2月25日	七赤	丁卯				12月26日	二黒	戊辰	31

令和元年　2019年　己亥年　八白土星

	12月丙子			11月乙亥			10月甲戌			9月癸酉			8月壬申			7月辛未	
	7日 19：18			8日 02：23			8日 23：05			8日 07：17			8日 04：13			7日 18：20	
	22日 13：19			22日 23：58			24日 02：19			23日 16：50			23日 19：02			23日 11：5	
	一白水星			二黒土星			三碧木星			四緑木星			五黄土星			六白金星	
1	11月5日	一白	壬申	10月5日	四緑	壬寅	9月3日	八白	辛未	8月3日	二黒	辛丑	7月1日	六白	庚午	5月29日	一白
2	11月6日	九紫	癸酉	10月6日	三碧	癸卯	9月4日	七赤	壬申	8月4日	一白	壬寅	7月2日	五黄	辛未	5月30日	九紫
3	11月7日	八白	甲戌	10月7日	二黒	甲辰	9月5日	六白	癸酉	8月5日	九紫	癸卯	7月3日	四緑	壬申	6月1日	八白
4	11月8日	七赤	乙亥	10月8日	一白	乙巳	9月6日	五黄	甲戌	8月6日	八白	甲辰	7月4日	三碧	癸酉	6月2日	七赤
5	11月9日	六白	丙子	10月9日	九紫	丙午	9月7日	四緑	乙亥	8月7日	七赤	乙巳	7月5日	二黒	甲戌	6月3日	六白
6	11月10日	五黄	丁丑	10月10日	八白	丁未	9月8日	三碧	丙子	8月8日	六白	丙午	7月6日	一白	乙亥	6月4日	五黄
7	11月11日	四緑	戊寅	10月11日	七赤	戊申	9月9日	二黒	丁丑	8月9日	五黄	丁未	7月7日	九紫	丙子	6月5日	四緑
8	11月12日	三碧	己卯	10月12日	六白	己酉	9月10日	一白	戊寅	8月10日	四緑	戊申	7月8日	八白	丁丑	6月6日	三碧
9	11月13日	二黒	庚辰	10月13日	五黄	庚戌	9月11日	九紫	己卯	8月11日	三碧	己酉	7月9日	七赤	戊寅	6月7日	二黒
10	11月14日	一白	辛巳	10月14日	四緑	辛亥	9月12日	八白	庚辰	8月12日	二黒	庚戌	7月10日	六白	己卯	6月8日	一白
11	11月15日	九紫	壬午	10月15日	三碧	壬子	9月13日	七赤	辛巳	8月13日	一白	辛亥	7月11日	五黄	庚辰	6月9日	九紫
12	11月16日	八白	癸未	10月16日	二黒	癸丑	9月14日	六白	壬午	8月14日	九紫	壬子	7月12日	四緑	辛巳	6月10日	八白
13	11月17日	七赤	甲申	10月17日	一白	甲寅	9月15日	五黄	癸未	8月15日	八白	癸丑	7月13日	三碧	壬午	6月11日	七赤
14	11月18日	六白	乙酉	10月18日	九紫	乙卯	9月16日	四緑	甲申	8月16日	七赤	甲寅	7月14日	二黒	癸未	6月12日	六白
15	11月19日	五黄	丙戌	10月19日	八白	丙辰	9月17日	三碧	乙酉	8月17日	六白	乙卯	7月15日	一白	甲申	6月13日	五黄
16	11月20日	四緑	丁亥	10月20日	七赤	丁巳	9月18日	二黒	丙戌	8月18日	五黄	丙辰	7月16日	九紫	乙酉	6月14日	四緑
17	11月21日	三碧	戊子	10月21日	六白	戊午	9月19日	一白	丁亥	8月19日	四緑	丁巳	7月17日	八白	丙戌	6月15日	三碧
18	11月22日	二黒	己丑	10月22日	五黄	己未	9月20日	九紫	戊子	8月20日	三碧	戊午	7月18日	七赤	丁亥	6月16日	二黒
19	11月23日	一白	庚寅	10月23日	四緑	庚申	9月21日	八白	己丑	8月21日	二黒	己未	7月19日	六白	戊子	6月17日	一白
20	11月24日	九紫	辛卯	10月24日	三碧	辛酉	9月22日	七赤	庚寅	8月22日	一白	庚申	7月20日	五黄	己丑	6月18日	九紫
21	11月25日	八白	壬辰	10月25日	二黒	壬戌	9月23日	六白	辛卯	8月23日	九紫	辛酉	7月21日	四緑	庚寅	6月19日	八白
22	11月26日	七赤	癸巳	10月26日	一白	癸亥	9月24日	五黄	壬辰	8月24日	八白	壬戌	7月22日	三碧	辛卯	6月20日	七赤
23	11月27日	七赤	甲午	10月27日	九紫	甲子	9月25日	四緑	癸巳	8月25日	七赤	癸亥	7月23日	二黒	壬辰	6月21日	六白
24	11月28日	八白	乙未	10月28日	八白	乙丑	9月26日	三碧	甲午	8月26日	六白	甲子	7月24日	一白	癸巳	6月22日	五黄
25	11月29日	九紫	丙申	10月29日	七赤	丙寅	9月27日	二黒	乙未	8月27日	五黄	乙丑	7月25日	九紫	甲午	6月23日	四緑
26	12月1日	一白	丁酉	10月30日	六白	丁卯	9月28日	一白	丙申	8月28日	四緑	丙寅	7月26日	八白	乙未	6月24日	三碧
27	12月2日	二黒	戊戌	11月1日	五黄	戊辰	9月29日	九紫	丁酉	8月29日	三碧	丁卯	7月27日	七赤	丙申	6月25日	二黒
28	12月3日	三碧	己亥	11月2日	四緑	己巳	10月1日	八白	戊戌	8月30日	二黒	戊辰	7月28日	六白	丁酉	6月26日	一白
29	12月4日	四緑	庚子	11月3日	三碧	庚午	10月2日	七赤	己亥	9月1日	一白	己巳	7月29日	五黄	戊戌	6月27日	九紫
30	12月5日	五黄	辛丑	11月4日	二黒	辛未	10月3日	六白	庚子	9月2日	九紫	庚午	8月1日	四緑	己亥	6月28日	八白
31	12月6日	六白	壬寅				10月4日	五黄	辛丑				8月2日	三碧	庚子	6月29日	七赤

6月壬午			5月辛巳			4月庚辰			3月己卯			2月戊寅			1月丁丑			
5日 13：57			5日 09：50			4日 16：37			5日 11：57			4日 18：04			6日 06：30			
21日 06：43			20日 22：48			19日 23：44			20日 12：49			19日 13：58			20日 23：55			
四緑木星			五黄土星			六白金星			七赤金星			八白土星			九紫火星			
月10日	六白	乙亥	4月9日	二黒	甲辰	3月9日	八白	甲戌	2月7日	四緑	癸卯	1月8日	二黒	甲戌	12月7日	七赤	癸卯	1
月11日	七赤	丙子	4月10日	三碧	乙巳	3月10日	九紫	乙亥	2月8日	五黄	甲辰	1月9日	三碧	乙亥	12月8日	八白	甲辰	2
月12日	八白	丁丑	4月11日	四緑	丙午	3月11日	一白	丙子	2月9日	六白	乙巳	1月10日	四緑	丙子	12月9日	九紫	乙巳	3
月13日	九紫	戊寅	4月12日	五黄	丁未	3月12日	二黒	丁丑	2月10日	七赤	丙午	1月11日	五黄	丁丑	12月10日	一白	丙午	4
月14日	一白	己卯	4月13日	六白	戊申	3月13日	三碧	戊寅	2月11日	八白	丁未	1月12日	六白	戊寅	12月11日	二黒	丁未	5
月15日	二黒	庚辰	4月14日	七赤	己酉	3月14日	四緑	己卯	2月12日	九紫	戊申	1月13日	七赤	己卯	12月12日	三碧	戊申	6
月16日	三碧	辛巳	4月15日	八白	庚戌	3月15日	五黄	庚辰	2月13日	一白	己酉	1月14日	八白	庚辰	12月13日	四緑	己酉	7
月17日	四緑	壬午	4月16日	九紫	辛亥	3月16日	六白	辛巳	2月14日	二黒	庚戌	1月15日	九紫	辛巳	12月14日	五黄	庚戌	8
月18日	五黄	癸未	4月17日	一白	壬子	3月17日	七赤	壬午	2月15日	三碧	辛亥	1月16日	一白	壬午	12月15日	六白	辛亥	9
月19日	六白	甲申	4月18日	二黒	癸丑	3月18日	八白	癸未	2月16日	四緑	壬子	1月17日	二黒	癸未	12月16日	七赤	壬子	10
月20日	七赤	乙酉	4月19日	三碧	甲寅	3月19日	九紫	甲申	2月17日	五黄	癸丑	1月18日	三碧	甲申	12月17日	八白	癸丑	11
月21日	八白	丙戌	4月20日	四緑	乙卯	3月20日	一白	乙酉	2月18日	六白	甲寅	1月19日	四緑	乙酉	12月18日	九紫	甲寅	12
月22日	九紫	丁亥	4月21日	五黄	丙辰	3月21日	二黒	丙戌	2月19日	七赤	乙卯	1月20日	五黄	丙戌	12月19日	一白	乙卯	13
月23日	一白	戊子	4月22日	六白	丁巳	3月22日	三碧	丁亥	2月20日	八白	丙辰	1月21日	六白	丁亥	12月20日	二黒	丙辰	14
月24日	二黒	己丑	4月23日	七赤	戊午	3月23日	四緑	戊子	2月21日	九紫	丁巳	1月22日	七赤	戊子	12月21日	三碧	丁巳	15
月25日	三碧	庚寅	4月24日	八白	己未	3月24日	五黄	己丑	2月22日	一白	戊午	1月23日	八白	己丑	12月22日	四緑	戊午	16
月26日	四緑	辛卯	4月25日	九紫	庚申	3月25日	六白	庚寅	2月23日	二黒	己未	1月24日	九紫	庚寅	12月23日	五黄	己未	17
月27日	五黄	壬辰	4月26日	一白	辛酉	3月26日	七赤	辛卯	2月24日	三碧	庚申	1月25日	一白	辛卯	12月24日	六白	庚申	18
月28日	六白	癸巳	4月27日	二黒	壬戌	3月27日	八白	壬辰	2月25日	四緑	辛酉	1月26日	二黒	壬辰	12月25日	七赤	辛酉	19
月29日	七赤	甲午	4月28日	三碧	癸亥	3月28日	九紫	癸巳	2月26日	五黄	壬戌	1月27日	三碧	癸巳	12月26日	八白	壬戌	20
1日	八白	乙未	4月29日	四緑	甲子	3月29日	一白	甲午	2月27日	六白	癸亥	1月28日	四緑	甲午	12月27日	九紫	癸亥	21
2日	九紫	丙申	4月30日	五黄	乙丑	3月30日	二黒	乙未	2月28日	七赤	甲子	1月29日	五黄	乙未	12月28日	一白	甲子	22
3日	一白	丁酉	閏4月1日	六白	丙寅	4月1日	三碧	丙申	2月29日	八白	乙丑	1月30日	六白	丙申	12月29日	二黒	乙丑	23
4日	二黒	戊戌	閏4月2日	七赤	丁卯	4月2日	四緑	丁酉	3月1日	九紫	丙寅	2月1日	七赤	丁酉	12月30日	三碧	丙寅	24
5日	三碧	己亥	閏4月3日	八白	戊辰	4月3日	五黄	戊戌	3月2日	一白	丁卯	2月2日	八白	戊戌	1月1日	四緑	丁卯	25
6日	四緑	庚子	閏4月4日	九紫	己巳	4月4日	六白	己亥	3月3日	二黒	戊辰	2月3日	九紫	己亥	1月2日	五黄	戊辰	26
7日	五黄	辛丑	閏4月5日	一白	庚午	4月5日	七赤	庚子	3月4日	三碧	己巳	2月4日	一白	庚子	1月3日	六白	己巳	27
8日	六白	壬寅	閏4月6日	二黒	辛未	4月6日	八白	辛丑	3月5日	四緑	庚午	2月5日	二黒	辛丑	1月4日	七赤	庚午	28
9日	七赤	癸卯	閏4月7日	三碧	壬申	4月7日	九紫	壬寅	3月6日	五黄	辛未	2月6日	三碧	壬寅	1月5日	八白	辛未	29
10日	八白	甲辰	閏4月8日	四緑	癸酉	4月8日	一白	癸卯	3月7日	六白	壬申				1月6日	九紫	壬申	30
			閏4月9日	五黄	甲戌				3月8日	七赤	癸酉				1月7日	一白	癸酉	31

令和２年　2020年　庚子年　七赤金星

	12月戊子			11月丁亥			10月丙戌			9月乙酉			8月甲申			7月癸未		
	7日 01：09			7日 08：13			8日 04：54			7日 13：08			7日 10：07			7日 00：14		
	21日 19：02			22日 05：39			23日 07：58			22日 22：30			23日 00：45			22日 17：37		
	七赤金星			八白土星			九紫火星			一白水星			二黒土星			三碧木星		
1	10月17日	一白	戊寅	9月16日	四緑	戊申	8月15日	八白	丁丑	7月14日	二黒	丁未	6月12日	六白	丙子	5月11日	九紫	[illegible]
2	10月18日	九紫	己卯	9月17日	三碧	己酉	8月16日	七赤	戊寅	7月15日	一白	戊申	6月13日	五黄	丁丑	5月12日	一白	[illegible]
3	10月19日	八白	庚辰	9月18日	二黒	庚戌	8月17日	六白	己卯	7月16日	九紫	己酉	6月14日	四緑	戊寅	5月13日	二黒	[illegible]
4	10月20日	七赤	辛巳	9月19日	一白	辛亥	8月18日	五黄	庚辰	7月17日	八白	庚戌	6月15日	三碧	己卯	5月14日	三碧	[illegible]
5	10月21日	六白	壬午	9月20日	九紫	壬子	8月19日	四緑	辛巳	7月18日	七赤	辛亥	6月16日	二黒	庚辰	5月15日	四緑	[illegible]
6	10月22日	五黄	癸未	9月21日	八白	癸丑	8月20日	三碧	壬午	7月19日	六白	壬子	6月17日	一白	辛巳	5月16日	五黄	[illegible]
7	10月23日	四緑	甲申	9月22日	七赤	甲寅	8月21日	二黒	癸未	7月20日	五黄	癸丑	6月18日	九紫	壬午	5月17日	六白	[illegible]
8	10月24日	三碧	乙酉	9月23日	六白	乙卯	8月22日	一白	甲申	7月21日	四緑	甲寅	6月19日	八白	癸未	5月18日	七赤	[illegible]
9	10月25日	二黒	丙戌	9月24日	五黄	丙辰	8月23日	九紫	乙酉	7月22日	三碧	乙卯	6月20日	七赤	甲申	5月19日	八白	[illegible]
10	10月26日	一白	丁亥	9月25日	四緑	丁巳	8月24日	八白	丙戌	7月23日	二黒	丙辰	6月21日	六白	乙酉	5月20日	九紫	[illegible]
11	10月27日	九紫	戊子	9月26日	三碧	戊午	8月25日	七赤	丁亥	7月24日	一白	丁巳	6月22日	五黄	丙戌	5月21日	一白	[illegible]
12	10月28日	八白	己丑	9月27日	二黒	己未	8月26日	六白	戊子	7月25日	九紫	戊午	6月23日	四緑	丁亥	5月22日	二黒	[illegible]
13	10月29日	七赤	庚寅	9月28日	一白	庚申	8月27日	五黄	己丑	7月26日	八白	己未	6月24日	三碧	戊子	5月23日	三碧	[illegible]
14	10月30日	六白	辛卯	9月29日	九紫	辛酉	8月28日	四緑	庚寅	7月27日	七赤	庚申	6月25日	二黒	己丑	5月24日	四緑	[illegible]
15	11月1日	五黄	壬辰	10月1日	八白	壬戌	8月29日	三碧	辛卯	7月28日	六白	辛酉	6月26日	一白	庚寅	5月25日	五黄	[illegible]
16	11月2日	四緑	癸巳	10月2日	七赤	癸亥	8月30日	二黒	壬辰	7月29日	五黄	壬戌	6月27日	九紫	辛卯	5月26日	六白	[illegible]
17	11月3日	三碧	甲午	10月3日	六白	甲子	9月1日	一白	癸巳	8月1日	四緑	癸亥	6月28日	八白	壬辰	5月27日	七赤	[illegible]
18	11月4日	二黒	乙未	10月4日	五黄	乙丑	9月2日	九紫	甲午	8月2日	三碧	甲子	6月29日	七赤	癸巳	5月28日	八白	[illegible]
19	11月5日	一白	丙申	10月5日	四緑	丙寅	9月3日	八白	乙未	8月3日	二黒	乙丑	7月1日	六白	甲午	5月29日	九紫	[illegible]
20	11月6日	九紫	丁酉	10月6日	三碧	丁卯	9月4日	七赤	丙申	8月4日	一白	丙寅	7月2日	五黄	乙未	5月30日	九紫	[illegible]
21	11月7日	八白	戊戌	10月7日	二黒	戊辰	9月5日	六白	丁酉	8月5日	九紫	丁卯	7月3日	四緑	丙申	6月1日	八白	[illegible]
22	11月8日	七赤	己亥	10月8日	一白	己巳	9月6日	五黄	戊戌	8月6日	八白	戊辰	7月4日	三碧	丁酉	6月2日	七赤	[illegible]
23	11月9日	六白	庚子	10月9日	九紫	庚午	9月7日	四緑	己亥	8月7日	七赤	己巳	7月5日	二黒	戊戌	6月3日	六白	[illegible]
24	11月10日	五黄	辛丑	10月10日	八白	辛未	9月8日	三碧	庚子	8月8日	六白	庚午	7月6日	一白	己亥	6月4日	五黄	[illegible]
25	11月11日	四緑	壬寅	10月11日	七赤	壬申	9月9日	二黒	辛丑	8月9日	五黄	辛未	7月7日	九紫	庚子	6月5日	四緑	[illegible]
26	11月12日	三碧	癸卯	10月12日	六白	癸酉	9月10日	一白	壬寅	8月10日	四緑	壬申	7月8日	八白	辛丑	6月6日	三碧	[illegible]
27	11月13日	二黒	甲辰	10月13日	五黄	甲戌	9月11日	九紫	癸卯	8月11日	三碧	癸酉	7月9日	七赤	壬寅	6月7日	二黒	[illegible]
28	11月14日	一白	乙巳	10月14日	四緑	乙亥	9月12日	八白	甲辰	8月12日	二黒	甲戌	7月10日	六白	癸卯	6月8日	一白	[illegible]
29	11月15日	九紫	丙午	10月15日	三碧	丙子	9月13日	七赤	乙巳	8月13日	一白	乙亥	7月11日	五黄	甲辰	6月9日	九紫	[illegible]
30	11月16日	八白	丁未	10月16日	二黒	丁丑	9月14日	六白	丙午	8月14日	九紫	丙子	7月12日	四緑	乙巳	6月10日	八白	[illegible]
31	11月17日	七赤	戊申				9月15日	五黄	丁未				7月13日	三碧	丙午	6月11日	七赤	[illegible]

6月甲午			5月癸巳			4月壬辰			3月辛卯			2月庚寅			1月己丑			
5日 19：51			5日 15：46			4日 22：34			5日 17：53			3日 23：59			5日 12：24			
21日 12：32			21日 04：36			20日 05：32			20日 18：37			18日 19：44			20日 05：40			
一白水星			二黒土星			三碧木星			四緑木星			五黄土星			六白金星			
月21日	二黒	庚辰	3月20日	七赤	己酉	2月20日	四緑	己卯	1月18日	九紫	戊申	12月20日	八白	庚辰	11月18日	六白	己酉	1
月22日	三碧	辛巳	3月21日	八白	庚戌	2月21日	五黄	庚辰	1月19日	一白	己酉	12月21日	九紫	辛巳	11月19日	五黄	庚戌	2
月23日	四緑	壬午	3月22日	九紫	辛亥	2月22日	六白	辛巳	1月20日	二黒	庚戌	12月22日	一白	壬午	11月20日	四緑	辛亥	3
月24日	五黄	癸未	3月23日	一白	壬子	2月23日	七赤	壬午	1月21日	三碧	辛亥	12月23日	二黒	癸未	11月21日	三碧	壬子	4
月25日	六白	甲申	3月24日	二黒	癸丑	2月24日	八白	癸未	1月22日	四緑	壬子	12月24日	三碧	甲申	11月22日	二黒	癸丑	5
月26日	七赤	乙酉	3月25日	三碧	甲寅	2月25日	九紫	甲申	1月23日	五黄	癸丑	12月25日	四緑	乙酉	11月23日	一白	甲寅	6
月27日	八白	丙戌	3月26日	四緑	乙卯	2月26日	一白	乙酉	1月24日	六白	甲寅	12月26日	五黄	丙戌	11月24日	九紫	乙卯	7
月28日	九紫	丁亥	3月27日	五黄	丙辰	2月27日	二黒	丙戌	1月25日	七赤	乙卯	12月27日	六白	丁亥	11月25日	八白	丙辰	8
月29日	一白	戊子	3月28日	六白	丁巳	2月28日	三碧	丁亥	1月26日	八白	丙辰	12月28日	七赤	戊子	11月26日	七赤	丁巳	9
月1日	二黒	己丑	3月29日	七赤	戊午	2月29日	四緑	戊子	1月27日	九紫	丁巳	12月29日	八白	己丑	11月27日	六白	戊午	10
月2日	三碧	庚寅	3月30日	八白	己未	2月30日	五黄	己丑	1月28日	一白	戊午	12月30日	九紫	庚寅	11月28日	五黄	己未	11
月3日	四緑	辛卯	4月1日	九紫	庚申	3月1日	六白	庚寅	1月29日	二黒	己未	1月1日	一白	辛卯	11月29日	四緑	庚申	12
月4日	五黄	壬辰	4月2日	一白	辛酉	3月2日	七赤	辛卯	2月1日	三碧	庚申	1月2日	二黒	壬辰	12月1日	三碧	辛酉	13
月5日	六白	癸巳	4月3日	二黒	壬戌	3月3日	八白	壬辰	2月2日	四緑	辛酉	1月3日	三碧	癸巳	12月2日	二黒	壬戌	14
月6日	七赤	甲午	4月4日	三碧	癸亥	3月4日	九紫	癸巳	2月3日	五黄	壬戌	1月4日	四緑	甲午	12月3日	一白	癸亥	15
月7日	八白	乙未	4月5日	四緑	甲子	3月5日	一白	甲午	2月4日	六白	癸亥	1月5日	五黄	乙未	12月4日	一白	甲子	16
月8日	九紫	丙申	4月6日	五黄	乙丑	3月6日	二黒	乙未	2月5日	七赤	甲子	1月6日	六白	丙申	12月5日	二黒	乙丑	17
月9日	一白	丁酉	4月7日	六白	丙寅	3月7日	三碧	丙申	2月6日	八白	乙丑	1月7日	七赤	丁酉	12月6日	三碧	丙寅	18
月10日	二黒	戊戌	4月8日	七赤	丁卯	3月8日	四緑	丁酉	2月7日	九紫	丙寅	1月8日	八白	戊戌	12月7日	四緑	丁卯	19
月11日	三碧	己亥	4月9日	八白	戊辰	3月9日	五黄	戊戌	2月8日	一白	丁卯	1月9日	九紫	己亥	12月8日	五黄	戊辰	20
月12日	四緑	庚子	4月10日	九紫	己巳	3月10日	六白	己亥	2月9日	二黒	戊辰	1月10日	一白	庚子	12月9日	六白	己巳	21
月13日	五黄	辛丑	4月11日	一白	庚午	3月11日	七赤	庚子	2月10日	三碧	己巳	1月11日	二黒	辛丑	12月10日	七赤	庚午	22
月14日	六白	壬寅	4月12日	二黒	辛未	3月12日	八白	辛丑	2月11日	四緑	庚午	1月12日	三碧	壬寅	12月11日	八白	辛未	23
月15日	七赤	癸卯	4月13日	三碧	壬申	3月13日	九紫	壬寅	2月12日	五黄	辛未	1月13日	四緑	癸卯	12月12日	九紫	壬申	24
月16日	八白	甲辰	4月14日	四緑	癸酉	3月14日	一白	癸卯	2月13日	六白	壬申	1月14日	五黄	甲辰	12月13日	一白	癸酉	25
月17日	九紫	乙巳	4月15日	五黄	甲戌	3月15日	二黒	甲辰	2月14日	七赤	癸酉	1月15日	六白	乙巳	12月14日	二黒	甲戌	26
月18日	一白	丙午	4月16日	六白	乙亥	3月16日	三碧	乙巳	2月15日	八白	甲戌	1月16日	七赤	丙午	12月15日	三碧	乙亥	27
月19日	二黒	丁未	4月17日	七赤	丙子	3月17日	四緑	丙午	2月16日	九紫	乙亥	1月17日	八白	丁未	12月16日	四緑	丙子	28
月20日	三碧	戊申	4月18日	八白	丁丑	3月18日	五黄	丁未	2月17日	一白	丙子				12月17日	五黄	丁丑	29
月21日	四緑	己酉	4月19日	九紫	戊寅	3月19日	六白	戊申	2月18日	二黒	丁丑				12月18日	六白	戊寅	30
			4月20日	一白	己卯				2月19日	三碧	戊寅				12月19日	七赤	己卯	31

令和３年　2021年　辛丑年　六白金星

	12月庚子			11月己亥			10月戊戌			9月丁酉			8月丙申			7月乙未		
	7日 06：57			7日 13：58			8日 10：38			7日 18：52			7日 15：54			7日 06：06		
	22日 00：59			22日 11：33			23日 13：50			23日 04：20			23日 06：35			22日 23：27		
	四緑木星			五黄土星			六白金星			七赤金星			八白土星			九紫火星		
1	10月27日	五黄	癸未	9月27日	八白	癸丑	8月25日	三碧	壬午	7月25日	六白	壬子	6月23日	一白	辛巳	5月22日	五黄	庚
2	10月28日	四緑	甲申	9月28日	七赤	甲寅	8月26日	二黒	癸未	7月26日	五黄	癸丑	6月24日	九紫	壬午	5月23日	六白	辛
3	10月29日	三碧	乙酉	9月29日	六白	乙卯	8月27日	一白	甲申	7月27日	四緑	甲寅	6月25日	八白	癸未	5月24日	七赤	壬
4	11月1日	二黒	丙戌	9月30日	五黄	丙辰	8月28日	九紫	乙酉	7月28日	三碧	乙卯	6月26日	七赤	甲申	5月25日	八白	癸
5	11月2日	一白	丁亥	10月1日	四緑	丁巳	8月29日	八白	丙戌	7月29日	二黒	丙辰	6月27日	六白	乙酉	5月26日	九紫	甲
6	11月3日	九紫	戊子	10月2日	三碧	戊午	9月1日	七赤	丁亥	7月30日	一白	丁巳	6月28日	五黄	丙戌	5月27日	一白	乙
7	11月4日	八白	己丑	10月3日	二黒	己未	9月2日	六白	戊子	8月1日	九紫	戊午	6月29日	四緑	丁亥	5月28日	二黒	丙
8	11月5日	七赤	庚寅	10月4日	一白	庚申	9月3日	五黄	己丑	8月2日	八白	己未	7月1日	三碧	戊子	5月29日	三碧	丁
9	11月6日	六白	辛卯	10月5日	九紫	辛酉	9月4日	四緑	庚寅	8月3日	七赤	庚申	7月2日	二黒	己丑	5月30日	四緑	戊
10	11月7日	五黄	壬辰	10月6日	八白	壬戌	9月5日	三碧	辛卯	8月4日	六白	辛酉	7月3日	一白	庚寅	6月1日	五黄	己
11	11月8日	四緑	癸巳	10月7日	七赤	癸亥	9月6日	二黒	壬辰	8月5日	五黄	壬戌	7月4日	九紫	辛卯	6月2日	六白	庚
12	11月9日	三碧	甲午	10月8日	六白	甲子	9月7日	一白	癸巳	8月6日	四緑	癸亥	7月5日	八白	壬辰	6月3日	七赤	辛
13	11月10日	二黒	乙未	10月9日	五黄	乙丑	9月8日	九紫	甲午	8月7日	三碧	甲子	7月6日	七赤	癸巳	6月4日	八白	壬
14	11月11日	一白	丙申	10月10日	四緑	丙寅	9月9日	八白	乙未	8月8日	二黒	乙丑	7月7日	六白	甲午	6月5日	九紫	癸
15	11月12日	九紫	丁酉	10月11日	三碧	丁卯	9月10日	七赤	丙申	8月9日	一白	丙寅	7月8日	五黄	乙未	6月6日	九紫	甲
16	11月13日	八白	戊戌	10月12日	二黒	戊辰	9月11日	六白	丁酉	8月10日	九紫	丁卯	7月9日	四緑	丙申	6月7日	八白	乙
17	11月14日	七赤	己亥	10月13日	一白	己巳	9月12日	五黄	戊戌	8月11日	八白	戊辰	7月10日	三碧	丁酉	6月8日	七赤	丙
18	11月15日	六白	庚子	10月14日	九紫	庚午	9月13日	四緑	己亥	8月12日	七赤	己巳	7月11日	二黒	戊戌	6月9日	六白	丁
19	11月16日	五黄	辛丑	10月15日	八白	辛未	9月14日	三碧	庚子	8月13日	六白	庚午	7月12日	一白	己亥	6月10日	五黄	戊
20	11月17日	四緑	壬寅	10月16日	七赤	壬申	9月15日	二黒	辛丑	8月14日	五黄	辛未	7月13日	九紫	庚子	6月11日	四緑	己
21	11月18日	三碧	癸卯	10月17日	六白	癸酉	9月16日	一白	壬寅	8月15日	四緑	壬申	7月14日	八白	辛丑	6月12日	三碧	庚
22	11月19日	二黒	甲辰	10月18日	五黄	甲戌	9月17日	九紫	癸卯	8月16日	三碧	癸酉	7月15日	七赤	壬寅	6月13日	二黒	辛
23	11月20日	一白	乙巳	10月19日	四緑	乙亥	9月18日	八白	甲辰	8月17日	二黒	甲戌	7月16日	六白	癸卯	6月14日	一白	壬
24	11月21日	九紫	丙午	10月20日	三碧	丙子	9月19日	七赤	乙巳	8月18日	一白	乙亥	7月17日	五黄	甲辰	6月15日	九紫	癸
25	11月22日	八白	丁未	10月21日	二黒	丁丑	9月20日	六白	丙午	8月19日	九紫	丙子	7月18日	四緑	乙巳	6月16日	八白	甲
26	11月23日	七赤	戊申	10月22日	一白	戊寅	9月21日	五黄	丁未	8月20日	八白	丁丑	7月19日	三碧	丙午	6月17日	七赤	乙
27	11月24日	六白	己酉	10月23日	九紫	己卯	9月22日	四緑	戊申	8月21日	七赤	戊寅	7月20日	二黒	丁未	6月18日	六白	丙
28	11月25日	五黄	庚戌	10月24日	八白	庚辰	9月23日	三碧	己酉	8月22日	六白	己卯	7月21日	一白	戊申	6月19日	五黄	丁
29	11月26日	四緑	辛亥	10月25日	七赤	辛巳	9月24日	二黒	庚戌	8月23日	五黄	庚辰	7月22日	九紫	己酉	6月20日	四緑	戊
30	11月27日	三碧	壬子	10月26日	六白	壬午	9月25日	一白	辛亥	8月24日	四緑	辛巳	7月23日	八白	庚戌	6月21日	三碧	己
31	11月28日	二黒	癸丑				9月26日	九紫	壬子				7月24日	七赤	辛亥	6月22日	二黒	庚

6月丙午			5月乙巳			4月甲辰			3月癸卯			2月壬寅			1月辛丑			
6日 01：25			5日 21：25			5日 04：19			5日 23：43			4日 05：51			5日 18：15			
21日 18：14			21日 10：22			20日 11：23			21日 00：32			19日 01：43			20日 11：40			
七赤金星			八白土星			九紫火星			一白水星			二黒土星			三碧木星			
月3日	七赤	乙酉	4月1日	三碧	甲寅	3月1日	九紫	甲申	1月29日	五黄	癸丑	1月1日	四緑	乙酉	11月29日	一白	甲寅	1
月4日	八白	丙戌	4月2日	四緑	乙卯	3月2日	一白	乙酉	1月30日	六白	甲寅	1月2日	五黄	丙戌	11月30日	九紫	乙卯	2
月5日	九紫	丁亥	4月3日	五黄	丙辰	3月3日	二黒	丙戌	2月1日	七赤	乙卯	1月3日	六白	丁亥	12月1日	八白	丙辰	3
月6日	一白	戊子	4月4日	六白	丁巳	3月4日	三碧	丁亥	2月2日	八白	丙辰	1月4日	七赤	戊子	12月2日	七赤	丁巳	4
月7日	二黒	己丑	4月5日	七赤	戊午	3月5日	四緑	戊子	2月3日	九紫	丁巳	1月5日	八白	己丑	12月3日	六白	戊午	5
月8日	三碧	庚寅	4月6日	八白	己未	3月6日	五黄	己丑	2月4日	一白	戊午	1月6日	九紫	庚寅	12月4日	五黄	己未	6
月9日	四緑	辛卯	4月7日	九紫	庚申	3月7日	六白	庚寅	2月5日	二黒	己未	1月7日	一白	辛卯	12月5日	四緑	庚申	7
月10日	五黄	壬辰	4月8日	一白	辛酉	3月8日	七赤	辛卯	2月6日	三碧	庚申	1月8日	二黒	壬辰	12月6日	三碧	辛酉	8
月11日	六白	癸巳	4月9日	二黒	壬戌	3月9日	八白	壬辰	2月7日	四緑	辛酉	1月9日	三碧	癸巳	12月7日	二黒	壬戌	9
月12日	七赤	甲午	4月10日	三碧	癸亥	3月10日	九紫	癸巳	2月8日	五黄	壬戌	1月10日	四緑	甲午	12月8日	一白	癸亥	10
月13日	八白	乙未	4月11日	四緑	甲子	3月11日	一白	甲午	2月9日	六白	癸亥	1月11日	五黄	乙未	12月9日	一白	甲子	11
月14日	九紫	丙申	4月12日	五黄	乙丑	3月12日	二黒	乙未	2月10日	七赤	甲子	1月12日	六白	丙申	12月10日	二黒	乙丑	12
月15日	一白	丁酉	4月13日	六白	丙寅	3月13日	三碧	丙申	2月11日	八白	乙丑	1月13日	七赤	丁酉	12月11日	三碧	丙寅	13
月16日	二黒	戊戌	4月14日	七赤	丁卯	3月14日	四緑	丁酉	2月12日	九紫	丙寅	1月14日	八白	戊戌	12月12日	四緑	丁卯	14
月17日	三碧	己亥	4月15日	八白	戊辰	3月15日	五黄	戊戌	2月13日	一白	丁卯	1月15日	九紫	己亥	12月13日	五黄	戊辰	15
月18日	四緑	庚子	4月16日	九紫	己巳	3月16日	六白	己亥	2月14日	二黒	戊辰	1月16日	一白	庚子	12月14日	六白	己巳	16
月19日	五黄	辛丑	4月17日	一白	庚午	3月17日	七赤	庚子	2月15日	三碧	己巳	1月17日	二黒	辛丑	12月15日	七赤	庚午	17
月20日	六白	壬寅	4月18日	二黒	辛未	3月18日	八白	辛丑	2月16日	四緑	庚午	1月18日	三碧	壬寅	12月16日	八白	辛未	18
月21日	七赤	癸卯	4月19日	三碧	壬申	3月19日	九紫	壬寅	2月17日	五黄	辛未	1月19日	四緑	癸卯	12月17日	九紫	壬申	19
月22日	八白	甲辰	4月20日	四緑	癸酉	3月20日	一白	癸卯	2月18日	六白	壬申	1月20日	五黄	甲辰	12月18日	一白	癸酉	20
月23日	九紫	乙巳	4月21日	五黄	甲戌	3月21日	二黒	甲辰	2月19日	七赤	癸酉	1月21日	六白	乙巳	12月19日	二黒	甲戌	21
月24日	一白	丙午	4月22日	六白	乙亥	3月22日	三碧	乙巳	2月20日	八白	甲戌	1月22日	七赤	丙午	12月20日	三碧	乙亥	22
月25日	二黒	丁未	4月23日	七赤	丙子	3月23日	四緑	丙午	2月21日	九紫	乙亥	1月23日	八白	丁未	12月21日	四緑	丙子	23
月26日	三碧	戊申	4月24日	八白	丁丑	3月24日	五黄	丁未	2月22日	一白	丙子	1月24日	九紫	戊申	12月22日	五黄	丁丑	24
月27日	四緑	己酉	4月25日	九紫	戊寅	3月25日	六白	戊申	2月23日	二黒	丁丑	1月25日	一白	己酉	12月23日	六白	戊寅	25
月28日	五黄	庚戌	4月26日	一白	己卯	3月26日	七赤	己酉	2月24日	三碧	戊寅	1月26日	二黒	庚戌	12月24日	七赤	己卯	26
月29日	六白	辛亥	4月27日	二黒	庚辰	3月27日	八白	庚戌	2月25日	四緑	己卯	1月27日	三碧	辛亥	12月25日	八白	庚辰	27
月30日	七赤	壬子	4月28日	三碧	辛巳	3月28日	九紫	辛亥	2月26日	五黄	庚辰	1月28日	四緑	壬子	12月26日	九紫	辛巳	28
月1日	八白	癸丑	4月29日	四緑	壬午	3月29日	一白	壬子	2月27日	六白	辛巳				12月27日	一白	壬午	29
月2日	九紫	甲寅	5月1日	五黄	癸未	3月30日	二黒	癸丑	2月28日	七赤	壬午				12月28日	二黒	癸未	30
			5月2日	六白	甲申				2月29日	八白	癸未				12月29日	三碧	甲申	31

令和４年　2022年　壬寅年　五黄土星

	12月壬子			11月辛亥			10月庚戌			9月己酉			8月戊申			7月丁未		
	7日 12：46			7日 19：45			8日 16：21			8日 00：32			7日 21：29			7日 11：38		
	22日 06：48			22日 17：20			23日 19：35			23日 10：03			23日 12：16			23日 05：07		
	一白水星			二黒土星			三碧木星			四緑木星			五黄土星			六白金星		
1	11月8日	九紫	戊子	10月8日	三碧	戊午	9月6日	七赤	丁亥	8月6日	一白	丁巳	7月4日	五黄	丙戌	6月3日	一白	乙
2	11月9日	八白	己丑	10月9日	二黒	己未	9月7日	六白	戊子	8月7日	九紫	戊午	7月5日	四緑	丁亥	6月4日	二黒	丙
3	11月10日	七赤	庚寅	10月10日	一白	庚申	9月8日	五黄	己丑	8月8日	八白	己未	7月6日	三碧	戊子	6月5日	三碧	丁
4	11月11日	六白	辛卯	10月11日	九紫	辛酉	9月9日	四緑	庚寅	8月9日	七赤	庚申	7月7日	二黒	己丑	6月6日	四緑	戊
5	11月12日	五黄	壬辰	10月12日	八白	壬戌	9月10日	三碧	辛卯	8月10日	六白	辛酉	7月8日	一白	庚寅	6月7日	五黄	己
6	11月13日	四緑	癸巳	10月13日	七赤	癸亥	9月11日	二黒	壬辰	8月11日	五黄	壬戌	7月9日	九紫	辛卯	6月8日	六白	庚
7	11月14日	三碧	甲午	10月14日	六白	甲子	9月12日	一白	癸巳	8月12日	四緑	癸亥	7月10日	八白	壬辰	6月9日	七赤	辛
8	11月15日	二黒	乙未	10月15日	五黄	乙丑	9月13日	九紫	甲午	8月13日	三碧	甲子	7月11日	七赤	癸巳	6月10日	八白	壬
9	11月16日	一白	丙申	10月16日	四緑	丙寅	9月14日	八白	乙未	8月14日	二黒	乙丑	7月12日	六白	甲午	6月11日	九紫	癸
10	11月17日	九紫	丁酉	10月17日	三碧	丁卯	9月15日	七赤	丙申	8月15日	一白	丙寅	7月13日	五黄	乙未	6月12日	九紫	甲
11	11月18日	八白	戊戌	10月18日	二黒	戊辰	9月16日	六白	丁酉	8月16日	九紫	丁卯	7月14日	四緑	丙申	6月13日	八白	乙
12	11月19日	七赤	己亥	10月19日	一白	己巳	9月17日	五黄	戊戌	8月17日	八白	戊辰	7月15日	三碧	丁酉	6月14日	七赤	丙
13	11月20日	六白	庚子	10月20日	九紫	庚午	9月18日	四緑	己亥	8月18日	七赤	己巳	7月16日	二黒	戊戌	6月15日	六白	丁
14	11月21日	五黄	辛丑	10月21日	八白	辛未	9月19日	三碧	庚子	8月19日	六白	庚午	7月17日	一白	己亥	6月16日	五黄	戊
15	11月22日	四緑	壬寅	10月22日	七赤	壬申	9月20日	二黒	辛丑	8月20日	五黄	辛未	7月18日	九紫	庚子	6月17日	四緑	己
16	11月23日	三碧	癸卯	10月23日	六白	癸酉	9月21日	一白	壬寅	8月21日	四緑	壬申	7月19日	八白	辛丑	6月18日	三碧	庚
17	11月24日	二黒	甲辰	10月24日	五黄	甲戌	9月22日	九紫	癸卯	8月22日	三碧	癸酉	7月20日	七赤	壬寅	6月19日	二黒	辛
18	11月25日	一白	乙巳	10月25日	四緑	乙亥	9月23日	八白	甲辰	8月23日	二黒	甲戌	7月21日	六白	癸卯	6月20日	一白	壬
19	11月26日	九紫	丙午	10月26日	三碧	丙子	9月24日	七赤	乙巳	8月24日	一白	乙亥	7月22日	五黄	甲辰	6月21日	九紫	癸
20	11月27日	八白	丁未	10月27日	二黒	丁丑	9月25日	六白	丙午	8月25日	九紫	丙子	7月23日	四緑	乙巳	6月22日	八白	甲
21	11月28日	七赤	戊申	10月28日	一白	戊寅	9月26日	五黄	丁未	8月26日	八白	丁丑	7月24日	三碧	丙午	6月23日	七赤	乙
22	11月29日	六白	己酉	10月29日	九紫	己卯	9月27日	四緑	戊申	8月27日	七赤	戊寅	7月25日	二黒	丁未	6月24日	六白	丙
23	12月1日	五黄	庚戌	10月30日	八白	庚辰	9月28日	三碧	己酉	8月28日	六白	己卯	7月26日	一白	戊申	6月25日	五黄	丁
24	12月2日	四緑	辛亥	11月1日	七赤	辛巳	9月29日	二黒	庚戌	8月29日	五黄	庚辰	7月27日	九紫	己酉	6月26日	四緑	戊
25	12月3日	三碧	壬子	11月2日	六白	壬午	10月1日	一白	辛亥	8月30日	四緑	辛巳	7月28日	八白	庚戌	6月27日	三碧	己
26	12月4日	二黒	癸丑	11月3日	五黄	癸未	10月2日	九紫	壬子	9月1日	三碧	壬午	7月29日	七赤	辛亥	6月28日	二黒	庚
27	12月5日	一白	甲寅	11月4日	四緑	甲申	10月3日	八白	癸丑	9月2日	二黒	癸未	8月1日	六白	壬子	6月29日	一白	辛
28	12月6日	九紫	乙卯	11月5日	三碧	乙酉	10月4日	七赤	甲寅	9月3日	一白	甲申	8月2日	五黄	癸丑	6月30日	九紫	壬
29	12月7日	八白	丙辰	11月6日	二黒	丙戌	10月5日	六白	乙卯	9月4日	九紫	乙酉	8月3日	四緑	甲寅	7月1日	八白	癸
30	12月8日	七赤	丁巳	11月7日	一白	丁亥	10月6日	五黄	丙辰	9月5日	八白	丙戌	8月4日	三碧	乙卯	7月2日	七赤	[illegible]
31	12月9日	六白	戊午				10月7日	四緑	丁巳				8月5日	二黒	丙辰	7月3日	六白	乙

6月戊午			5月丁巳			4月丙辰			3月乙卯			2月甲寅			1月癸丑			
6日 07：18			6日 03：18			5日 10：12			6日 05：35			4日 11：43			6日 00：05			
21日 23：58			21日 16：08			20日 17：12			21日 06：23			19日 07：34			20日 17：30			
四緑木星			五黄土星			六白金星			七赤金星			八白土星			九紫火星			
月13日	三碧	庚寅	3月12日	八白	己未	閏2月11日	五黄	己丑	2月10日	一白	戊午	1月11日	九紫	庚寅	12月10日	五黄	己未	1
月14日	四緑	辛卯	3月13日	九紫	庚申	閏2月12日	六白	庚寅	2月11日	二黒	己未	1月12日	一白	辛卯	12月11日	四緑	庚申	2
月15日	五黄	壬辰	3月14日	一白	辛酉	閏2月13日	七赤	辛卯	2月12日	三碧	庚申	1月13日	二黒	壬辰	12月12日	三碧	辛酉	3
月16日	六白	癸巳	3月15日	二黒	壬戌	閏2月14日	八白	壬辰	2月13日	四緑	辛酉	1月14日	三碧	癸巳	12月13日	二黒	壬戌	4
月17日	七赤	甲午	3月16日	三碧	癸亥	閏2月15日	九紫	癸巳	2月14日	五黄	壬戌	1月15日	四緑	甲午	12月14日	一白	癸亥	5
月18日	八白	乙未	3月17日	四緑	甲子	閏2月16日	一白	甲午	2月15日	六白	癸亥	1月16日	五黄	乙未	12月15日	一白	甲子	6
月19日	九紫	丙申	3月18日	五黄	乙丑	閏2月17日	二黒	乙未	2月16日	七赤	甲子	1月17日	六白	丙申	12月16日	二黒	乙丑	7
月20日	一白	丁酉	3月19日	六白	丙寅	閏2月18日	三碧	丙申	2月17日	八白	乙丑	1月18日	七赤	丁酉	12月17日	三碧	丙寅	8
月21日	二黒	戊戌	3月20日	七赤	丁卯	閏2月19日	四緑	丁酉	2月18日	九紫	丙寅	1月19日	八白	戊戌	12月18日	四緑	丁卯	9
月22日	三碧	己亥	3月21日	八白	戊辰	閏2月20日	五黄	戊戌	2月19日	一白	丁卯	1月20日	九紫	己亥	12月19日	五黄	戊辰	10
月23日	四緑	庚子	3月22日	九紫	己巳	閏2月21日	六白	己亥	2月20日	二黒	戊辰	1月21日	一白	庚子	12月20日	六白	己巳	11
月24日	五黄	辛丑	3月23日	一白	庚午	閏2月22日	七赤	庚子	2月21日	三碧	己巳	1月22日	二黒	辛丑	12月21日	七赤	庚午	12
月25日	六白	壬寅	3月24日	二黒	辛未	閏2月23日	八白	辛丑	2月22日	四緑	庚午	1月23日	三碧	壬寅	12月22日	八白	辛未	13
月26日	七赤	癸卯	3月25日	三碧	壬申	閏2月24日	九紫	壬寅	2月23日	五黄	辛未	1月24日	四緑	癸卯	12月23日	九紫	壬申	14
月27日	八白	甲辰	3月26日	四緑	癸酉	閏2月25日	一白	癸卯	2月24日	六白	壬申	1月25日	五黄	甲辰	12月24日	一白	癸酉	15
月28日	九紫	乙巳	3月27日	五黄	甲戌	閏2月26日	二黒	甲辰	2月25日	七赤	癸酉	1月26日	六白	乙巳	12月25日	二黒	甲戌	16
月29日	一白	丙午	3月28日	六白	乙亥	閏2月27日	三碧	乙巳	2月26日	八白	甲戌	1月27日	七赤	丙午	12月26日	三碧	乙亥	17
月1日	二黒	丁未	3月29日	七赤	丙子	閏2月28日	四緑	丙午	2月27日	九紫	乙亥	1月28日	八白	丁未	12月27日	四緑	丙子	18
月2日	三碧	戊申	3月30日	八白	丁丑	閏2月29日	五黄	丁未	2月28日	一白	丙子	1月29日	九紫	戊申	12月28日	五黄	丁丑	19
月3日	四緑	己酉	4月1日	九紫	戊寅	3月1日	六白	戊申	2月29日	二黒	丁丑	2月1日	一白	己酉	12月29日	六白	戊寅	20
月4日	五黄	庚戌	4月2日	一白	己卯	3月2日	七赤	己酉	2月30日	三碧	戊寅	2月2日	二黒	庚戌	12月30日	七赤	己卯	21
月5日	六白	辛亥	4月3日	二黒	庚辰	3月3日	八白	庚戌	閏2月1日	四緑	己卯	2月3日	三碧	辛亥	1月1日	八白	庚辰	22
月6日	七赤	壬子	4月4日	三碧	辛巳	3月4日	九紫	辛亥	閏2月2日	五黄	庚辰	2月4日	四緑	壬子	1月2日	九紫	辛巳	23
月7日	八白	癸丑	4月5日	四緑	壬午	3月5日	一白	壬子	閏2月3日	六白	辛巳	2月5日	五黄	癸丑	1月3日	一白	壬午	24
月8日	九紫	甲寅	4月6日	五黄	癸未	3月6日	二黒	癸丑	閏2月4日	七赤	壬午	2月6日	六白	甲寅	1月4日	二黒	癸未	25
月9日	一白	乙卯	4月7日	六白	甲申	3月7日	三碧	甲寅	閏2月5日	八白	癸未	2月7日	七赤	乙卯	1月5日	三碧	甲申	26
10日	二黒	丙辰	4月8日	七赤	乙酉	3月8日	四緑	乙卯	閏2月6日	九紫	甲申	2月8日	八白	丙辰	1月6日	四緑	乙酉	27
11日	三碧	丁巳	4月9日	八白	丙戌	3月9日	五黄	丙辰	閏2月7日	一白	乙酉	2月9日	九紫	丁巳	1月7日	五黄	丙戌	28
12日	四緑	戊午	4月10日	九紫	丁亥	3月10日	六白	丁巳	閏2月8日	二黒	丙戌				1月8日	六白	丁亥	29
13日	五黄	己未	4月11日	一白	戊子	3月11日	七赤	戊午	閏2月9日	三碧	丁亥				1月9日	七赤	戊子	30
			4月12日	二黒	己丑				閏2月10日	四緑	戊子				1月10日	八白	己丑	31

令和５年 2023年 癸卯年 四緑木星																		
	12月甲子			11月癸亥			10月壬戌			9月辛酉			8月庚申			7月己未		
	7日 18：33			8日 01：35			8日 22：15			8日 06：26			8日 03：22			7日 17：30		
	22日 12：27			22日 23：02			24日 01：20			23日 15：49			23日 18：01			23日 10：50		
	七赤金星			八白土星			九紫火星			一白水星			二黒土星			三碧木星		
1	10月19日	四緑	癸巳	9月18日	七赤	癸亥	8月17日	二黒	壬辰	7月17日	五黄	壬戌	6月15日	九紫	辛卯	5月14日	六白	庚
2	10月20日	三碧	甲午	9月19日	六白	甲子	8月18日	一白	癸巳	7月18日	四緑	癸亥	6月16日	八白	壬辰	5月15日	七赤	辛
3	10月21日	二黒	乙未	9月20日	五黄	乙丑	8月19日	九紫	甲午	7月19日	三碧	甲子	6月17日	七赤	癸巳	5月16日	八白	壬
4	10月22日	一白	丙申	9月21日	四緑	丙寅	8月20日	八白	乙未	7月20日	二黒	乙丑	6月18日	六白	甲午	5月17日	九紫	癸
5	10月23日	九紫	丁酉	9月22日	三碧	丁卯	8月21日	七赤	丙申	7月21日	一白	丙寅	6月19日	五黄	乙未	5月18日	九紫	甲
6	10月24日	八白	戊戌	9月23日	二黒	戊辰	8月22日	六白	丁酉	7月22日	九紫	丁卯	6月20日	四緑	丙申	5月19日	八白	乙
7	10月25日	七赤	己亥	9月24日	一白	己巳	8月23日	五黄	戊戌	7月23日	八白	戊辰	6月21日	三碧	丁酉	5月20日	七赤	丙
8	10月26日	六白	庚子	9月25日	九紫	庚午	8月24日	四緑	己亥	7月24日	七赤	己巳	6月22日	二黒	戊戌	5月21日	六白	丁
9	10月27日	五黄	辛丑	9月26日	八白	辛未	8月25日	三碧	庚子	7月25日	六白	庚午	6月23日	一白	己亥	5月22日	五黄	戊
10	10月28日	四緑	壬寅	9月27日	七赤	壬申	8月26日	二黒	辛丑	7月26日	五黄	辛未	6月24日	九紫	庚子	5月23日	四緑	己
11	10月29日	三碧	癸卯	9月28日	六白	癸酉	8月27日	一白	壬寅	7月27日	四緑	壬申	6月25日	八白	辛丑	5月24日	三碧	庚
12	10月30日	二黒	甲辰	9月29日	五黄	甲戌	8月28日	九紫	癸卯	7月28日	三碧	癸酉	6月26日	七赤	壬寅	5月25日	二黒	辛
13	11月1日	一白	乙巳	10月1日	四緑	乙亥	8月29日	八白	甲辰	7月29日	二黒	甲戌	6月27日	六白	癸卯	5月26日	一白	壬
14	11月2日	九紫	丙午	10月2日	三碧	丙子	8月30日	七赤	乙巳	7月30日	一白	乙亥	6月28日	五黄	甲辰	5月27日	九紫	癸
15	11月3日	八白	丁未	10月3日	二黒	丁丑	9月1日	六白	丙午	8月1日	九紫	丙子	6月29日	四緑	乙巳	5月28日	八白	甲
16	11月4日	七赤	戊申	10月4日	一白	戊寅	9月2日	五黄	丁未	8月2日	八白	丁丑	7月1日	三碧	丙午	5月29日	七赤	乙
17	11月5日	六白	己酉	10月5日	九紫	己卯	9月3日	四緑	戊申	8月3日	七赤	戊寅	7月2日	二黒	丁未	5月30日	六白	丙
18	11月6日	五黄	庚戌	10月6日	八白	庚辰	9月4日	三碧	己酉	8月4日	六白	己卯	7月3日	一白	戊申	6月1日	五黄	丁
19	11月7日	四緑	辛亥	10月7日	七赤	辛巳	9月5日	二黒	庚戌	8月5日	五黄	庚辰	7月4日	九紫	己酉	6月2日	四緑	戊
20	11月8日	三碧	壬子	10月8日	六白	壬午	9月6日	一白	辛亥	8月6日	四緑	辛巳	7月5日	八白	庚戌	6月3日	三碧	己
21	11月9日	二黒	癸丑	10月9日	五黄	癸未	9月7日	九紫	壬子	8月7日	三碧	壬午	7月6日	七赤	辛亥	6月4日	二黒	庚
22	11月10日	一白	甲寅	10月10日	四緑	甲申	9月8日	八白	癸丑	8月8日	二黒	癸未	7月7日	六白	壬子	6月5日	一白	辛
23	11月11日	九紫	乙卯	10月11日	三碧	乙酉	9月9日	七赤	甲寅	8月9日	一白	甲申	7月8日	五黄	癸丑	6月6日	九紫	壬
24	11月12日	八白	丙辰	10月12日	二黒	丙戌	9月10日	六白	乙卯	8月10日	九紫	乙酉	7月9日	四緑	甲寅	6月7日	八白	癸
25	11月13日	七赤	丁巳	10月13日	一白	丁亥	9月11日	五黄	丙辰	8月11日	八白	丙戌	7月10日	三碧	乙卯	6月8日	七赤	甲
26	11月14日	六白	戊午	10月14日	九紫	戊子	9月12日	四緑	丁巳	8月12日	七赤	丁亥	7月11日	二黒	丙辰	6月9日	六白	乙
27	11月15日	五黄	己未	10月15日	八白	己丑	9月13日	三碧	戊午	8月13日	六白	戊子	7月12日	一白	丁巳	6月10日	五黄	丙
28	11月16日	四緑	庚申	10月16日	七赤	庚寅	9月14日	二黒	己未	8月14日	五黄	己丑	7月13日	九紫	戊午	6月11日	四緑	丁
29	11月17日	三碧	辛酉	10月17日	六白	辛卯	9月15日	一白	庚申	8月15日	四緑	庚寅	7月14日	八白	己未	6月12日	三碧	戊
30	11月18日	二黒	壬戌	10月18日	五黄	壬辰	9月16日	九紫	辛酉	8月16日	三碧	辛卯	7月15日	七赤	庚申	6月13日	二黒	己
31	11月19日	一白	癸亥				9月17日	八白	壬戌				7月16日	六白	辛酉	6月14日	一白	庚

6月庚午			5月己巳			4月戊辰			3月丁卯			2月丙寅			1月乙丑			
5日 13：09			5日 09：09			4日 16：01			5日 11：22			4日 17：27			6日 05：49			
21日 05：50			20日 21：59			19日 22：59			20日 12：06			19日 13：13			20日 23：07			
一白水星			二黒土星			三碧木星			四緑木星			五黄土星			六白金星			
4月25日	九紫	丙申	3月23日	五黄	乙丑	2月23日	二黒	乙未	1月21日	七赤	甲子	12月22日	五黄	乙未	11月20日	一白	甲子	1
4月26日	一白	丁酉	3月24日	六白	丙寅	2月24日	三碧	丙申	1月22日	八白	乙丑	12月23日	六白	丙申	11月21日	二黒	乙丑	2
4月27日	二黒	戊戌	3月25日	七赤	丁卯	2月25日	四緑	丁酉	1月23日	九紫	丙寅	12月24日	七赤	丁酉	11月22日	三碧	丙寅	3
4月28日	三碧	己亥	3月26日	八白	戊辰	2月26日	五黄	戊戌	1月24日	一白	丁卯	12月25日	八白	戊戌	11月23日	四緑	丁卯	4
4月29日	四緑	庚子	3月27日	九紫	己巳	2月27日	六白	己亥	1月25日	二黒	戊辰	12月26日	九紫	己亥	11月24日	五黄	戊辰	5
5月1日	五黄	辛丑	3月28日	一白	庚午	2月28日	七赤	庚子	1月26日	三碧	己巳	12月27日	一白	庚子	11月25日	六白	己巳	6
5月2日	六白	壬寅	3月29日	二黒	辛未	2月29日	八白	辛丑	1月27日	四緑	庚午	12月28日	二黒	辛丑	11月26日	七赤	庚午	7
5月3日	七赤	癸卯	4月1日	三碧	壬申	2月30日	九紫	壬寅	1月28日	五黄	辛未	12月29日	三碧	壬寅	11月27日	八白	辛未	8
5月4日	八白	甲辰	4月2日	四緑	癸酉	3月1日	一白	癸卯	1月29日	六白	壬申	12月30日	四緑	癸卯	11月28日	九紫	壬申	9
5月5日	九紫	乙巳	4月3日	五黄	甲戌	3月2日	二黒	甲辰	2月1日	七赤	癸酉	1月1日	五黄	甲辰	11月29日	一白	癸酉	10
5月6日	一白	丙午	4月4日	六白	乙亥	3月3日	三碧	乙巳	2月2日	八白	甲戌	1月2日	六白	乙巳	12月1日	二黒	甲戌	11
5月7日	二黒	丁未	4月5日	七赤	丙子	3月4日	四緑	丙午	2月3日	九紫	乙亥	1月3日	七赤	丙午	12月2日	三碧	乙亥	12
5月8日	三碧	戊申	4月6日	八白	丁丑	3月5日	五黄	丁未	2月4日	一白	丙子	1月4日	八白	丁未	12月3日	四緑	丙子	13
5月9日	四緑	己酉	4月7日	九紫	戊寅	3月6日	六白	戊申	2月5日	二黒	丁丑	1月5日	九紫	戊申	12月4日	五黄	丁丑	14
月10日	五黄	庚戌	4月8日	一白	己卯	3月7日	七赤	己酉	2月6日	三碧	戊寅	1月6日	一白	己酉	12月5日	六白	戊寅	15
月11日	六白	辛亥	4月9日	二黒	庚辰	3月8日	八白	庚戌	2月7日	四緑	己卯	1月7日	二黒	庚戌	12月6日	七赤	己卯	16
月12日	七赤	壬子	4月10日	三碧	辛巳	3月9日	九紫	辛亥	2月8日	五黄	庚辰	1月8日	三碧	辛亥	12月7日	八白	庚辰	17
月13日	八白	癸丑	4月11日	四緑	壬午	3月10日	一白	壬子	2月9日	六白	辛巳	1月9日	四緑	壬子	12月8日	九紫	辛巳	18
月14日	九紫	甲寅	4月12日	五黄	癸未	3月11日	二黒	癸丑	2月10日	七赤	壬午	1月10日	五黄	癸丑	12月9日	一白	壬午	19
月15日	一白	乙卯	4月13日	六白	甲申	3月12日	三碧	甲寅	2月11日	八白	癸未	1月11日	六白	甲寅	12月10日	二黒	癸未	20
月16日	二黒	丙辰	4月14日	七赤	乙酉	3月13日	四緑	乙卯	2月12日	九紫	甲申	1月12日	七赤	乙卯	12月11日	三碧	甲申	21
月17日	三碧	丁巳	4月15日	八白	丙戌	3月14日	五黄	丙辰	2月13日	一白	乙酉	1月13日	八白	丙辰	12月12日	四緑	乙酉	22
月18日	四緑	戊午	4月16日	九紫	丁亥	3月15日	六白	丁巳	2月14日	二黒	丙戌	1月14日	九紫	丁巳	12月13日	五黄	丙戌	23
月19日	五黄	己未	4月17日	一白	戊子	3月16日	七赤	戊午	2月15日	三碧	丁亥	1月15日	一白	戊午	12月14日	六白	丁亥	24
月20日	六白	庚申	4月18日	二黒	己丑	3月17日	八白	己未	2月16日	四緑	戊子	1月16日	二黒	己未	12月15日	七赤	戊子	25
月21日	七赤	辛酉	4月19日	三碧	庚寅	3月18日	九紫	庚申	2月17日	五黄	己丑	1月17日	三碧	庚申	12月16日	八白	己丑	26
月22日	八白	壬戌	4月20日	四緑	辛卯	3月19日	一白	辛酉	2月18日	六白	庚寅	1月18日	四緑	辛酉	12月17日	九紫	庚寅	27
月23日	九紫	癸亥	4月21日	五黄	壬辰	3月20日	二黒	壬戌	2月19日	七赤	辛卯	1月19日	五黄	壬戌	12月18日	一白	辛卯	28
月24日	九紫	甲子	4月22日	六白	癸巳	3月21日	三碧	癸亥	2月20日	八白	壬辰	1月20日	六白	癸亥	12月19日	二黒	壬辰	29
月25日	八白	乙丑	4月23日	七赤	甲午	3月22日	四緑	甲子	2月21日	九紫	癸巳				12月20日	三碧	癸巳	30
			4月24日	八白	乙未				2月22日	一白	甲午				12月21日	四緑	甲午	31

令和6年　2024年　甲辰年　三碧木星

	12月丙子			11月乙亥			10月甲戌			9月癸酉			8月壬申			7月辛未		
	7日 00：17			7日 07：20			8日 03：59			7日 12：11			7日 09：09			6日 23：19		
	21日 18：20			22日 04：56			23日 07：14			22日 21：43			22日 23：54			22日 16：44		
	四緑木星			五黄土星			六白金星			七赤金星			八白土星			九紫火星		
1	11月1日	七赤	己亥	10月1日	一白	己巳	8月29日	五黄	戊戌	7月29日	八白	戊辰	6月27日	三碧	丁酉	5月26日	七赤	丙
2	11月2日	六白	庚子	10月2日	九紫	庚午	8月30日	四緑	己亥	7月30日	七赤	己巳	6月28日	二黒	戊戌	5月27日	六白	丁
3	11月3日	五黄	辛丑	10月3日	八白	辛未	9月1日	三碧	庚子	8月1日	六白	庚午	6月29日	一白	己亥	5月28日	五黄	戊
4	11月4日	四緑	壬寅	10月4日	七赤	壬申	9月2日	二黒	辛丑	8月2日	五黄	辛未	7月1日	九紫	庚子	5月29日	四緑	己
5	11月5日	三碧	癸卯	10月5日	六白	癸酉	9月3日	一白	壬寅	8月3日	四緑	壬申	7月2日	八白	辛丑	5月30日	三碧	庚
6	11月6日	二黒	甲辰	10月6日	五黄	甲戌	9月4日	九紫	癸卯	8月4日	三碧	癸酉	7月3日	七赤	壬寅	6月1日	二黒	辛
7	11月7日	一白	乙巳	10月7日	四緑	乙亥	9月5日	八白	甲辰	8月5日	二黒	甲戌	7月4日	六白	癸卯	6月2日	一白	壬
8	11月8日	九紫	丙午	10月8日	三碧	丙子	9月6日	七赤	乙巳	8月6日	一白	乙亥	7月5日	五黄	甲辰	6月3日	九紫	癸
9	11月9日	八白	丁未	10月9日	二黒	丁丑	9月7日	六白	丙午	8月7日	九紫	丙子	7月6日	四緑	乙巳	6月4日	八白	甲
10	11月10日	七赤	戊申	10月10日	一白	戊寅	9月8日	五黄	丁未	8月8日	八白	丁丑	7月7日	三碧	丙午	6月5日	七赤	乙
11	11月11日	六白	己酉	10月11日	九紫	己卯	9月9日	四緑	戊申	8月9日	七赤	戊寅	7月8日	二黒	丁未	6月6日	六白	丙
12	11月12日	五黄	庚戌	10月12日	八白	庚辰	9月10日	三碧	己酉	8月10日	六白	己卯	7月9日	一白	戊申	6月7日	五黄	丁
13	11月13日	四緑	辛亥	10月13日	七赤	辛巳	9月11日	二黒	庚戌	8月11日	五黄	庚辰	7月10日	九紫	己酉	6月8日	四緑	戊
14	11月14日	三碧	壬子	10月14日	六白	壬午	9月12日	一白	辛亥	8月12日	四緑	辛巳	7月11日	八白	庚戌	6月9日	三碧	己
15	11月15日	二黒	癸丑	10月15日	五黄	癸未	9月13日	九紫	壬子	8月13日	三碧	壬午	7月12日	七赤	辛亥	6月10日	二黒	庚
16	11月16日	一白	甲寅	10月16日	四緑	甲申	9月14日	八白	癸丑	8月14日	二黒	癸未	7月13日	六白	壬子	6月11日	一白	辛
17	11月17日	九紫	乙卯	10月17日	三碧	乙酉	9月15日	七赤	甲寅	8月15日	一白	甲申	7月14日	五黄	癸丑	6月12日	九紫	壬
18	11月18日	八白	丙辰	10月18日	二黒	丙戌	9月16日	六白	乙卯	8月16日	九紫	乙酉	7月15日	四緑	甲寅	6月13日	八白	癸
19	11月19日	七赤	丁巳	10月19日	一白	丁亥	9月17日	五黄	丙辰	8月17日	八白	丙戌	7月16日	三碧	乙卯	6月14日	七赤	甲
20	11月20日	六白	戊午	10月20日	九紫	戊子	9月18日	四緑	丁巳	8月18日	七赤	丁亥	7月17日	二黒	丙辰	6月15日	六白	乙
21	11月21日	五黄	己未	10月21日	八白	己丑	9月19日	三碧	戊午	8月19日	六白	戊子	7月18日	一白	丁巳	6月16日	五黄	丙
22	11月22日	四緑	庚申	10月22日	七赤	庚寅	9月20日	二黒	己未	8月20日	五黄	己丑	7月19日	九紫	戊午	6月17日	四緑	[illegible]
23	11月23日	三碧	辛酉	10月23日	六白	辛卯	9月21日	一白	庚申	8月21日	四緑	庚寅	7月20日	八白	己未	6月18日	三碧	戊
24	11月24日	二黒	壬戌	10月24日	五黄	壬辰	9月22日	九紫	辛酉	8月22日	三碧	辛卯	7月21日	七赤	庚申	6月19日	二黒	己
25	11月25日	一白	癸亥	10月25日	四緑	癸巳	9月23日	八白	壬戌	8月23日	二黒	壬辰	7月22日	六白	辛酉	6月20日	一白	庚
26	11月26日	一白	甲子	10月26日	三碧	甲午	9月24日	七赤	癸亥	8月24日	一白	癸巳	7月23日	五黄	壬戌	6月21日	九紫	[illegible]
27	11月27日	二黒	乙丑	10月27日	二黒	乙未	9月25日	六白	甲子	8月25日	九紫	甲午	7月24日	四緑	癸亥	6月22日	八白	[illegible]
28	11月28日	三碧	丙寅	10月28日	一白	丙申	9月26日	五黄	乙丑	8月26日	八白	乙未	7月25日	三碧	甲子	6月23日	七赤	[illegible]
29	11月29日	四緑	丁卯	10月29日	九紫	丁酉	9月27日	四緑	丙寅	8月27日	七赤	丙申	7月26日	二黒	乙丑	6月24日	六白	[illegible]
30	11月30日	五黄	戊辰	10月30日	八白	戊戌	9月28日	三碧	丁卯	8月28日	六白	丁酉	7月27日	一白	丙寅	6月25日	五黄	[illegible]
31	12月1日	六白	己巳				9月29日	二黒	戊辰				7月28日	九紫	丁卯	6月26日	四緑	[illegible]

6月壬午			5月辛巳			4月庚辰			3月己卯			2月戊寅			1月丁丑			
5日 18：56			5日 14：56			4日 21：48			5日 17：07			3日 23：10			5日 11：32			
21日 11：41			21日 03：54			20日 04：55			20日 18：01			18日 19：06			20日 05：00			
七赤金星			八白土星			九紫火星			一白水星			二黒土星			三碧木星			
5月6日	五黄	辛丑	4月4日	一白	庚午	3月4日	七赤	庚子	2月2日	三碧	己巳	1月4日	二黒	辛丑	12月2日	七赤	庚午	1
5月7日	六白	壬寅	4月5日	二黒	辛未	3月5日	八白	辛丑	2月3日	四緑	庚午	1月5日	三碧	壬寅	12月3日	八白	辛未	2
5月8日	七赤	癸卯	4月6日	三碧	壬申	3月6日	九紫	壬寅	2月4日	五黄	辛未	1月6日	四緑	癸卯	12月4日	九紫	壬申	3
5月9日	八白	甲辰	4月7日	四緑	癸酉	3月7日	一白	癸卯	2月5日	六白	壬申	1月7日	五黄	甲辰	12月5日	一白	癸酉	4
月10日	九紫	乙巳	4月8日	五黄	甲戌	3月8日	二黒	甲辰	2月6日	七赤	癸酉	1月8日	六白	乙巳	12月6日	二黒	甲戌	5
月11日	一白	丙午	4月9日	六白	乙亥	3月9日	三碧	乙巳	2月7日	八白	甲戌	1月9日	七赤	丙午	12月7日	三碧	乙亥	6
月12日	二黒	丁未	4月10日	七赤	丙子	3月10日	四緑	丙午	2月8日	九紫	乙亥	1月10日	八白	丁未	12月8日	四緑	丙子	7
月13日	三碧	戊申	4月11日	八白	丁丑	3月11日	五黄	丁未	2月9日	一白	丙子	1月11日	九紫	戊申	12月9日	五黄	丁丑	8
月14日	四緑	己酉	4月12日	九紫	戊寅	3月12日	六白	戊申	2月10日	二黒	丁丑	1月12日	一白	己酉	12月10日	六白	戊寅	9
月15日	五黄	庚戌	4月13日	一白	己卯	3月13日	七赤	己酉	2月11日	三碧	戊寅	1月13日	二黒	庚戌	12月11日	七赤	己卯	10
月16日	六白	辛亥	4月14日	二黒	庚辰	3月14日	八白	庚戌	2月12日	四緑	己卯	1月14日	三碧	辛亥	12月12日	八白	庚辰	11
月17日	七赤	壬子	4月15日	三碧	辛巳	3月15日	九紫	辛亥	2月13日	五黄	庚辰	1月15日	四緑	壬子	12月13日	九紫	辛巳	12
月18日	八白	癸丑	4月16日	四緑	壬午	3月16日	一白	壬子	2月14日	六白	辛巳	1月16日	五黄	癸丑	12月14日	一白	壬午	13
月19日	九紫	甲寅	4月17日	五黄	癸未	3月17日	二黒	癸丑	2月15日	七赤	壬午	1月17日	六白	甲寅	12月15日	二黒	癸未	14
月20日	一白	乙卯	4月18日	六白	甲申	3月18日	三碧	甲寅	2月16日	八白	癸未	1月18日	七赤	乙卯	12月16日	三碧	甲申	15
月21日	二黒	丙辰	4月19日	七赤	乙酉	3月19日	四緑	乙卯	2月17日	九紫	甲申	1月19日	八白	丙辰	12月17日	四緑	乙酉	16
月22日	三碧	丁巳	4月20日	八白	丙戌	3月20日	五黄	丙辰	2月18日	一白	乙酉	1月20日	九紫	丁巳	12月18日	五黄	丙戌	17
月23日	四緑	戊午	4月21日	九紫	丁亥	3月21日	六白	丁巳	2月19日	二黒	丙戌	1月21日	一白	戊午	12月19日	六白	丁亥	18
月24日	五黄	己未	4月22日	一白	戊子	3月22日	七赤	戊午	2月20日	三碧	丁亥	1月22日	二黒	己未	12月20日	七赤	戊子	19
月25日	六白	庚申	4月23日	二黒	己丑	3月23日	八白	己未	2月21日	四緑	戊子	1月23日	三碧	庚申	12月21日	八白	己丑	20
月26日	七赤	辛酉	4月24日	三碧	庚寅	3月24日	九紫	庚申	2月22日	五黄	己丑	1月24日	四緑	辛酉	12月22日	九紫	庚寅	21
月27日	八白	壬戌	4月25日	四緑	辛卯	3月25日	一白	辛酉	2月23日	六白	庚寅	1月25日	五黄	壬戌	12月23日	一白	辛卯	22
月28日	九紫	癸亥	4月26日	五黄	壬辰	3月26日	二黒	壬戌	2月24日	七赤	辛卯	1月26日	六白	癸亥	12月24日	二黒	壬辰	23
月29日	九紫	甲子	4月27日	六白	癸巳	3月27日	三碧	癸亥	2月25日	八白	壬辰	1月27日	七赤	甲子	12月25日	三碧	癸巳	24
月1日	八白	乙丑	4月28日	七赤	甲午	3月28日	四緑	甲子	2月26日	九紫	癸巳	1月28日	八白	乙丑	12月26日	四緑	甲午	25
月2日	七赤	丙寅	4月29日	八白	乙未	3月29日	五黄	乙丑	2月27日	一白	甲午	1月29日	九紫	丙寅	12月27日	五黄	乙未	26
月3日	六白	丁卯	5月1日	九紫	丙申	3月30日	六白	丙寅	2月28日	二黒	乙未	1月30日	一白	丁卯	12月28日	六白	丙申	27
月4日	五黄	戊辰	5月2日	一白	丁酉	4月1日	七赤	丁卯	2月29日	三碧	丙申	2月1日	二黒	戊辰	12月29日	七赤	丁酉	28
月5日	四緑	己巳	5月3日	二黒	戊戌	4月2日	八白	戊辰	3月1日	四緑	丁酉				1月1日	八白	戊戌	29
月6日	三碧	庚午	5月4日	三碧	己亥	4月3日	九紫	己巳	3月2日	五黄	戊戌				1月2日	九紫	己亥	30
			5月5日	四緑	庚子				3月3日	六白	己亥				1月3日	一白	庚子	31

令和7年　2025年　乙巳年　二黒土星

	12月戊子			11月丁亥			10月丙戌			9月乙酉			8月甲申			7月癸未	
	7日 06：04			7日 13：04			8日 09：41			7日 17：52			7日 14：51			7日 05：04	
	22日 00：02			22日 10：35			23日 12：51			23日 03：19			23日 05：33			22日 22：29	
	一白水星			二黒土星			三碧木星			四緑木星			五黄土星			六白金星	
1	10月12日	二黒	甲辰	9月12日	五黄	甲戌	8月10日	九紫	癸卯	7月10日	三碧	癸酉	閏6月8日	七赤	壬寅	6月7日	二黒
2	10月13日	一白	乙巳	9月13日	四緑	乙亥	8月11日	八白	甲辰	7月11日	二黒	甲戌	閏6月9日	六白	癸卯	6月8日	一白
3	10月14日	九紫	丙午	9月14日	三碧	丙子	8月12日	七赤	乙巳	7月12日	一白	乙亥	閏6月10日	五黄	甲辰	6月9日	九紫
4	10月15日	八白	丁未	9月15日	二黒	丁丑	8月13日	六白	丙午	7月13日	九紫	丙子	閏6月11日	四緑	乙巳	6月10日	八白
5	10月16日	七赤	戊申	9月16日	一白	戊寅	8月14日	五黄	丁未	7月14日	八白	丁丑	閏6月12日	三碧	丙午	6月11日	七赤
6	10月17日	六白	己酉	9月17日	九紫	己卯	8月15日	四緑	戊申	7月15日	七赤	戊寅	閏6月13日	二黒	丁未	6月12日	六白
7	10月18日	五黄	庚戌	9月18日	八白	庚辰	8月16日	三碧	己酉	7月16日	六白	己卯	閏6月14日	一白	戊申	6月13日	五黄
8	10月19日	四緑	辛亥	9月19日	七赤	辛巳	8月17日	二黒	庚戌	7月17日	五黄	庚辰	閏6月15日	九紫	己酉	6月14日	四緑
9	10月20日	三碧	壬子	9月20日	六白	壬午	8月18日	一白	辛亥	7月18日	四緑	辛巳	閏6月16日	八白	庚戌	6月15日	三碧
10	10月21日	二黒	癸丑	9月21日	五黄	癸未	8月19日	九紫	壬子	7月19日	三碧	壬午	閏6月17日	七赤	辛亥	6月16日	二黒
11	10月22日	一白	甲寅	9月22日	四緑	甲申	8月20日	八白	癸丑	7月20日	二黒	癸未	閏6月18日	六白	壬子	6月17日	一白
12	10月23日	九紫	乙卯	9月23日	三碧	乙酉	8月21日	七赤	甲寅	7月21日	一白	甲申	閏6月19日	五黄	癸丑	6月18日	九紫
13	10月24日	八白	丙辰	9月24日	二黒	丙戌	8月22日	六白	乙卯	7月22日	九紫	乙酉	閏6月20日	四緑	甲寅	6月19日	八白
14	10月25日	七赤	丁巳	9月25日	一白	丁亥	8月23日	五黄	丙辰	7月23日	八白	丙戌	閏6月21日	三碧	乙卯	6月20日	七赤
15	10月26日	六白	戊午	9月26日	九紫	戊子	8月24日	四緑	丁巳	7月24日	七赤	丁亥	閏6月22日	二黒	丙辰	6月21日	六白
16	10月27日	五黄	己未	9月27日	八白	己丑	8月25日	三碧	戊午	7月25日	六白	戊子	閏6月23日	一白	丁巳	6月22日	五黄
17	10月28日	四緑	庚申	9月28日	七赤	庚寅	8月26日	二黒	己未	7月26日	五黄	己丑	閏6月24日	九紫	戊午	6月23日	四緑
18	10月29日	三碧	辛酉	9月29日	六白	辛卯	8月27日	一白	庚申	7月27日	四緑	庚寅	閏6月25日	八白	己未	6月24日	三碧
19	10月30日	二黒	壬戌	9月30日	五黄	壬辰	8月28日	九紫	辛酉	7月28日	三碧	辛卯	閏6月26日	七赤	庚申	6月25日	二黒
20	11月1日	一白	癸亥	10月1日	四緑	癸巳	8月29日	八白	壬戌	7月29日	二黒	壬辰	閏6月27日	六白	辛酉	6月26日	一白
21	11月2日	一白	甲子	10月2日	三碧	甲午	9月1日	七赤	癸亥	7月30日	一白	癸巳	閏6月28日	五黄	壬戌	6月27日	九紫
22	11月3日	二黒	乙丑	10月3日	二黒	乙未	9月2日	六白	甲子	8月1日	九紫	甲午	閏6月29日	四緑	癸亥	6月28日	八白
23	11月4日	三碧	丙寅	10月4日	一白	丙申	9月3日	五黄	乙丑	8月2日	八白	乙未	7月1日	三碧	甲子	6月29日	七赤
24	11月5日	四緑	丁卯	10月5日	九紫	丁酉	9月4日	四緑	丙寅	8月3日	七赤	丙申	7月2日	二黒	乙丑	6月30日	六白
25	11月6日	五黄	戊辰	10月6日	八白	戊戌	9月5日	三碧	丁卯	8月4日	六白	丁酉	7月3日	一白	丙寅	閏6月1日	五黄
26	11月7日	六白	己巳	10月7日	七赤	己亥	9月6日	二黒	戊辰	8月5日	五黄	戊戌	7月4日	九紫	丁卯	閏6月2日	四緑
27	11月8日	七赤	庚午	10月8日	六白	庚子	9月7日	一白	己巳	8月6日	四緑	己亥	7月5日	八白	戊辰	閏6月3日	三碧
28	11月9日	八白	辛未	10月9日	五黄	辛丑	9月8日	九紫	庚午	8月7日	三碧	庚子	7月6日	七赤	己巳	閏6月4日	二黒
29	11月10日	九紫	壬申	10月10日	四緑	壬寅	9月9日	八白	辛未	8月8日	二黒	辛丑	7月7日	六白	庚午	閏6月5日	一白
30	11月11日	一白	癸酉	10月11日	三碧	癸卯	9月10日	七赤	壬申	8月9日	一白	壬寅	7月8日	五黄	辛未	閏6月6日	九紫
31	11月12日	二黒	甲戌				9月11日	六白	癸酉				7月9日	四緑	壬申	閏6月7日	八白

6月甲午			5月癸巳			4月壬辰			3月辛卯			2月庚寅			1月己丑			
6日 00：47			5日 20：48			5日 03：40			5日 22：59			4日 05：02			5日 17：23			
21日 17：23			21日 09：36			20日 10：38			20日 23：46			19日 00：52			20日 10：44			
四緑木星			五黄土星			六白金星			七赤金星			八白土星			九紫火星			
月16日	一白	丙午	3月15日	六白	乙亥	2月14日	三碧	乙巳	1月13日	八白	甲戌	12月14日	七赤	丙午	11月13日	三碧	乙亥	1
月17日	二黒	丁未	3月16日	七赤	丙子	2月15日	四緑	丙午	1月14日	九紫	乙亥	12月15日	八白	丁未	11月14日	四緑	丙子	2
月18日	三碧	戊申	3月17日	八白	丁丑	2月16日	五黄	丁未	1月15日	一白	丙子	12月16日	九紫	戊申	11月15日	五黄	丁丑	3
月19日	四緑	己酉	3月18日	九紫	戊寅	2月17日	六白	戊申	1月16日	二黒	丁丑	12月17日	一白	己酉	11月16日	六白	戊寅	4
月20日	五黄	庚戌	3月19日	一白	己卯	2月18日	七赤	己酉	1月17日	三碧	戊寅	12月18日	二黒	庚戌	11月17日	七赤	己卯	5
月21日	六白	辛亥	3月20日	二黒	庚辰	2月19日	八白	庚戌	1月18日	四緑	己卯	12月19日	三碧	辛亥	11月18日	八白	庚辰	6
月22日	七赤	壬子	3月21日	三碧	辛巳	2月20日	九紫	辛亥	1月19日	五黄	庚辰	12月20日	四緑	壬子	11月19日	九紫	辛巳	7
月23日	八白	癸丑	3月22日	四緑	壬午	2月21日	一白	壬子	1月20日	六白	辛巳	12月21日	五黄	癸丑	11月20日	一白	壬午	8
月24日	九紫	甲寅	3月23日	五黄	癸未	2月22日	二黒	癸丑	1月21日	七赤	壬午	12月22日	六白	甲寅	11月21日	二黒	癸未	9
月25日	一白	乙卯	3月24日	六白	甲申	2月23日	三碧	甲寅	1月22日	八白	癸未	12月23日	七赤	乙卯	11月22日	三碧	甲申	10
月26日	二黒	丙辰	3月25日	七赤	乙酉	2月24日	四緑	乙卯	1月23日	九紫	甲申	12月24日	八白	丙辰	11月23日	四緑	乙酉	11
月27日	三碧	丁巳	3月26日	八白	丙戌	2月25日	五黄	丙辰	1月24日	一白	乙酉	12月25日	九紫	丁巳	11月24日	五黄	丙戌	12
月28日	四緑	戊午	3月27日	九紫	丁亥	2月26日	六白	丁巳	1月25日	二黒	丙戌	12月26日	一白	戊午	11月25日	六白	丁亥	13
月29日	五黄	己未	3月28日	一白	戊子	2月27日	七赤	戊午	1月26日	三碧	丁亥	12月27日	二黒	己未	11月26日	七赤	戊子	14
月1日	六白	庚申	3月29日	二黒	己丑	2月28日	八白	己未	1月27日	四緑	戊子	12月28日	三碧	庚申	11月27日	八白	己丑	15
月2日	七赤	辛酉	3月30日	三碧	庚寅	2月29日	九紫	庚申	1月28日	五黄	己丑	12月29日	四緑	辛酉	11月28日	九紫	庚寅	16
月3日	八白	壬戌	4月1日	四緑	辛卯	3月1日	一白	辛酉	1月29日	六白	庚寅	1月1日	五黄	壬戌	11月29日	一白	辛卯	17
月4日	九紫	癸亥	4月2日	五黄	壬辰	3月2日	二黒	壬戌	1月30日	七赤	辛卯	1月2日	六白	癸亥	11月30日	二黒	壬辰	18
月5日	九紫	甲子	4月3日	六白	癸巳	3月3日	三碧	癸亥	2月1日	八白	壬辰	1月3日	七赤	甲子	12月1日	三碧	癸巳	19
月6日	八白	乙丑	4月4日	七赤	甲午	3月4日	四緑	甲子	2月2日	九紫	癸巳	1月4日	八白	乙丑	12月2日	四緑	甲午	20
月7日	七赤	丙寅	4月5日	八白	乙未	3月5日	五黄	乙丑	2月3日	一白	甲午	1月5日	九紫	丙寅	12月3日	五黄	乙未	21
月8日	六白	丁卯	4月6日	九紫	丙申	3月6日	六白	丙寅	2月4日	二黒	乙未	1月6日	一白	丁卯	12月4日	六白	丙申	22
月9日	五黄	戊辰	4月7日	一白	丁酉	3月7日	七赤	丁卯	2月5日	三碧	丙申	1月7日	二黒	戊辰	12月5日	七赤	丁酉	23
月10日	四緑	己巳	4月8日	二黒	戊戌	3月8日	八白	戊辰	2月6日	四緑	丁酉	1月8日	三碧	己巳	12月6日	八白	戊戌	24
月11日	三碧	庚午	4月9日	三碧	己亥	3月9日	九紫	己巳	2月7日	五黄	戊戌	1月9日	四緑	庚午	12月7日	九紫	己亥	25
12日	二黒	辛未	4月10日	四緑	庚子	3月10日	一白	庚午	2月8日	六白	己亥	1月10日	五黄	辛未	12月8日	一白	庚子	26
13日	一白	壬申	4月11日	五黄	辛丑	3月11日	二黒	辛未	2月9日	七赤	庚子	1月11日	六白	壬申	12月9日	二黒	辛丑	27
14日	九紫	癸酉	4月12日	六白	壬寅	3月12日	三碧	壬申	2月10日	八白	辛丑	1月12日	七赤	癸酉	12月10日	三碧	壬寅	28
15日	八白	甲戌	4月13日	七赤	癸卯	3月13日	四緑	癸酉	2月11日	九紫	壬寅				12月11日	四緑	癸卯	29
16日	七赤	乙亥	4月14日	八白	甲辰	3月14日	五黄	甲戌	2月12日	一白	癸卯				12月12日	五黄	甲辰	30
			4月15日	九紫	乙巳				2月13日	二黒	甲辰				12月13日	六白	乙巳	31

令和8年	2026年					丙午年				一白水星								
	12月庚子			11月己亥			10月戊戌			9月丁酉			8月丙申			7月乙未		
	7日 11：52			7日 18：51			8日 15：29			7日 23：41			7日 20：42			7日 10：56		
	22日 05：49			22日 16：22			23日 18：37			23日 09：05			23日 11：19			23日 04：12		
	七赤金星			八白土星			九紫火星			一白水星			二黒土星			三碧木星		
1	10月23日	六白	己酉	9月22日	九紫	己卯	8月21日	四緑	戊申	7月20日	七赤	戊寅	6月19日	二黒	丁未	5月17日	六白	丙
2	10月24日	五黄	庚戌	9月23日	八白	庚辰	8月22日	三碧	己酉	7月21日	六白	己卯	6月20日	一白	戊申	5月18日	五黄	丁
3	10月25日	四緑	辛亥	9月24日	七赤	辛巳	8月23日	二黒	庚戌	7月22日	五黄	庚辰	6月21日	九紫	己酉	5月19日	四緑	戊
4	10月26日	三碧	壬子	9月25日	六白	壬午	8月24日	一白	辛亥	7月23日	四緑	辛巳	6月22日	八白	庚戌	5月20日	三碧	己
5	10月27日	二黒	癸丑	9月26日	五黄	癸未	8月25日	九紫	壬子	7月24日	三碧	壬午	6月23日	七赤	辛亥	5月21日	二黒	庚
6	10月28日	一白	甲寅	9月27日	四緑	甲申	8月26日	八白	癸丑	7月25日	二黒	癸未	6月24日	六白	壬子	5月22日	一白	辛
7	10月29日	九紫	乙卯	9月28日	三碧	乙酉	8月27日	七赤	甲寅	7月26日	一白	甲申	6月25日	五黄	癸丑	5月23日	九紫	壬
8	10月30日	八白	丙辰	9月29日	二黒	丙戌	8月28日	六白	乙卯	7月27日	九紫	乙酉	6月26日	四緑	甲寅	5月24日	八白	癸
9	11月1日	七赤	丁巳	10月1日	一白	丁亥	8月29日	五黄	丙辰	7月28日	八白	丙戌	6月27日	三碧	乙卯	5月25日	七赤	甲
10	11月2日	六白	戊午	10月2日	九紫	戊子	8月30日	四緑	丁巳	7月29日	七赤	丁亥	6月28日	二黒	丙辰	5月26日	六白	乙
11	11月3日	五黄	己未	10月3日	八白	己丑	9月1日	三碧	戊午	8月1日	六白	戊子	6月29日	一白	丁巳	5月27日	五黄	丙
12	11月4日	四緑	庚申	10月4日	七赤	庚寅	9月2日	二黒	己未	8月2日	五黄	己丑	6月30日	九紫	戊午	5月28日	四緑	丁
13	11月5日	三碧	辛酉	10月5日	六白	辛卯	9月3日	一白	庚申	8月3日	四緑	庚寅	7月1日	八白	己未	5月29日	三碧	戊
14	11月6日	二黒	壬戌	10月6日	五黄	壬辰	9月4日	九紫	辛酉	8月4日	三碧	辛卯	7月2日	七赤	庚申	6月1日	二黒	己
15	11月7日	一白	癸亥	10月7日	四緑	癸巳	9月5日	八白	壬戌	8月5日	二黒	壬辰	7月3日	六白	辛酉	6月2日	一白	庚
16	11月8日	一白	甲子	10月8日	三碧	甲午	9月6日	七赤	癸亥	8月6日	一白	癸巳	7月4日	五黄	壬戌	6月3日	九紫	辛
17	11月9日	二黒	乙丑	10月9日	二黒	乙未	9月7日	六白	甲子	8月7日	九紫	甲午	7月5日	四緑	癸亥	6月4日	八白	壬
18	11月10日	三碧	丙寅	10月10日	一白	丙申	9月8日	五黄	乙丑	8月8日	八白	乙未	7月6日	三碧	甲子	6月5日	七赤	癸
19	11月11日	四緑	丁卯	10月11日	九紫	丁酉	9月9日	四緑	丙寅	8月9日	七赤	丙申	7月7日	二黒	乙丑	6月6日	六白	甲
20	11月12日	五黄	戊辰	10月12日	八白	戊戌	9月10日	三碧	丁卯	8月10日	六白	丁酉	7月8日	一白	丙寅	6月7日	五黄	乙
21	11月13日	六白	己巳	10月13日	七赤	己亥	9月11日	二黒	戊辰	8月11日	五黄	戊戌	7月9日	九紫	丁卯	6月8日	四緑	丙
22	11月14日	七赤	庚午	10月14日	六白	庚子	9月12日	一白	己巳	8月12日	四緑	己亥	7月10日	八白	戊辰	6月9日	三碧	丁
23	11月15日	八白	辛未	10月15日	五黄	辛丑	9月13日	九紫	庚午	8月13日	三碧	庚子	7月11日	七赤	己巳	6月10日	二黒	戊
24	11月16日	九紫	壬申	10月16日	四緑	壬寅	9月14日	八白	辛未	8月14日	二黒	辛丑	7月12日	六白	庚午	6月11日	一白	己
25	11月17日	一白	癸酉	10月17日	三碧	癸卯	9月15日	七赤	壬申	8月15日	一白	壬寅	7月13日	五黄	辛未	6月12日	九紫	庚
26	11月18日	二黒	甲戌	10月18日	二黒	甲辰	9月16日	六白	癸酉	8月16日	九紫	癸卯	7月14日	四緑	壬申	6月13日	八白	辛
27	11月19日	三碧	乙亥	10月19日	一白	乙巳	9月17日	五黄	甲戌	8月17日	八白	甲辰	7月15日	三碧	癸酉	6月14日	七赤	壬
28	11月20日	四緑	丙子	10月20日	九紫	丙午	9月18日	四緑	乙亥	8月18日	七赤	乙巳	7月16日	二黒	甲戌	6月15日	六白	癸
29	11月21日	五黄	丁丑	10月21日	八白	丁未	9月19日	三碧	丙子	8月19日	六白	丙午	7月17日	一白	乙亥	6月16日	五黄	甲
30	11月22日	六白	戊寅	10月22日	七赤	戊申	9月20日	二黒	丁丑	8月20日	五黄	丁未	7月18日	九紫	丙子	6月17日	四緑	乙
31	11月23日	七赤	己卯				9月21日	一白	戊寅				7月19日	八白	丁丑	6月18日	三碧	丙

6月丙午			5月乙巳			4月甲辰			3月癸卯			2月壬寅			1月辛丑			
6日 06：24			6日 02：24			5日 09：17			6日 04：40			4日 10：46			5日 23：09			
21日 23：09			21日 15：17			20日 16：17			21日 05：25			19日 06：34			20日 16：29			
一白水星			二黒土星			三碧木星			四緑木星			五黄土星			六白金星			
月27日	六白	辛亥	3月25日	二黒	庚辰	2月25日	八白	庚戌	1月23日	四緑	己卯	12月25日	三碧	辛亥	11月24日	八白	庚辰	1
月28日	七赤	壬子	3月26日	三碧	辛巳	2月26日	九紫	辛亥	1月24日	五黄	庚辰	12月26日	四緑	壬子	11月25日	九紫	辛巳	2
月29日	八白	癸丑	3月27日	四緑	壬午	2月27日	一白	壬子	1月25日	六白	辛巳	12月27日	五黄	癸丑	11月26日	一白	壬午	3
月30日	九紫	甲寅	3月28日	五黄	癸未	2月28日	二黒	癸丑	1月26日	七赤	壬午	12月28日	六白	甲寅	11月27日	二黒	癸未	4
5月1日	一白	乙卯	3月29日	六白	甲申	2月29日	三碧	甲寅	1月27日	八白	癸未	12月29日	七赤	乙卯	11月28日	三碧	甲申	5
5月2日	二黒	丙辰	4月1日	七赤	乙酉	2月30日	四緑	乙卯	1月28日	九紫	甲申	12月30日	八白	丙辰	11月29日	四緑	乙酉	6
5月3日	三碧	丁巳	4月2日	八白	丙戌	3月1日	五黄	丙辰	1月29日	一白	乙酉	1月1日	九紫	丁巳	11月30日	五黄	丙戌	7
5月4日	四緑	戊午	4月3日	九紫	丁亥	3月2日	六白	丁巳	2月1日	二黒	丙戌	1月2日	一白	戊午	12月1日	六白	丁亥	8
5月5日	五黄	己未	4月4日	一白	戊子	3月3日	七赤	戊午	2月2日	三碧	丁亥	1月3日	二黒	己未	12月2日	七赤	戊子	9
5月6日	六白	庚申	4月5日	二黒	己丑	3月4日	八白	己未	2月3日	四緑	戊子	1月4日	三碧	庚申	12月3日	八白	己丑	10
5月7日	七赤	辛酉	4月6日	三碧	庚寅	3月5日	九紫	庚申	2月4日	五黄	己丑	1月5日	四緑	辛酉	12月4日	九紫	庚寅	11
5月8日	八白	壬戌	4月7日	四緑	辛卯	3月6日	一白	辛酉	2月5日	六白	庚寅	1月6日	五黄	壬戌	12月5日	一白	辛卯	12
5月9日	九紫	癸亥	4月8日	五黄	壬辰	3月7日	二黒	壬戌	2月6日	七赤	辛卯	1月7日	六白	癸亥	12月6日	二黒	壬辰	13
月10日	九紫	甲子	4月9日	六白	癸巳	3月8日	三碧	癸亥	2月7日	八白	壬辰	1月8日	七赤	甲子	12月7日	三碧	癸巳	14
月11日	八白	乙丑	4月10日	七赤	甲午	3月9日	四緑	甲子	2月8日	九紫	癸巳	1月9日	八白	乙丑	12月8日	四緑	甲午	15
月12日	七赤	丙寅	4月11日	八白	乙未	3月10日	五黄	乙丑	2月9日	一白	甲午	1月10日	九紫	丙寅	12月9日	五黄	乙未	16
月13日	六白	丁卯	4月12日	九紫	丙申	3月11日	六白	丙寅	2月10日	二黒	乙未	1月11日	一白	丁卯	12月10日	六白	丙申	17
月14日	五黄	戊辰	4月13日	一白	丁酉	3月12日	七赤	丁卯	2月11日	三碧	丙申	1月12日	二黒	戊辰	12月11日	七赤	丁酉	18
月15日	四緑	己巳	4月14日	二黒	戊戌	3月13日	八白	戊辰	2月12日	四緑	丁酉	1月13日	三碧	己巳	12月12日	八白	戊戌	19
月16日	三碧	庚午	4月15日	三碧	己亥	3月14日	九紫	己巳	2月13日	五黄	戊戌	1月14日	四緑	庚午	12月13日	九紫	己亥	20
月17日	二黒	辛未	4月16日	四緑	庚子	3月15日	一白	庚午	2月14日	六白	己亥	1月15日	五黄	辛未	12月14日	一白	庚子	21
月18日	一白	壬申	4月17日	五黄	辛丑	3月16日	二黒	辛未	2月15日	七赤	庚子	1月16日	六白	壬申	12月15日	二黒	辛丑	22
月19日	九紫	癸酉	4月18日	六白	壬寅	3月17日	三碧	壬申	2月16日	八白	辛丑	1月17日	七赤	癸酉	12月16日	三碧	壬寅	23
月20日	八白	甲戌	4月19日	七赤	癸卯	3月18日	四緑	癸酉	2月17日	九紫	壬寅	1月18日	八白	甲戌	12月17日	四緑	癸卯	24
月21日	七赤	乙亥	4月20日	八白	甲辰	3月19日	五黄	甲戌	2月18日	一白	癸卯	1月19日	九紫	乙亥	12月18日	五黄	甲辰	25
月22日	六白	丙子	4月21日	九紫	乙巳	3月20日	六白	乙亥	2月19日	二黒	甲辰	1月20日	一白	丙子	12月19日	六白	乙巳	26
月23日	五黄	丁丑	4月22日	一白	丙午	3月21日	七赤	丙子	2月20日	三碧	乙巳	1月21日	二黒	丁丑	12月20日	七赤	丙午	27
月24日	四緑	戊寅	4月23日	二黒	丁未	3月22日	八白	丁丑	2月21日	四緑	丙午	1月22日	三碧	戊寅	12月21日	八白	丁未	28
月25日	三碧	己卯	4月24日	三碧	戊申	3月23日	九紫	戊寅	2月22日	五黄	丁未				12月22日	九紫	戊申	29
月26日	二黒	庚辰	4月25日	四緑	己酉	3月24日	一白	己卯	2月23日	六白	戊申				12月23日	一白	己酉	30
			4月26日	五黄	庚戌				2月24日	七赤	己酉				12月24日	二黒	庚戌	31

令和9年	2027年						丁未年			九紫火星								
	12月壬子			11月辛亥			10月庚戌			9月己酉			8月戊申			7月丁未		
	7日 17：37			8日 00：37			8日 21：17			8日 05：29			8日 02：27			7日 16：36		
	22日 11：41			22日 22：15			24日 00：32			23日 15：02			23日 17：14			23日 10：04		
	四緑木星			五黄土星			六白金星			七赤金星			八白土星			九紫火星		
1	11月4日	一白	甲寅	10月4日	四緑	甲申	9月2日	八白	癸丑	8月1日	二黒	癸未	6月29日	六白	壬子	5月27日	一白	辛
2	11月5日	九紫	乙卯	10月5日	三碧	乙酉	9月3日	七赤	甲寅	8月2日	一白	甲申	7月1日	五黄	癸丑	5月28日	九紫	壬
3	11月6日	八白	丙辰	10月6日	二黒	丙戌	9月4日	六白	乙卯	8月3日	九紫	乙酉	7月2日	四緑	甲寅	5月29日	八白	癸
4	11月7日	七赤	丁巳	10月7日	一白	丁亥	9月5日	五黄	丙辰	8月4日	八白	丙戌	7月3日	三碧	乙卯	6月1日	七赤	甲
5	11月8日	六白	戊午	10月8日	九紫	戊子	9月6日	四緑	丁巳	8月5日	七赤	丁亥	7月4日	二黒	丙辰	6月2日	六白	乙
6	11月9日	五黄	己未	10月9日	八白	己丑	9月7日	三碧	戊午	8月6日	六白	戊子	7月5日	一白	丁巳	6月3日	五黄	丙
7	11月10日	四緑	庚申	10月10日	七赤	庚寅	9月8日	二黒	己未	8月7日	五黄	己丑	7月6日	九紫	戊午	6月4日	四緑	丁
8	11月11日	三碧	辛酉	10月11日	六白	辛卯	9月9日	一白	庚申	8月8日	四緑	庚寅	7月7日	八白	己未	6月5日	三碧	戊
9	11月12日	二黒	壬戌	10月12日	五黄	壬辰	9月10日	九紫	辛酉	8月9日	三碧	辛卯	7月8日	七赤	庚申	6月6日	二黒	己
10	11月13日	一白	癸亥	10月13日	四緑	癸巳	9月11日	八白	壬戌	8月10日	二黒	壬辰	7月9日	六白	辛酉	6月7日	一白	庚
11	11月14日	一白	甲子	10月14日	三碧	甲午	9月12日	七赤	癸亥	8月11日	一白	癸巳	7月10日	五黄	壬戌	6月8日	九紫	辛
12	11月15日	二黒	乙丑	10月15日	二黒	乙未	9月13日	六白	甲子	8月12日	九紫	甲午	7月11日	四緑	癸亥	6月9日	八白	壬
13	11月16日	三碧	丙寅	10月16日	一白	丙申	9月14日	五黄	乙丑	8月13日	八白	乙未	7月12日	三碧	甲子	6月10日	七赤	癸
14	11月17日	四緑	丁卯	10月17日	九紫	丁酉	9月15日	四緑	丙寅	8月14日	七赤	丙申	7月13日	二黒	乙丑	6月11日	六白	甲
15	11月18日	五黄	戊辰	10月18日	八白	戊戌	9月16日	三碧	丁卯	8月15日	六白	丁酉	7月14日	一白	丙寅	6月12日	五黄	乙
16	11月19日	六白	己巳	10月19日	七赤	己亥	9月17日	二黒	戊辰	8月16日	五黄	戊戌	7月15日	九紫	丁卯	6月13日	四緑	丙
17	11月20日	七赤	庚午	10月20日	六白	庚子	9月18日	一白	己巳	8月17日	四緑	己亥	7月16日	八白	戊辰	6月14日	三碧	丁
18	11月21日	八白	辛未	10月21日	五黄	辛丑	9月19日	九紫	庚午	8月18日	三碧	庚子	7月17日	七赤	己巳	6月15日	二黒	戊
19	11月22日	九紫	壬申	10月22日	四緑	壬寅	9月20日	八白	辛未	8月19日	二黒	辛丑	7月18日	六白	庚午	6月16日	一白	己
20	11月23日	一白	癸酉	10月23日	三碧	癸卯	9月21日	七赤	壬申	8月20日	一白	壬寅	7月19日	五黄	辛未	6月17日	九紫	庚
21	11月24日	二黒	甲戌	10月24日	二黒	甲辰	9月22日	六白	癸酉	8月21日	九紫	癸卯	7月20日	四緑	壬申	6月18日	八白	辛
22	11月25日	三碧	乙亥	10月25日	一白	乙巳	9月23日	五黄	甲戌	8月22日	八白	甲辰	7月21日	三碧	癸酉	6月19日	七赤	壬
23	11月26日	四緑	丙子	10月26日	九紫	丙午	9月24日	四緑	乙亥	8月23日	七赤	乙巳	7月22日	二黒	甲戌	6月20日	六白	癸
24	11月27日	五黄	丁丑	10月27日	八白	丁未	9月25日	三碧	丙子	8月24日	六白	丙午	7月23日	一白	乙亥	6月21日	五黄	甲
25	11月28日	六白	戊寅	10月28日	七赤	戊申	9月26日	二黒	丁丑	8月25日	五黄	丁未	7月24日	九紫	丙子	6月22日	四緑	乙
26	11月29日	七赤	己卯	10月29日	六白	己酉	9月27日	一白	戊寅	8月26日	四緑	戊申	7月25日	八白	丁丑	6月23日	三碧	丙
27	11月30日	八白	庚辰	10月30日	五黄	庚戌	9月28日	九紫	己卯	8月27日	三碧	己酉	7月26日	七赤	戊寅	6月24日	二黒	丁
28	12月1日	九紫	辛巳	11月1日	四緑	辛亥	9月29日	八白	庚辰	8月28日	二黒	庚戌	7月27日	六白	己卯	6月25日	一白	戊
29	12月2日	一白	壬午	11月2日	三碧	壬子	10月1日	七赤	辛巳	8月29日	一白	辛亥	7月28日	五黄	庚辰	6月26日	九紫	己
30	12月3日	二黒	癸未	11月3日	二黒	癸丑	10月2日	六白	壬午	9月1日	九紫	壬子	7月29日	四緑	辛巳	6月27日	八白	庚
31	12月4日	三碧	甲申				10月3日	五黄	癸未				7月30日	三碧	壬午	6月28日	七赤	辛

6月戊午			5月丁巳			4月丙辰			3月乙卯			2月甲寅			1月癸丑			
5日 12：14			5日 08：10			4日 15：02			5日 10：25			4日 16：31			6日 04：54			
21日 05：01			20日 21：08			19日 22：08			20日 11：17			19日 12：26			20日 22：22			
七赤金星			八白土星			九紫火星			一白水星			二黒土星			三碧木星			
月9日	三碧	丁巳	4月7日	八白	丙戌	3月7日	五黄	丙辰	2月6日	一白	乙酉	1月6日	八白	丙辰	12月5日	四緑	乙酉	1
月10日	四緑	戊午	4月8日	九紫	丁亥	3月8日	六白	丁巳	2月7日	二黒	丙戌	1月7日	九紫	丁巳	12月6日	五黄	丙戌	2
月11日	五黄	己未	4月9日	一白	戊子	3月9日	七赤	戊午	2月8日	三碧	丁亥	1月8日	一白	戊午	12月7日	六白	丁亥	3
月12日	六白	庚申	4月10日	二黒	己丑	3月10日	八白	己未	2月9日	四緑	戊子	1月9日	二黒	己未	12月8日	七赤	戊子	4
月13日	七赤	辛酉	4月11日	三碧	庚寅	3月11日	九紫	庚申	2月10日	五黄	己丑	1月10日	三碧	庚申	12月9日	八白	己丑	5
月14日	八白	壬戌	4月12日	四緑	辛卯	3月12日	一白	辛酉	2月11日	六白	庚寅	1月11日	四緑	辛酉	12月10日	九紫	庚寅	6
月15日	九紫	癸亥	4月13日	五黄	壬辰	3月13日	二黒	壬戌	2月12日	七赤	辛卯	1月12日	五黄	壬戌	12月11日	一白	辛卯	7
月16日	九紫	甲子	4月14日	六白	癸巳	3月14日	三碧	癸亥	2月13日	八白	壬辰	1月13日	六白	癸亥	12月12日	二黒	壬辰	8
月17日	八白	乙丑	4月15日	七赤	甲午	3月15日	四緑	甲子	2月14日	九紫	癸巳	1月14日	七赤	甲子	12月13日	三碧	癸巳	9
月18日	七赤	丙寅	4月16日	八白	乙未	3月16日	五黄	乙丑	2月15日	一白	甲午	1月15日	八白	乙丑	12月14日	四緑	甲午	10
月19日	六白	丁卯	4月17日	九紫	丙申	3月17日	六白	丙寅	2月16日	二黒	乙未	1月16日	九紫	丙寅	12月15日	五黄	乙未	11
月20日	五黄	戊辰	4月18日	一白	丁酉	3月18日	七赤	丁卯	2月17日	三碧	丙申	1月17日	一白	丁卯	12月16日	六白	丙申	12
月21日	四緑	己巳	4月19日	二黒	戊戌	3月19日	八白	戊辰	2月18日	四緑	丁酉	1月18日	二黒	戊辰	12月17日	七赤	丁酉	13
月22日	三碧	庚午	4月20日	三碧	己亥	3月20日	九紫	己巳	2月19日	五黄	戊戌	1月19日	三碧	己巳	12月18日	八白	戊戌	14
月23日	二黒	辛未	4月21日	四緑	庚子	3月21日	一白	庚午	2月20日	六白	己亥	1月20日	四緑	庚午	12月19日	九紫	己亥	15
月24日	一白	壬申	4月22日	五黄	辛丑	3月22日	二黒	辛未	2月21日	七赤	庚子	1月21日	五黄	辛未	12月20日	一白	庚子	16
月25日	九紫	癸酉	4月23日	六白	壬寅	3月23日	三碧	壬申	2月22日	八白	辛丑	1月22日	六白	壬申	12月21日	二黒	辛丑	17
月26日	八白	甲戌	4月24日	七赤	癸卯	3月24日	四緑	癸酉	2月23日	九紫	壬寅	1月23日	七赤	癸酉	12月22日	三碧	壬寅	18
月27日	七赤	乙亥	4月25日	八白	甲辰	3月25日	五黄	甲戌	2月24日	一白	癸卯	1月24日	八白	甲戌	12月23日	四緑	癸卯	19
月28日	六白	丙子	4月26日	九紫	乙巳	3月26日	六白	乙亥	2月25日	二黒	甲辰	1月25日	九紫	乙亥	12月24日	五黄	甲辰	20
月29日	五黄	丁丑	4月27日	一白	丙午	3月27日	七赤	丙子	2月26日	三碧	乙巳	1月26日	一白	丙子	12月25日	六白	乙巳	21
月30日	四緑	戊寅	4月28日	二黒	丁未	3月28日	八白	丁丑	2月27日	四緑	丙午	1月27日	二黒	丁丑	12月26日	七赤	丙午	22
月1日	三碧	己卯	4月29日	三碧	戊申	3月29日	九紫	戊寅	2月28日	五黄	丁未	1月28日	三碧	戊寅	12月27日	八白	丁未	23
月2日	二黒	庚辰	5月1日	四緑	己酉	3月30日	一白	己卯	2月29日	六白	戊申	1月29日	四緑	己卯	12月28日	九紫	戊申	24
月3日	一白	辛巳	5月2日	五黄	庚戌	4月1日	二黒	庚辰	2月30日	七赤	己酉	2月1日	五黄	庚辰	12月29日	一白	己酉	25
月4日	九紫	壬午	5月3日	六白	辛亥	4月2日	三碧	辛巳	3月1日	八白	庚戌	2月2日	六白	辛巳	12月30日	二黒	庚戌	26
月5日	八白	癸未	5月4日	七赤	壬子	4月3日	四緑	壬午	3月2日	九紫	辛亥	2月3日	七赤	壬午	1月1日	三碧	辛亥	27
月6日	七赤	甲申	5月5日	八白	癸丑	4月4日	五黄	癸未	3月3日	一白	壬子	2月4日	八白	癸未	1月2日	四緑	壬子	28
月7日	六白	乙酉	5月6日	九紫	甲寅	4月5日	六白	甲申	3月4日	二黒	癸丑	2月5日	九紫	甲申	1月3日	五黄	癸丑	29
月8日	五黄	丙戌	5月7日	一白	乙卯	4月6日	七赤	乙酉	3月5日	三碧	甲寅				1月4日	六白	甲寅	30
			5月8日	二黒	丙辰				3月6日	四緑	乙卯				1月5日	七赤	乙卯	31

令和10年　2028年　戊申年　八白土星

	12月甲子			11月癸亥			10月壬戌			9月辛酉			8月庚申			7月己未		
	6日 23：24			7日 06：26			8日 03：08			7日 11：22			7日 08：21			6日 22：30		
	21日 17：19			22日 03：53			23日 06：12			22日 20：45			22日 23：01			22日 15：54		
	一白水星			二黒土星			三碧木星			四緑木星			五黄土星			六白金星		
1	10月16日	四緑	庚申	9月15日	七赤	庚寅	8月13日	二黒	己未	7月13日	五黄	己丑	6月11日	九紫	戊午	閏5月9日	四緑	丁
2	10月17日	三碧	辛酉	9月16日	六白	辛卯	8月14日	一白	庚申	7月14日	四緑	庚寅	6月12日	八白	己未	閏5月10日	三碧	戊
3	10月18日	二黒	壬戌	9月17日	五黄	壬辰	8月15日	九紫	辛酉	7月15日	三碧	辛卯	6月13日	七赤	庚申	閏5月11日	二黒	己
4	10月19日	一白	癸亥	9月18日	四緑	癸巳	8月16日	八白	壬戌	7月16日	二黒	壬辰	6月14日	六白	辛酉	閏5月12日	一白	庚
5	10月20日	一白	甲子	9月19日	三碧	甲午	8月17日	七赤	癸亥	7月17日	一白	癸巳	6月15日	五黄	壬戌	閏5月13日	九紫	辛
6	10月21日	二黒	乙丑	9月20日	二黒	乙未	8月18日	六白	甲子	7月18日	九紫	甲午	6月16日	四緑	癸亥	閏5月14日	八白	壬
7	10月22日	三碧	丙寅	9月21日	一白	丙申	8月19日	五黄	乙丑	7月19日	八白	乙未	6月17日	三碧	甲子	閏5月15日	七赤	癸
8	10月23日	四緑	丁卯	9月22日	九紫	丁酉	8月20日	四緑	丙寅	7月20日	七赤	丙申	6月18日	二黒	乙丑	閏5月16日	六白	甲
9	10月24日	五黄	戊辰	9月23日	八白	戊戌	8月21日	三碧	丁卯	7月21日	六白	丁酉	6月19日	一白	丙寅	閏5月17日	五黄	乙
10	10月25日	六白	己巳	9月24日	七赤	己亥	8月22日	二黒	戊辰	7月22日	五黄	戊戌	6月20日	九紫	丁卯	閏5月18日	四緑	丙
11	10月26日	七赤	庚午	9月25日	六白	庚子	8月23日	一白	己巳	7月23日	四緑	己亥	6月21日	八白	戊辰	閏5月19日	三碧	丁
12	10月27日	八白	辛未	9月26日	五黄	辛丑	8月24日	九紫	庚午	7月24日	三碧	庚子	6月22日	七赤	己巳	閏5月20日	二黒	戊
13	10月28日	九紫	壬申	9月27日	四緑	壬寅	8月25日	八白	辛未	7月25日	二黒	辛丑	6月23日	六白	庚午	閏5月21日	一白	己
14	10月29日	一白	癸酉	9月28日	三碧	癸卯	8月26日	七赤	壬申	7月26日	一白	壬寅	6月24日	五黄	辛未	閏5月22日	九紫	庚
15	10月30日	二黒	甲戌	9月29日	二黒	甲辰	8月27日	六白	癸酉	7月27日	九紫	癸卯	6月25日	四緑	壬申	閏5月23日	八白	辛
16	11月1日	三碧	乙亥	10月1日	一白	乙巳	8月28日	五黄	甲戌	7月28日	八白	甲辰	6月26日	三碧	癸酉	閏5月24日	七赤	壬
17	11月2日	四緑	丙子	10月2日	九紫	丙午	8月29日	四緑	乙亥	7月29日	七赤	乙巳	6月27日	二黒	甲戌	閏5月25日	六白	癸
18	11月3日	五黄	丁丑	10月3日	八白	丁未	9月1日	三碧	丙子	7月30日	六白	丙午	6月28日	一白	乙亥	閏5月26日	五黄	甲
19	11月4日	六白	戊寅	10月4日	七赤	戊申	9月2日	二黒	丁丑	8月1日	五黄	丁未	6月29日	九紫	丙子	閏5月27日	四緑	乙
20	11月5日	七赤	己卯	10月5日	六白	己酉	9月3日	一白	戊寅	8月2日	四緑	戊申	7月1日	八白	丁丑	閏5月28日	三碧	丙
21	11月6日	八白	庚辰	10月6日	五黄	庚戌	9月4日	九紫	己卯	8月3日	三碧	己酉	7月2日	七赤	戊寅	閏5月29日	二黒	丁
22	11月7日	九紫	辛巳	10月7日	四緑	辛亥	9月5日	八白	庚辰	8月4日	二黒	庚戌	7月3日	六白	己卯	6月1日	一白	戊
23	11月8日	一白	壬午	10月8日	三碧	壬子	9月6日	七赤	辛巳	8月5日	一白	辛亥	7月4日	五黄	庚辰	6月2日	九紫	己
24	11月9日	二黒	癸未	10月9日	二黒	癸丑	9月7日	六白	壬午	8月6日	九紫	壬子	7月5日	四緑	辛巳	6月3日	八白	庚
25	11月10日	三碧	甲申	10月10日	一白	甲寅	9月8日	五黄	癸未	8月7日	八白	癸丑	7月6日	三碧	壬午	6月4日	七赤	辛
26	11月11日	四緑	乙酉	10月11日	九紫	乙卯	9月9日	四緑	甲申	8月8日	七赤	甲寅	7月7日	二黒	癸未	6月5日	六白	壬
27	11月12日	五黄	丙戌	10月12日	八白	丙辰	9月10日	三碧	乙酉	8月9日	六白	乙卯	7月8日	一白	甲申	6月6日	五黄	癸
28	11月13日	六白	丁亥	10月13日	七赤	丁巳	9月11日	二黒	丙戌	8月10日	五黄	丙辰	7月9日	九紫	乙酉	6月7日	四緑	甲
29	11月14日	七赤	戊子	10月14日	六白	戊午	9月12日	一白	丁亥	8月11日	四緑	丁巳	7月10日	八白	丙戌	6月8日	三碧	乙
30	11月15日	八白	己丑	10月15日	五黄	己未	9月13日	九紫	戊子	8月12日	三碧	戊午	7月11日	七赤	丁亥	6月9日	二黒	丙
31	11月16日	九紫	庚寅				9月14日	八白	己丑				7月12日	六白	戊子	6月10日	一白	丁

参考文献

以下の書籍を参考にさせていただきました。
紙面を借りてお礼申し上げます。

『修訂気学傾斜秘法【全】乾坤編・運勢編・開運編』　富久純光著（東洋書院）
『気学傾斜法入門』　富久純光監修・富久真江・富久加奈子共著（東洋書院）
『気学占い方入門』　中村文聰　著（東洋書院）
『易学実義（判断篇）』　中村文聰　著
『九星日盤鑑定要法　全』　斎藤擁道　著（東洋書院）
『斎藤先生覚え書きノート』（非売品）
『運命学宝典（万年暦）』（日本運命学会編）
『精解　吉象 万年暦』　鐘の会（東洋書院）
『四盤掛け秘伝』　東海林秀樹（東洋書院）
『新用気術』　横井伯典（東洋書院）

『気学傾斜星』　森田晃有（大塚理想社）
『密教占星術Ⅱ』　桐山靖雄（平河出版）
『易』　本田　済（朝日新聞社）
『易占い』　水沢　有（説話社）

著者紹介

東海林 秀樹（しょうじ ひでき）

昭和32年（1957）東京の赤坂に生まれる。

母の経営する料理店を手伝いながら、人の運命の不思議さに引かれて運命学の研究に入る。阿部泰山先生高弟、故伊藤泰苑先生に、推命学の手ほどきを受ける。九星気学を岸本邦裕先生、気学傾斜鑑定法を富久純光先生、本書にも記載されている独特な運勢鑑定法の九星日盤鑑定法を市川在住の故斎藤擁道先生の指導を受ける。その他の占術を研鑽しながら、台湾と日本の間を幾度となく往来し、貴重な資料を渉猟。

著書『紫微斗数占法要義』『精解吉象万年暦　共著』『孔明神卦　共著』『六壬神課占法要義』『断易新義 共著』『符呪奇門遁甲占法要義』（東洋書院刊）ほか多数。

現在、占い鑑定及び個人教授『占星堂』を営む。

「日本易道学校」講師　東京都新宿区百人町１－11－7

〒156－0044
現住所　東京都世田谷区赤堤５－２４－９（電話 03－5300－7073）
ホームページ：「三毛猫占術学園」（http://www.mikeneko-uranai.com/）

照葉 桜子（てるは さくらこ）

子供の頃より、繊細で色彩豊かなタロットリーディングを研究し、学生時代に西洋占星術の大家二代目故潮島郁幸先生に師事。精神的な占術鑑定技術を学ぶ。

占術の研究を続ける中、東洋占の現師匠・東海林秀樹先生に出会い、「四柱推命」の神業的な的中率を目の当たりにし、感銘をうける。四柱推命や東洋占術全般の、高い知識と技術を習得する。現在、3万人以上の鑑定経験を生かし、東洋占術・西洋占術の多彩な占術科目の、実践的でわかりやすい個人指導や講座講師を務める。

2012年4月より「旅猫倶楽部」占術情報季刊誌を年4回発行、様々な占術占例を掲載。

著書「四柱推命 エッセンスシリーズ①」

ブログ：「占術セミナ―タロット相談室」（http://sanrueru.exblog.jp/）
ホームページ：「旅猫倶楽部」（http://www.tabinekoclub.com/）
ホームページ：「三毛猫占術学園」（http://www.mikeneko-uranai.com/）
新ゆり～Schwarze Katze Hause～『シュヴァルツ・カッツェ・ハウゼ』
セミナーハウス・鑑定事務所
〒215－0018
神奈川県川崎市麻生区王禅寺東3－37－12（携帯 080－1339－3737）

堀川 祐加（ほりかわ ゆか）

人生の道しるべとなる術を追求し、東洋および西洋の様々な術法をもとに「九皇占術」を確立する。女性誌などでの執筆多数あり。

twitter.com/kuoh_yh

沢井 龍醒（さわい りゅうせい）

1961年生まれ京都府出身

20代前半に某僧侶より九星術を伝授される。

新たな占術、技法を求めて2007年、占星堂の門を叩く。

某ショッピング・モールの鑑定所に不定期で参加。

ホームページ：「占術家 沢井龍醒」（https://ryusei-sawai.com）

気学新理論
新訂増補 気学即断要覧
傾斜法・日盤鑑定

２０１９年10月19日　初刷発行

定　価――本体２、７００円＋税

著　者――東海林秀樹
照葉桜子
堀川祐加
沢井龍醒

発行者――斎藤　勝己

発行所――株式会社東洋書院
〒160―0003 東京都新宿区本塩町15―8―8F
電　話　03―3353―7579
ＦＡＸ　03―3358―7458
http://www.toyoshoin.com

印刷所――シナノ印刷株式会社

製本所――株式会社難波製本

ISBN978–4–88594–532–8